U0836620

“十四五”普通高等教育规划教材

基础会计模拟实训

主　编　杨丽明　马春蕾
副主编　刘梦珂　杨　安

中国财经出版传媒集团
中国财政经济出版社

图书在版编目（CIP）数据

基础会计模拟实训 / 杨丽明，马春蕾主编. --北京：中国财政经济出版社，2023.8
“十四五”普通高等教育规划教材
ISBN 978-7-5223-2295-7

Ⅰ.①基… Ⅱ.①杨… ②马… Ⅲ.①会计学-高等学校-教材 Ⅳ.①F230

中国国家版本馆 CIP 数据核字（2023）第 103041 号

责任编辑：田明晖　　责任校对：张　凡
封面设计：陈宇琰　　责任印制：史大鹏

基础会计模拟实训
JICHU KUAIJI MONI SHIXUN

中国财政经济出版社 出版
URL：http：//www. cfeph. cn
E-mail：tianmh@ cfemg. cn
（版权所有　翻印必究）
社址：北京市海淀区阜成路甲 28 号　邮政编码：100142
营销中心电话：010-88191522　编辑部门电话：010-88190670
天猫网店：中国财政经济出版社旗舰店
网址：https：//zgczjjcbs. tmall. com
北京密兴印刷有限公司印刷　各地新华书店经销
成品尺寸：185mm×260mm　16 开　34.75 印张　695 000 字
2023 年 8 月第 1 版　2023 年 8 月北京第 1 次印刷
定价：69.00 元
ISBN 978-7-5223-2295-7
（图书出现印装问题，本社负责调换，电话：010-88190548）
本社质量投诉电话：010-88190744
打击盗版举报热线：010-88191661　QQ：2242791300

前 言

《基础会计模拟实训》是会计理论教学的仿真教材，也是《基础会计学》的配套实践教材。本书是为适应实践教学的要求，加强学生实践操作能力的培养而编写的。全书以现行《企业会计准则》为依据，以手工会计核算系统为核心，力求理论与实践密切结合。本教材包括6个单项实训和1个综合实训，单项实训分别是原始凭证的填制与审核、记账凭证的填制与审核、账簿的登记与稽核、试算平衡表的编制、银行存款余额调节表的编制、会计报表的编制。每项实训都由实训准备知识、实训项目设计与模拟实训材料组成，其中实训准备知识主要介绍各单项实训中会计核算的基本理论、基本方法和在实务操作中的具体要求；实训项目设计包括实训目的、实训操作要求与实训资料；模拟实训材料为学生提供完成实训需要的相关材料。综合实训对制造业企业的经济业务内容进行会计综合模拟实训，通过综合实训，学生能够有效地将会计理论与实际相结合，了解会计凭证、会计账簿和会计报表之间的会计循环关系，充分认识到会计技能在企业经营管理中的重要作用，并为进一步深入学习会计后续课程培养学习兴趣，为将来从事会计工作或其他与会计相关工作打下坚实的基础。

本书的特色主要表现在三个方面。一是通过分项目实训的形式突出了对学生基本会计操作技术和能力的培养，通过综合案例的实训有利于学生将分项目实训所掌握的技能融会贯通，从而进一步全面提高其动手能力、实践能力与应用能力。二是设置了仿真的制造业企业整月的经济业务，业务内容与票据设计与企业实际高度一致，有利于增强学生对制造业企业业务特点及会计循环的客观认知。三是在本书编写过程中，大量模拟了企业印鉴、票据，设置了常规账簿账页，既有利于增强学生实践过程中的感性认识，又为学生模拟实训的顺利进行提供了方便。

本书适用于学生对会计学原理系统学习的基础上进行实践操作训练，可供高等院校会计学及相关专业作为教材使用，也可供从事会计相关工作的人员作为参考用书使用。

需要说明的是，本书中涉及的实训单位名称、人名、印鉴、票据以及各项经济业务等，都是编者根据实训教材内容的需要精心设计的，与任何现实中的人或单位无关。

本书由沈阳城市建设学院杨丽明教授、马春蕾副教授担任主编，刘梦珂和杨安担任副主编。杨丽明教授负责全书的策划、大纲的拟定，以及组织编写的分工、审核，并负责各实训理论知识的撰写，马春蕾和杨安负责实训业务的编辑和统筹，刘梦珂负责原始凭证的编写。由于时间仓促，加之水平有限，本书难免存在疏漏与不足之处，恳请专家和读者批评指正。

编者

2023 年 4 月

目录

实训一
原始凭证的填制与审核

第一部分　实训准备知识

一、会计凭证的概念与作用

会计凭证就是用来记录经济业务事项发生或完成情况的书面证明，明确经济责任，并作为登记账簿依据的书面证明文件，是登记账簿的依据。填制和审核会计凭证是会计核算监督工作的起点和基础，是会计核算方法之一。任何会计凭证都必须经过有关人员的严格审核，确认无误后，才能作为登记账簿的依据。

会计凭证是会计信息的载体之一，填制、取得并审核会计凭证是会计循环全过程中的初始阶段和最基本的环节，这个环节的工作正确与否，直接关系到会计循环中其他步骤内容的正确性。任何会计凭证都必须经过有关人员的严格审核，只有经过审核无误的会计凭证才能据以收付款项、收发财物和登记账簿。所以，对保证会计资料的真实与完整性，有效实施会计监督，会计凭证的作用主要体现在以下三个方面：

第一，记录经济业务，提供记账依据。

会计凭证是登记账簿的依据，是记录经济业务会计信息的载体。任何一项经济业务的发生，都要编制或取得会计凭证。会计凭证是记录经济活动的最原始资料，是经济信息的载体，会计凭证所记录有关信息是否真实、可靠、及时，对于能否保证会计信息质量，具有重要影响。

第二，明确经济责任，强化内部控制。

任何单位，每发生一项经济业务，都必须通过填制会计凭证，如实记录经济业务的内容、数量和金额，然后经过审核无误，才能登记入账，并由相关经办部门与经办人员签章，明确经济责任，促使有关人员严格按照规章制度办理，以防止舞弊行为强化内部控制。

第三，监督经济活动，控制经济运行。

通过对会计凭证的审核，可以查明各项经济业务是否符合国家相关法律、法规和制度的规定，是否符合计划与预算进度，是否有贪污盗窃、铺张浪费和损公肥私行为，从而发挥会计的监督作用，对于发现的问题，应采取积极措施予以纠正，保护各会计主体及有关各方的合法权益，实施对经济活动的控制，保证经济活动的正常运行。

二、会计凭证的种类

按会计凭证填制程序和用途不同分为原始凭证和记账凭证两大类。

（一）原始凭证

原始凭证又称单据，是在经济业务发生时填制或取得的，用以记录或证明经济业务的发生或完成情况的原始凭据。

原始凭证是进行会计核算的原始资料和重要依据，一切经济业务的发生都应由经办部门或经办人员向会计部门提供能够证明该项经济业务已经发生或已经完成的书面单据，以明确经济责任，并作为编制记账凭证的原始依据，原始凭证是进入会计信息系统的初始数据资料，其质量将影响会计信息的质量。如有关的发票、现金收据、银行结算凭证、收料单、发料单、产品入库单、领料单等就是常用的原始凭证。凡是不能用来证明经济业务实际上发生或完成的文件和单据，如购货合同、材料请购单，都不属于原始凭证。

（二）记账凭证

记账凭证，又称记账凭单或传票，是指由会计人员根据审核无误的原始凭证或原始凭证汇总表编制的，按照经济业务的内容加以归类，并据以确定会计分录后所填制的会计凭证，它是登记账簿的直接依据。

要在记账凭证上记录经济业务，就要根据审核无误的原始凭证，依据复式记账法来确定账户名称、账户方向和金额来编制会计分录填制记账凭证，这实际就是一个把原始凭证上的经济信息转化为会计语言的过程，是介于原始凭证与账簿的中间环节，是登记相关账户的依据。

原始凭证和记账凭证之间存在着密切的联系，原始凭证是记账凭证的基础，记账凭证是根据原始凭证编制的；原始凭证附在记账凭证后面作为记账凭证的附件，记账凭证是对原始凭证内容的概括和说明；记账凭证与原始凭证的本质区别就在于原始凭证是对经济业务是否发生或完成起证明作用，而记账凭证仅是为了履行记账手续而编制的会计分录凭证。

三、原始凭证的基本内容

由于不同会计主体所经营的范围不同、规模不同，经济业务多种多样，经济管理和要求也不一样，因此，用来反映经济业务内容原始凭证的名称、格式等内容也是多种多样的。但是无论使用哪种原始凭证，均应当具备以下基本内容（也称为原始凭证要素）：①凭证的名称；②填制凭证的日期；③填制凭证单位名称或者填制人姓名；④经办人员的签名或者盖章；⑤接受凭证单位名称；⑥经济业务内容；⑦数量、单价和金额。

为了满足管理的需要，除了对不同单位经常发生的共性经济业务，有关部门印制基本格式统一的原始凭证，如统一的发货票、铁路运单和银行结算凭证等，在自制的原始凭证中还可以增加一些项目补充内容，如注明与经济业务有关的合同号、结算方式、币种、汇率等，便于更加完整地反映经济业务发挥原始凭证的作用。

原始凭证除了应当具备上述内容外，还应当符合下列要求：

（1）从外单位取得的原始凭证，必须盖有填制单位的公章；从个人取得的原始凭证，必须有填制人员的签名或者盖章。自制原始凭证必须有经办单位领导人或者其指定的人员签名或者盖章。对外开出的原始凭证，必须加盖本单位公章。

这里所说的“公章”，是指具有法律效力和特定用途，能够证明单位身份和性质的印鉴，包括业务公章、财务专用章、发票专用章、结算专用章等。

（2）凡填有大写和小写金额的原始凭证，大写与小写金额必须相符。购买实物的原始凭证，必须有验收证明。必须由购买人以外的第三者查证核实后，会计人员才据以入账。这样要求，目的是明确经济责任，保证账物相符，防止盲目采购，避免物资短缺和流失。

（3）支付款项的原始凭证，必须有收款单位和收款人的收款证明。不能仅以支付款项的有关凭证如银行汇款凭证等代替。其目的是防止舞弊行为的发生。

（4）一式几联的原始凭证，应当注明各联的用途，只能以一联作为报销凭证。一式几联的发票和收据，必须用双面复写纸（发票和收据本身具备复写纸功能的除外）套写，并连续编号。作废时应当加盖“作废”戳记，连同存根一起保存，不得撕毁。

（5）发生销货退回的，除填制退货发票外，还必须有退货验收证明；退款时，必须取得对方的收款收据或者汇款银行的凭证，不得以退货发票代替收据。实际工作中，有些单位发生销货退回，收到的退货没有验收证明，造成退货流失。

（6）职工公出借款凭据，必须附在记账凭证之后。收回借款时，应当另开收据或者退还借据副本，不得退还原借款收据。

（7）经上级有关部门批准的经济业务，应当将批准文件作为原始凭证附件。如果批准文件需要单独归档的，应当在凭证上注明批准机关名称、日期和文件字号。

四、原始凭证的类别

（一）按原始凭证取得的来源不同分类

原始凭证按其取得的来源不同，可以分为自制原始凭证和外来原始凭证。

1. 自制原始凭证

自制原始凭证，是指由本单位内部经办业务的部门或人员，在办理某项经济业务时自行填制的凭证。仅供单位内部使用的原始凭证，如“借款单”“入库单”等都是自制原始凭证。

“收料单”是企业购进材料验收入库时，由仓库保管人员根据购入材料的实际验收情况，填制的一次性原始凭证收料单一式三联：一联留仓库，据以登记材料物资明细账和材料卡片；一联随发票账单到会计处报账；一联交采购人员存查。

2. 外来原始凭证

外来原始凭证，是指在同外单位发生经济业务发生或完成时，从外单位或个人直接取得的原始凭证，外来原始凭证一般都属于一次凭证。例如，企业购买原材料从供应单位增值税专用发票、非增值税及小规模纳税人的发票、上缴税金的收据、铁路运输部门的火车票、由银行转来的结算凭证和对外支付款项时取得的收据等。外来原始凭证一般由税务局等部门统一印制，或经税务部门批准由经营单位印制，在填制时加盖出具凭证单位公章方有效，对于一式多联的原始凭证必须用复写纸套写。

需要注意的是：无论是自制原始凭证还是外来原始凭证，都是用来证明经济业务已经完成，并用以作为会计核算的原始资料。要向会计信息使用者提供决策有用的信息，必须要从源头上保证作为会计核算的原始资料的质量。凡是不能证明经济业务已经完成的文件或证明，均不能作为会计核算的依据。例如：经济合同、材料请购单、生产通知单、银行对账单等。未经对方单位签章，不具备法律效力的凭证，或不具备凭证基本内容的白条，也同样不能算作会计凭证。

（二）按照原始凭证的格式不同分类

原始凭证按照格式不同分类，可以分为通用凭证和专用凭证。

1. 通用凭证

通用凭证，是指由有关部门统一印制、在一定范围内使用的具有统一格式和使用方法的原始凭证。如全国通用的火车票、专用发票等。通用凭证的使用范围因制作部门的不同而有所差异，既可以分地区、分行业，也可以全国通用，如辽宁省印制的在辽宁使用的通用发票；由国家税务总局统一印制的全国统一的增值税专用发票等都属于通用凭证。

2. 专用凭证

专用凭证，是指由本单位自行印制、仅在本单位内部使用的原始凭证。如“领料单”“差旅费报销单”“工资费用分配表”等都属于专用凭证。

（三）按照原始凭证填制的手续和内容不同分类

原始凭证按其填制的手续和内容不同，可以分为一次凭证、累计凭证、汇总凭证。

1. 一次凭证

一次凭证，是指只记录一笔经济业务并且仅一次有效的原始凭证，其填制手续是一次完成的凭证。所有的外来原始凭证和大部分自制原始凭证都属于一次凭证。如“收料单”“领料单”、销售商品的发货票等都是一次凭证。自制原始凭证中大多数也是一次凭证。日常的原始凭证多属此类，如“现金收据”“发货票”“收料单”等。一次凭证的填制手续是在经济业务发生或完成时，由经办人员填制，一般只反映一项经济业务，或者同时反映若干项同类性质的经济业务。一次凭证能够清晰地反映经济业务活动情况，使用方便灵活，但数量较多。一次凭证，应在经济业务发生或完成时，由相关业务人员一次填制完成。

“领料单”的填制手续是在经济业务发生或完成时，由经办人员填制的，一般只反映一项经济业务，或者同时反映若干项同类性质的经济业务，一式三联。

2. 累计凭证

累计凭证，是指在一定时期内连续记载若干项同类性质的经济业务，其填制手续是随着经济业务发生而多次记载完成的自制原始凭证。可见，累计凭证是多次有效的原始凭证，最具有代表性的累计凭证是限额领料单。累计凭证的特点是，在一张凭证内可以连续登记相同性质的经济业务，随时结出累计数及结余数，并按照费用限额进行费用控制，期末按实际发生额记账。

“限额领料单”是多次使用的累计领料凭证。在有效期间内（一般为1个月），只要领用数量不超过限额就可以连续使用。“限额领料单”不仅起到事先控制领料的作用，而且可以减少原始凭证的数量和简化填制凭证的手续。累计凭证，应在每次经济业务完成后，由相关人员在同一张凭证上重复填制完成。

3. 汇总凭证

汇总凭证，是指对一定时期内发生的若干份记录同类经济业务的原始凭证，按照一定标准综合加以汇总，用以集中反映某项经济业务总括发生情况的原始凭证。在会计核算工作中，编制汇总原始凭证，是为了简化核算的手续。如“收料凭证汇总表”“发料凭证汇总表”“工资结算汇总表”“制造费用分配表”“差旅费报销单”都是汇总原始凭证。

汇总凭证是有关责任者根据经济管理的需要定期编制的。汇总凭证只能将同类内容的经济业务汇总在一起、填列在一张汇总凭证上，不能将两类或两类以上的经济业务汇总在一起、填列在一张汇总原始凭证上。

从上述的原始凭证的分类中，可以了解到一张原始凭证可以是外来原始凭证、一次凭证，同时也是通用凭证。例如，采购发票同时是外来原始凭证、一次凭证、通用凭证；而一张原始凭证可以是自制原始凭证、累计原始凭证，同时也是专用原始凭证。例如，限额领料单同时是自制原始凭证、累计原始凭证、专用原始凭证；一张原始凭证也可以是自制原始凭证、一次凭证，也同时是专用凭证。例如，原始凭证工资汇总表就是自制原始凭证、一次凭证，专用凭证。

五、原始凭证的填制要求

按照《中华人民共和国会计法》和《会计基础工作规范》的规定，原始凭证的填制或取得必须符合下述基本要求。

（一）记录真实

填写原始凭证，必须符合真实性会计原则的要求，原始凭证上所记载的经济内容和数字必须与实际发生的经济业务内容相一致，严肃按实际情况进行填写，为了保证原始凭证记录真实可靠，经办业务的部门或人员都要在原始凭证上签字或盖章，对凭证的真实性和正确性负责。

（二）内容完整

原始凭证上所列示的项目在填写原始凭证时，必须逐项填写齐全，不得漏填或省略不填。凭证的填制日期要按实际日期填写；名称要写全，不能用简称；经济业务的内容、数量、金额都必须认真填写明确，不得遗漏；有关人员的签章必须齐全。

（三）手续完备

自制的原始凭证的有关签字盖章部分，必须有经办部门负责人或指定人员的签字或盖章；从外单位或个人取得的原始凭证，必须有填制单位公章或个人签字盖章，对外开出的原始凭证必须加盖具有法律效力和规定用途、能够证明单位身份和性质的印鉴的本单位公章。如业务公章、财务专用章、发票专用章、收款专用章或结算专用章等。对于无法取得相关证明的原始凭证如火车票等，应由经办人员注明其详细情况后方可作为原始凭证。

（四）书写要简洁、规范

原始凭证要按规定要求书写，字迹要工整、清晰，易于辨认，不得使用未经国务院颁布的简化字。合计的小写金额前要冠以人民币符号“￥”（用外币计价、结算的凭证，金额前要加注外币符号，如“HK $”“US $”等），币值符号与阿拉伯数字之间不得留有空白；所有以元为单位的阿拉伯数字，除表示单价等情况外，一律填写到角分，无角分的要以“0”补位。汉字大写金额数字，一律用正楷字或行书字书写，如壹、贰、叁、肆、伍、陆、柒、捌、玖、拾、佰、仟、万、亿、元、角、分、零、整等。大写金额最后为“元”或者“角”的应加写“整”或“正”字。

阿拉伯金额数字中间有“0”时，汉字大写金额要写“零”字，如￥2 409.80，汉字大写金额应写成人民币贰仟肆佰零玖元捌角整（或正）。阿拉伯金额数字中间连续有几个“0”时，汉字大写金额中可以只写一个“零”字，如￥3 005.14，汉字大写金额应写成人民币叁仟零伍元壹角肆分。阿拉伯金额数字万位或元位是“0”，或者数字中间连续有几个“0”，元位也是“0”，但千位、角位不是“0”时，汉字大写金额中可以只写一个“零”字，也可以不写“零”字，如￥1 580.32，应写成人民币壹仟伍佰捌拾元零叁角贰分，或者写成人民币壹仟伍佰捌拾元叁角贰分；又如￥107 000.53，应写成人民币壹拾万柒仟元零伍角叁分，或者写成人民币壹拾万零柒仟元伍角叁分。阿拉伯金额数字角位是“0”，而分位不是“0”时，汉字大写金额“元”后面应写“零”字，如￥16 409.02，应写成人民币壹万陆仟肆佰零玖元零贰分。

（五）编号连续

为方便检查，各种凭证要连续编号。如果预先印定编号的原始凭证，如支票、发票等重要凭证，在写坏作废时，应加盖“作废”戳记，不得撕毁。

（六）不得涂改、刮擦、挖补

填写原始凭证的过程中，如发生错误，应采用正确的方法予以更正，不得随意涂改、刮擦凭证，更正处应当加盖出具单位印章；如果原始凭证上的金额发生错误，则不得在原始凭证上更改，而应由出具单位重开。对于支票等重要的原始凭证如果填写错误，一律不得在凭证上更正，应按规定的手续注销留存，另行重新填写。

（七）填制及时

企业经办业务的部门或人员应根据经济业务的发生或完成情况，在有关制度规定的范围内，及时地填制或取得原始凭证，并按照规定的程序及时送交会计部门，经过会计部门审核之后，据以编制记账凭证。

原始凭证是会计核算的基础，是会计信息质量的保证。因此，在日常业务处理中，会计从业人员应从源头重视原始凭证，不断提升对原始凭证的填制和审核能力。现以现金支票为例说明原始凭证的编制。

支票是由出票人签发的，委托办理支票存款业务的银行在见票时无条件支付确定金额给收款人或持票人的票据。出票人是签发支票的单位或个人，付款人是出票人的开户银行。支票分为现金支票、转账支票和普通支票。

现金支票只能用于支取现金；转账支票只能用于转账；普通支票可以用于支取现金，也可用于转账，在普通支票左上角划两条平行线的划线支票只能用于转账。

（八）支票的签发

单位签发支票时，必须使用碳素墨水或墨汁，字体不要潦草，不能使用红色或易褪色的墨水，未按规定填写，被涂改冒领的，由出票人负责。

1. 支票存根联（左半部分）的签发

附加信息如无需要特别说明的，一般就不填；出票日期和金额用小写；收款人和用途的填列同正本联；单位主管和会计处要签章。

2. 支票正本（右半部分）的签发

（1）出票日期。

出票日期（大写）：正本联的出票日期必须中文大写。例如，票据出票日期为 2022 年 8 月 8 日，应写成：贰零贰贰年零捌月零捌日；票据出票日期为 2022 年 2 月 13 日，应写成：贰零贰贰年零贰月壹拾叁日。本例中出票日期 2022 年 1 月 2 日，应写成贰零贰贰年零壹月零贰日。

说明：票据的出票日期必须使用中文大写。为防止变造票据的出票日期，为 2022 年 2 月 13 日，应写成：贰零贰贰年零贰月壹拾叁日。本例中出票日期 2022 年 1 月 2 日，应写成贰零贰贰年零壹月零贰日。

说明：票据的出票日期必须使用中文大写。为防止变造票据的出票日期，支付结算法规定，在填写月、日时，月为壹、贰和壹拾的，日为壹至玖和壹拾、贰拾和叁拾的，应在其前加“零”；日为拾壹至拾玖的，应在其前加“壹”。

（2）收款人。

①现金支票收款人可写为本单位名称，此时现金支票背面“被背书人”栏内加盖本单位的财务专用章和法人章，之后收款人可凭现金支票直接到开户银行或联网营业点取款提取现金。该例中收款人为本单位，则本单位盖章：正反面，盖财务章、法人章。

②现金支票收款人可写为收款人个人姓名，此时现金支票背面不盖任何章，收款人在现金支票背面填上身份证号码和发证机关名称，凭身份证和现金支票签字领款。

③转账支票收款人应填写为对方单位名称。转账支票背面本单位不盖章。收款单位取

得转账支票后，在支票背面的背书栏内加盖收款单位财务专用章和法人章，填写好银行进账单后连同该支票交给收款单位的开户银行委托银行收款。

（3）付款行名称、出票人账号：即为本单位开户银行名称及银行账号。例如：工行沈阳支行丹东路分理处 1101011109900066668。

（4）人民币（大写）：一定要用数字大写金额。例如：189545.00 的大写金额为壹拾捌万玖仟伍佰肆拾伍元整。

（5）人民币小写：最高金额的前一位空白格用“￥”字头打掉，数字填写要求完整清楚。

（6）用途。①现金支票有一定限制，一般填写“备用金”“差旅费”“工资”等。②转账支票没有具体规定，可填写如“货款”“咨询费”等。

（7）盖章：支票正面盖财务专用章和法人章，缺一不可，印泥为红色，印章必须清晰，印章模糊只能将本张支票作废，换一张重新填写重新盖章。反面盖章与否见上文“（2）收款人”要求。

（8）复核、记账：银行内部记账用，出票人无需填写。

3. 支票的使用常识

（1）支票一律记名，中国人民银行总行批准的地区转账支票可以背书转让。

（2）在签发支票时内容要齐全，大小写金额要相符。

（3）已签发现金支票发生遗失，可以向付款银行申请挂失；挂失前已经支付，银行不予受理。

（4）支票填好后，应将填制无误的支票沿着虚线撕开，存根联作为单位记账的依据；现金支票的正本交给银行提取现金，转账支票的正本交给采购员使用（交给收款人）。

（5）支票正面不能有涂改痕迹，否则本支票作废。支票大小写金额和收款人不得更改。其他记载事项，原记载人可以更改，更改时应由原记载人在更改处签章证明。单位签章应为该单位的签章加其法定代表人或授权代理人的签章。

（6）收票人如果发现支票填写不全，可以补记，但不能涂改。

（7）支票的提示付款期限为 10 天，从签发的当日起，日期首尾算 1 天，到期日节假日顺延。超过提示付款期限提示付款的，持票人开户银行不予受理，付款人不予付款。

（8）签发现金支票必须符合库存现金管理制度。

（9）不得签发空头支票；不得出租、出借支票。出票人签发空头支票、印章与银行预留印鉴不符的支票、使用支付密码但支付密码错误的支票，银行除将支票做退票处理外，还要按票面金额处以 5% 但不低于 1000 元的罚款。

六、原始凭证的审核

为了原始凭证的真实性、完整性和合法性，企业的会计部门对各种原始凭证都要进行严格的审核，只有经过严格审核合格的原始凭证，才能作为编制记账凭证和登记账簿的依据。审核原始凭证既是确保会计初始信息真实、可靠的一项重要措施，同时也是发挥会计监督作用的重要手段，还是会计机构、会计人员的重要职责。

根据《中华人民共和国会计法》第十四条的规定：会计机构、会计人员必须按照国家统一的会计制度的规定对原始凭证进行审核，对不真实、不合法的原始凭证有权不予接受，并向单位负责人报告；对记载不准确、不完整的原始凭证予以退回，并要求按照国家统一的会计制度的规定更正、补充。企业会计人员对原始凭证的审核内容主要包括以下几个方面。

（一）审核原始凭证的真实性

原始凭证作为会计信息的基本信息源，其真实性对会计信息的质量具有重要影响。原始凭证所记载的内容必须与实际发生的经济业务内容相一致，所以，审核原始凭证的真实性，就是要审核原始凭证所记载的与经济业务有关的当事单位和当事人是否真实，原始凭证的填制日期、经济业务内容、数量以及金额是否与实际情况相符等。此外，为以防作假，还应对通用凭证审核其凭证本身的真实性。

（二）审核原始凭证的合法性

审核原始凭证的合法性就是审核原始凭证所反映的经济业务内容是否符合国家政策、法律法规、财务制度和计划的规定，成本费用列支的范围、标准是否按规定执行，有无违反国家法律法规、贪污盗窃、虚报冒领、伪造凭证等违法乱纪行为，是否履行了规定的凭证传递和审核程序等。对于不真实不合法的原始凭证，应拒绝受理，情节严重的应报告单位负责人。

（三）审核原始凭证的合理性

审核原始凭证所记录的经济业务是否符合企业生产经营活动的需要、是否符合有关的计划、预算和合同等规定，是原始凭证合理性的审核。

（四）审核原始凭证的完整性

审核原始凭证各个项目是否齐全，要注意审核原始凭证填制的内容是否完整，应该填列的项目有无遗漏，有关手续是否齐全，金额的大小写是否相符，特别是有关签字或盖章是否都已具备等。

（五）审核原始凭证的正确性

审核原始凭证的正确性，就是审核原始凭证各项金额的计算及填写是否正确。审核原始凭证记载的各项内容的正确性主要包括：接收原始凭证的单位名称是否正确，数字是否清晰、文字是否工整、书写是否规范，凭证联次是否正确、有无刮擦、涂改和挖补，更正是否正确等。

（六）审核原始凭证的及时性

原始凭证应在经济业务发生时及时进行填写，填制日期一定要准确及时，并按规定的程序及时送到会计部门，会计人员要及时对其业务内容进行审核，这样才能保证原始凭证的及时和正确性。应注意审查原始凭证的填制日期，尤其是支票、银行汇票、银行本票等时效性较强的原始凭证，更应仔细验证其签发日期。

需要说明的是，原始凭证的审核，是一项严肃而细致的工作，会计人员必须坚持制度，履行会计人员的职责，经过审核的原始凭证应根据不同情况进行处理：

（1）对于完全符合要求的原始凭证，应及时据以编制记账凭证入账。

（2）对于真实、合法、合理但内容不够完整、填写有错误的原始凭证，应退回给有关经办人员，由其负责将有关凭证补充完整、更正错误或重开后，再办理正式会计手续。

（3）对于不真实、不合法的原始凭证，会计机构和会计人员有权不予接受，并向单位负责人报告。

通过对原始凭证的审核，确保输入会计信息的数据真实、合理、合法，从而为财务报告信息的质量提供有效保证，所以，只有经过审核无误的原始凭证，才能作为编制记账凭证和登记有关账簿的依据。

第二部分　实训项目设计

一、实训目的

通过原始凭证的填制，使学生熟悉原始凭证应具备的基本要素，掌握不同格式原始凭证填制的方法和技巧，熟悉常见经济业务原始凭证的种类、格式及填制要求，理解原始凭证审核的内容。增强学生动手能力、实践能力和应用能力。

二、实训操作要求

根据实训资料所列沈阳跃腾电缆制造有限公司 2022 年 9 月经济交易或事项及相关资料，以有关经济交易或事项经办人、当事人的身份填制原始凭证（假定相关印章已齐备），同时以会计人员的身份审核原始凭证：

（1）根据业务 1 填制现金支票。

（2）根据业务 2 填制增值税专用发票、产品出库单。

（3）根据业务 3 填制转账支票、入库单。

（4）根据业务 4 填制转账支票、入库单。

（5）根据业务 5 填制借款单。

（6）根据业务 6 填制领料单。

（7）根据业务 7 填制差旅费报销单、收款收据。

三、实训资料

（一）实训企业基础资料

公司名称：沈阳跃腾电缆制造有限公司

注册地址：沈阳市于洪区沈辽西路40号
开户行：中国建设银行沈阳于洪支行
开户行银行账号： 21050103359498012819
统一社会信用代码（纳税人识别号）：91210106MA0TTLYR6W
纳税人类型：一般纳税人，增值税税率13%
电话：024－56982548
邮政编码：110000

（二）沈阳跃腾电缆制造有限公司2022年9月经济交易或事项及相关资料

（1）9月1日，用现金支票提取备用金3 000元。（原始凭证1－1－1）

（2）9月5日，向中国南方电网有限责任公司销售高压电力电缆2 000米，单价200元/米，价款400 000元，税额52 000元，款项已转让公司开户行账户。（原始凭证1－2－1、1－2－2）

（3）9月8日，公司从沈阳锦兴塑料制品有限公司购买低烟无卤料—防护套，增值税专用发票上注明的数量为5 000千克，单价8元/千克，金额40 000元，税额52 00元，公司签发银行程度汇票支付货款。同时用现金向沈阳亨通物流有限公司支付运输费，取得运输费增值税专用发票上注明的金额1 000元，税额90元，材料已经验收入库。（原始凭证1－3－1、1－3－2）

（4）9月12日，公司从沈阳宏升金属制品有限公司购买无氧铜杆4 000千克，单价65元/千克，取得增值税专用发票上注明的金额260 000元，税额33 800元，款项通过签发转账支票支付，材料已验收入库。（原始凭证1－4－1、1－4－2）

（5）9月15日，采购部门张昊到杭州出差考查新供应商，预借差旅费3 000元，出纳人员以现金支付。（原始凭证1－5－1）

（6）9月17日，生产部门从仓库领用原材料用于生产高压电力电缆，其中领用铜杆5 500千克，低烟无卤料—防护套20 000千克，低烟无卤料—绝缘料15 000千克。（原始凭证1－6－1）

（7）9月20日，张昊从杭州出差2天归来，经批准报销差旅费。出差补助100元/天；往返机票2张，票价722元/张，燃油附加费150元/张，机场建设费50元/张；住宿费发票1张，增值税专用发票上注明的金额为500元，税额30元。余款426元退回，现金收讫。（原始凭证1－7－1、1－7－2）

第三部分 模拟实训材料

1－1－1

中国建设银行
现金支票存根
105021
073402

附加信息

出票日期 年 月 日

收款人:
金额:
用途:

单位主管 会计

沈阳中钞证券印制公司. 2021年印制

本支票付款期限十天

中国建设银行 现金支票（万）

105021
073402

出票日期（大写） 年 月 日　　付款行名称:

收款人:　　出票人账号:

人民币（大写）		亿	千	百	十	万	千	百	十	元	角	分

用途

上列款项请从
我账户内支付

出票人签章　　复核　　记账

1－2－1

辽宁增值税专用发票

№18950411

2100563756

此联不作报销，扣税凭证使用　　开票日期:

购买方	名称: 纳税人识别号: 地址、电话: 开户行及电话:		密码区	<5/83/>9<0/>-2<488332/636>2 5664-152432/*43-6390606>**- 421/51<*5<0*>1/1-+728+47-36 045<544538326468166/87>6>90			
货物或应税劳务、服务名称	规格型号	单位	数量	单价	金额	税率	税额
合计							
价税合计（大写）	⊗				（小写）		
销售方	名称: 纳税人识别号: 地址、电话: 开户行及电话:		备注				

收款人:　　复核:　　开票人:　　销售方:（章）

第一联：记账联 销售方记账凭证

税总函[2021]280号北京印钞有限公司

1－2－2

产　品　出　库　单

验收日期　　年　　月　　日　　　　　　　　编号：

品名	规格	单位	数量		实际价格			
			订单数	实际数	单价	总价	运杂费	合计
合计								
备注								

第三联　会计记账联

供销主管：　　　　验收主管：　　　　采购：

1－3－1

中国票据交易系统

电　子　银　行　承　兑　汇　票

出票日期　　　　票据状态

汇票到期日　　　　票据号码

出票人	全　称		收款人	全　称	
	账　号			账　号	
	开户银行			开户银行	
出票金额	人民币（大写）				亿 千 百 十 万 千 百 十 元 角 分
承兑人信息	全　称		开户行行号		
	账　号		开户行名称		
能否转让					

1 －3 －2

入　　库　　单

No.

供货单位：＿＿＿＿＿＿＿＿＿＿　　　　年　　月　　日

编号	品名	规格	单位	数量	单价	金额	备注
合计							

仓库主管：　　记账：　　保管：　　经手人：　　制单：

1 －4 －1

中国建设银行
转账支票存根
105039
073437

附加信息

出票日期　年　月　日

收款人：

金额：

用途：

单位主管　　会计

沈阳中钞证券印制公司. 2021年印制

中国建设银行　转账支票（万）　105039 073437

出票日期（大写）　年　月　日　　付款行名称：

本支票付款期限十天

收款人：　　出票人账号：

人民币（大写）		亿	千	百	十	万	千	百	十	元	角	分

用途

上列款项请从
我账户内支付

出票人签章　　复核　　记账

1－4－2

入　　库　　单

No.

供货单位：＿＿＿＿＿＿　　年　月　日

编　号	品　　名	规　格	单　位	数　　量	单　　价	金　　额	备　注
合　　计							

仓库主管：　记账：　保管：　经手人：　制单：

1－5－1

借款单

年　月　日

借款单位：		
借款理由：		
借款金额：人民币（大写）　¥：		
本部门负责人意见：	借款人签字：	
会计主管审批：	付款方式：	出纳：

1－6－1

领　　料　　单

领料单位：　　　　　　　　　　　　　　　　　　　　　　　　编号：

用　　途：　　　　　　　　　　年　　月　　日　　　　　　　　仓库：

材料类别	材料编号	材料名称	规格	计量单位	数量		单价	金额
					请领	实发		

记账　　　　发料　　　　领料单位负责人　　　　领料

1－7－1

差旅费报销单

部门＿＿＿＿＿＿＿＿　　　　　　　年　　月　　日

出差人									出差事由						
出发				到达				交通工具	交通费		出差补贴		其他费用		
月	日	时	地点	月	日	时	地点		单据张数	金额	天数	金额	项目	单据张数	金额
													住宿费		
													市内车费		
													通讯费		
													办公用品费		
													不买卧铺补贴		
													其他		
合计															
报销总额	人民币（大写）									预借旅费	¥		补领不足	¥	
													归还多余	¥	

附件　　张

主管　　　　审核　　　　出纳　　　　领款人

1－7－2

收　　款　　收　　据

年　　月　　日

交款单位或姓名		
款项来源		
金额	人民币（大写）	

收款单位公章　　　　收款人　　　　交款人

实训二
记账凭证的填制与审核

第一部分　实训准备知识

一、记账凭证的基本内容

记账凭证是登记账簿的依据，因其所反映经济业务的内容不同、各单位规模大小及其对会计核算繁简程度的要求不同，其内容有所差异，但应当具备以下基本内容：

（1）填制凭证的日期。

（2）凭证编号。

（3）经济业务的摘要。

（4）会计科目。

（5）金额。

（6）所附原始凭证张数。

（7）填制凭证人员、稽核人员、记账人员、会计机构负责人、会计主管人员签名或者盖章。收款和付款记账凭证还应当由出纳人员签名或者盖章。以自制的原始凭证或者原始凭证汇总表代替记账凭证的，也必须具备记账凭证应有的项目。

二、记账凭证的种类

记账凭证按其反映的经济业务内容不同，可以分为专用记账凭证和通用记账凭证。

（一）专用记账凭证

专用记账凭证是指分类反映某一特定种类经济业务的记账凭证。按其所反映的经济业务是否与货币资金收付有关又可以进一步分为收款凭证、付款凭证和转账凭证三种。

（1）收款凭证，是用来记录库存现金和银行存款收款经济业务的记账凭证。它是根据有关库存现金和银行存款收入业务的原始凭证编制的，是登记库存现金日记账和银行存款日记账以及有关明细账和总账等账簿的依据，也是出纳人员收讫款项的依据。收款凭证又可以分为库存现金收款凭证和银行存款收款凭证两种。

（2）付款凭证，是用来记录库存现金和银行存款付款经济业务的记账凭证。它是根据有关库存现金和银行存款付款业务的原始凭证编制的，是登记库存现金日记账和银行存款日记账以及有关明细账和总账等账簿的依据，也是出纳人员付款的依据。付款凭证又可以分为库存现金付款凭证和银行存款付款凭证两种。

（3）转账凭证，是用来记录不涉及库存现金和银行存款增减变动的经济业务的记账凭证。它是根据不涉及库存现金和银行存款收付的有关转账业务的原始凭证填制的，是登记有关明细账和总账等账簿的依据。

收款凭证和付款凭证，是登记现金日记账、银行存款日记账、明细分类账和总分类账等有关账簿的依据。转账凭证是登记明细分类账和总分类账等有关账簿的依据。

（二）通用记账凭证

通用记账凭证是指用来反映所有经济业务的记账凭证，这种通用记账凭证既可以反映收、付款业务，也可以反映转账业务。通用记账凭证与转账凭证基本相同。

收款凭证、付款凭证和转账凭证分别用以记录现金、银行存款收款业务、付款业务和转账业务（与现金、银行存款收支无关的业务），为了便于识别，各种凭证印制成不同的颜色。在业务少、凭证不多的小型企业，为简化凭证手续，可以使用通用记账凭证（不具体区分收付转三类，其格式和填制方法与转账凭证相同），记录发生的各种经济业务。

三、记账凭证的填制

记账凭证根据审核无误的原始凭证或原始凭证汇总表填制。记账凭证填制正确与否，直接影响整个会计系统最终提供信息的质量。与原始凭证的填制相同，记账凭证也有记录真实、内容完整、手续齐全、填制及时等要求。

（一）记账凭证填制的基本要求

在填制记账凭证时，必须做到格式统一、内容完整、编制及时、会计科目运用正确之外，还要符合以下几项基本要求：

（1）填制记账凭证时，应当对记账凭证进行连续编号。一笔经济业务需要填制两张以上记账凭证的，可以采用分数编号法编号。

（2）记账凭证可以根据每一张原始凭证填制，或者根据若干张同类原始凭证汇总填制，也可以根据原始凭证汇总表填制。但不得将不同内容和类别的原始凭证汇总填制在一张记账凭证上。

（3）除结账和更正错误的记账凭证可以不附原始凭证外，其他记账凭证必须附有原始凭证。如果一张原始凭证涉及几张记账凭证，可以把原始凭证附在一张主要的记账凭证后面，并在其他记账凭证上注明附有该原始凭证的记账凭证的编号或者附原始凭证复印机。

一张原始凭证所列支出需要几个单位共同负担的，应当将其他单位负担的部分，开给对方原始凭证分割单，进行结算。原始凭证分割单必须具备原始凭证的基本内容：凭证名称、填制凭证日期、填制凭证单位名称或者填制人姓名、经办人的签名或者盖章、接受凭证单位名称、经济业务内容、数量、单价、金额和费用分摊情况等。

（4）如果在填制记账凭证时发生错误，应当重新填制。

已经登记入账的记账凭证，在当年内发现填写错误时，可以用红字填写一张与原内容相同的记账凭证，在摘要栏注明“注销某月某日某号凭证”字样，同时再用蓝字重新填制一张正确的记账凭证，注明“订正某月某日某号凭证”字样。如果会计科目没有错误，只是金额错误，也可以将正确数字与错误数字之间的差额，另编一张调整的记账凭证，调增金额用蓝字，调减金额用红字。发现以前年度记账凭证有错误的，应当用蓝字填制一张更正的记账凭证。

（5）记账凭证填制完经济业务事项后，如有空行，应当自金额栏最后一笔金额数字下的空行处至合计数上的空行处划线注销。

（6）填制会计凭证，字迹必须清晰、工整，并符合下列要求：

①阿拉伯数字应当一个一个地写，不得连笔写。阿拉伯金额数字前面应当书写货币币种符号或者货币名称简写和币种符号。币种符号与阿拉伯金额数字之间不得留有空白。凡阿拉伯数字前写有币种符号的，数字后面不再写货币单位。

②所有以元为单位（其他货币种类为货币基本单位，下同）的阿拉伯数字，除表示单价等情况外，一律填写到角分；无角分的，角位和分位可写“00”，或者符号“—”；有角无分的，分位应当写“0”，不得用符号“—”代替。

③汉字大写数字金额如零、壹、贰、叁、肆、伍、陆、柒、捌、玖、拾、佰、仟、万、亿等，一律用正楷或者行书体书写，不得用0、一、二、三、四、五、六、七、八、九、十等简化字代替，不得任意自造简化字。大写金额数字到元或者角为止的，在“元”或者“角”字之后应当写“整”字或者“正”字；大写金额数字有分的，分字后面不写“整”或者“正”字。

④大写金额数字前未印有货币名称的，应当加填货币名称，货币名称与金额数字之间不得留有空白。

⑤阿拉伯金额数字中间有“0”时，汉字大写金额要写“零”字；阿拉伯数字金额中间连续有几个“0”时，汉字大写金额中可以只写一个“零”字；阿拉伯金额数字元位是“0”，或者数字中间连续有几个“0”、元位也是“0”但角位不是“0”时，汉字大写金额可以只写一个“零”字，也可以不写“零”字。

⑥实行会计电算化的单位，对于机制记账凭证，要认真审核，做到会计科目使用正确，数字准确无误。打印出的机制记账凭证要加盖制单人员、审核人员、记账人员及会计机构负责人、会计主管人员印章或者签字。

正确地编制记账凭证是正确地进行会计处理的前提。所以，记账凭证填制完成以后，必须由会计主管人员或其他指定人员进行严格审核。

（二）收款凭证的填制

收款凭证是根据审核无误的现金和银行存款收款业务的原始凭证编制的。收款凭证左上角的“借方科目”，按收款的性质填写“库存现金”或“银行存款”；日期填写的是编制本凭证的日期；右上角填写编制收款凭证顺序号；“摘要”简明扼要地填写经济业务的内容梗概；“贷方科目”栏内填写与收入“库存现金”或“银行存款”科目相对应的总账科目及所属明细科目；“金额”栏内填写实际收到的现金或银行存款的数额，各总账科目与所属明细科目的应贷金额，应分别填写与总账科目或明细科目同一行的“总账科目”或“明细科目”金额栏内“金额”的合计数，只合计“总账科目”金额，表示借方科目“库存现金”或“银行存款”的金额；“记账”栏是记账人员在根据收款凭证登记有关账簿后作记号用，表示已经记账，防止经济业务的事项的重记或漏记；该凭证右边“附件×张”根据所附原始凭证的张数填写；凭证最下方有关人员签章处是供有关人员在履行了责任后签名或签章，以明确经济责任。

（三）付款凭证的填制

付款凭证是根据审核无误的有关库存现金和银行存款的付款业务的原始凭证填制的。付款凭证的填制方法与收款凭证基本相同，不同的是在付款凭证的左上角应填列贷方科目，即“库存现金”或“银行存款”科目，“借方科目”栏应填写与“库存现金”或“银行存款”相应的一级科目和明细科目。

对于涉及“库存现金”和“银行存款”之间的相互划转业务，为了避免重复记账，一般只填制付款凭证，不再填制收款凭证。

出纳员不能直接依据有关收、付款业务的原始凭证来收、付款项，必须根据审核批准的收款凭证收款，或根据付款凭证付款。出纳人员在办理收款或付款业务后，应在原始凭证上加盖“收讫”或“付讫”的戳记，以免重收重付。只有加盖“收讫”“付讫”后的收、付款凭证，才能作为登记账簿的依据。

（四）转账凭证的填制

转账凭证是根据审核无误的不涉及现金和银行存款收付的转账业务的原始凭证编制的。转账凭证中“总账科目”和“明细科目”栏应填写应借、应贷的总账科目和明细科目，借方科目应记金额应在同一行的“借方金额”栏填列，贷方科目应记金额应在同一行的“贷方金额”栏填列，“合计”行只合计借方总账科目金额和贷方总账科目金额，借方总账科目金额合计数与贷方总账金额合计数应相等。

此外，某些既涉及收款业务，又涉及转账业务的综合性业务，可分开填制不同类型的记账凭证。

（五）通用记账凭证的填制

在业务少、凭证不多的小型企业，为简化凭证手续，可以使用通用记账凭证，记录发生的各种经济业务。在采用通用记账凭证的企业里，对于各种类型的经济业务，都使用一种通用格式的记账凭证进行反映。通用记账凭证的填制方法与转账凭证的填制方法基本相同。

四、记账凭证的审核

为了正确登记账簿和监督经济业务，除了在记账凭证的编制过程中，有关人员应认真负责、正确填制、加强自审之外，还要对记账凭证建立综合审核制度。记账凭证审核的主要内容有以下几方面：

1. 内容是否真实

审核记账凭证的内容与所附原始凭证的内容是否相符；记账凭证上填写的附件张数与实际原始凭证张数是否相符。

2. 项目是否齐全

审核记账凭证摘要的填写是否清楚，是否正确归纳了经济业务的实际内容；记账凭证中有关项目是否填列齐全；有关人员是否签字或盖章等。

3. 科目是否正确

审核会计科目的应借、应贷是否正确；二级或明细科目是否齐全；会计科目的对应关系是否清晰。

4. 金额是否正确

审核记账凭证金额与所附原始凭证的有关金额是否相符，计算是否正确，记账凭证汇总表的金额与记账凭证的金额合计是否相符等。

5. 书写是否规范

审核记账凭证中的记录的文字是否工整、数字是否书写清楚、更正是否规范。

6. 手续是否完备

审核记账凭证上的有关人员的签章，审核出纳人员对于已经收讫的收款凭证和已经付讫的付款凭证及其所附的各种原始凭证，都要加盖“收讫”和“付讫”的戳记。

需要说明的是，记账凭证的审核，同原始凭证一样，共同组成会计确认的一个环节，都是在会计账簿上正式加以记录之前的必要步骤。在记账凭证的审核过程中，如果发现差错，应查明原因，按照规定的办法及时处理和更正。只有经过审核无误的记账凭证，才能作为登记账簿的直接依据。

第二部分　实训项目设计

一、实训目的

通过实训，使学生了解各种不同类型经济交易或事项应取得或者填制的原始凭证，了解专用记账凭证的种类和格式，掌握专用记账凭证的填制方法和要求，增强学生动手能力、实践能力和应用能力。通过审核记账凭证，掌握审核记账凭证的要求和方法，加深对记账凭证正确性和合规性的理解。

二、实训操作要求

根据实训资料所列沈阳跃腾电缆制造有限公司 2022 年 12 月经济交易或事项及取得的原始凭证，分别填制收款凭证、付款凭证、转账凭证等专用记账凭证。在登记过账前对已编制的记账凭证进行认真、严格的审核。

三、实训资料

（一）实训企业基础资料

1. 实训企业基本概况
企业名称：沈阳跃腾电缆制造有限公司
法人代表：方玉山
注册地址：沈阳市于洪区沈辽西路40号
联系电话：024－81882463
开户银行：中国建设银行沈阳于洪支行
开户银行账号：21050103359498012819
统一社会信用代码（纳税人识别号）：91210106MA0TTLYR6W
纳税人类型：一般纳税人
经营范围：主要生产并销售电线电缆
机构设置：行政部、采购部、生产部、销售部4个部门
主要供应商：
（1）沈阳宏升金属制品有限公司纳税人识别号：91210112675338325Q
注册地址：沈阳市浑南区学风路25号
联系电话：024－88017473
开户银行：中国银行南京南街支行
开户银行账号：601434848783
（2）沈阳锦兴塑料制品有限公司　纳税人识别号：91210114MA0P463R73
注册地址：沈阳市东陵区英达镇公家村
联系电话：024－87962684
开户银行：中国农业银行东陵支行
开户银行账号：6105001040018880
主要客户：
（1）国网辽宁省电力有限公司 纳税人识别号：91210000701796551N
注册地址：沈阳市和平区宁波路32号
联系电话：024－23157575
开户银行：中国工商银行沈阳和平支行
开户银行账号：6232612201000108564
（2）中国南方电网有限责任公司 纳税人识别号：9144000076384341X6
注册地址：广东省广州市萝岗区科学城科翔路18号
联系电话：020－36621246
开户银行：中国建设银行广州南网中心支行
开户银行账号：44001382202052500089

2. 实训企业相关职员职务及姓名

财务主管：张莱

会计：于莉

出纳：王珊

稽核：刘峰

仓库负责人：高闯

仓库保管员：王星

3. 实训企业的相关政策

（1）企业遵循的会计准则。公司所编制的财务报告符合现行《企业会计准则》的要求，真实、完整地反映公司的财务状况、经营成果、现金流量和股东权益变动等有关信息。

（2）会计基础。公司以持续经营和权责发生制为会计基础，根据实际发生的交易和事项，按照财政部最新修订的《企业会计准则——基本准则》和其他各项具体准则的规定进行确认和计量，在此基础上编制公司财务报告。

（3）会计期间。自公历 1 月 1 日起至 12 月 31 日止为一个会计年度。

（4）记账本位币。采用人民币为记账本位币。

（5）计量属性公司在进行会计确认与计量过程中主要以历史成本作为计量属性，对特定的交易和事项可以采用可变现净值、重置成本、现值、公允价值作为计量属性。

（6）其他。

①原材料和库存商品的收发和结存按实际成本核算，发出存货的计价方法采用先进先出法。

②周转材料领用时采用五五摊销法进行摊销。

③按照备抵法计提坏账准备，具体采用应收账款余额百分比法计提，计提比例为年末应收账款余额的 5%。

④本企业适用的增值税税率为 13%，城市维护建设税税率为 7%，教育费附加为 3%，企业所得税税率为 25%。

⑤按职工工资的 14% 计提福利费，8% 计提职工教育经费，2% 计提工会经费。

⑥按工资总额的 20%、10%、0.5%、1% 计提养老保险、医疗保险、工伤保险、失业保险；按 12% 计提职工住房公积金。

⑦按工资总额的 8%、2%、0.5% 代扣代缴职工养老保险、医疗保险、失业保险；按 12% 代扣代缴职工住房公积金。

⑧公司法定盈余公积计提比例为 10%，应付给投资者的利润依据股东会决议进行分配。

（二）沈阳跃腾电缆制造有限公司2022年12月初的相关资料

1. 总分类账户期初余额资料见表2-1

表2-1 **总分类账户期初余额表**

2022年12月1日　　单位：元

会计科目	借方	贷方
库存现金	11 880.00	
银行存款	1 646 053.00	
应收账款	1 120 000.00	
应收票据	452 000.00	
预付账款	5 000.00	
其他应收款	32 000.00	
原材料	3 327 500.00	
生产成本	0.00	
库存商品	2 287 500.00	
在建工程	0.00	
固定资产	14 700 000.00	
无形资产	300 000.00	
累计折旧		1 200 000.00
坏账准备		6 000.00
短期借款		1 400 000.00
应付账款		907 000.00
应付票据		700 000.00
预收账款		8 680.00
其他应付款		72 000.00
应付股利		0.00
应付利息		21 800.00
应交税费		482 180.00
应付职工薪酬		168 500.00
长期借款		900 000.00
实收资本		8 000 000.00
资本公积		500 000.00
盈余公积		1 000 000.00
利润分配		3 765 740.00
本年利润		4 750 033.00
合计	23 881 933.00	23 881 933.00

2. 有关明细账户的期初余额资料

（1）“应收账款”明细账户期初余额

应收账款——南方电网　620 000.00

——辽宁电力　500 000.00

（2）“应付账款”明细账户期初余额

应付账款——沈阳宏升　487 000.00

——沈阳锦兴　420 000.00

（3）“预付账款”明细账户期初余额

预付账款——昌硕铜业　5 000.00

（4）“预收账款”明细账户期初余额

预收账款——四川电力　8 680.00

（5）“应交税费”明细账户期初余额

应交税费——未交增值税　438 000.00

——应交教育费附加　13 140.00

——应交城市维护建设税　30 660.00

——应交个人所得税　380.00

（6）“税金及附加”明细账户期初余额

税金及附加——印花税　1 200.00

（7）“原材料”“库存商品”明细账户期初余额见表 2 - 2

表 2 - 2

总账账户	明细账户	数量	单位成本（元）	金额（元）
原材料	低烟无卤料—防护套	99 250 千克	8.00	794 000.00
	低烟无卤料—绝缘料	77 850 千克	10.00	778 500.00
	无氧铜杆	27 000 千克	65.00	1 755 000.00
	合计	—	—	3 327 500.00
库存商品	低压 YJV - 0.6/1kV 3 × 70 + 2 × 35	8 580.00 米	125.00	1 072 500.00
	高压 YJV22 - 8.7/15kV 3 × 120	9 000.00 米	135.00	1 215 000.00
	合计	—	—	2 287 500.00

（三）沈阳跃腾电缆制造有限公司 2022 年 12 月经济交易或事项及相关资料

（1）12 月 1 日，收到投资人张佳鑫的投资，投资总额 2 400 000 元，投资后注册资本增加至 10 000 000 元，经协商，张佳鑫投资金额占公司注册资本份额的 20%，超过的部分作为资本公积。（原始凭证 2 - 1 - 1、2 - 1 - 2）

（2）12 月 3 日，公司通过单位结算卡提取现金 5 000 元，以备零星开支。（原始凭证 2 - 2 - 1）

（3）12 月 5 日，公司从沈阳宏升金属制品有限公司购买无氧铜杆，增值税专用发票上注明的数量为 3 000 千克，单价 65 元/千克，金额 195 000 元，税额 25 350 元，通过网银转账支付货款，材料尚未验收入库。(原始凭证 2 -3 -1、2 -3 -2、2 -3 -3)

(4) 12 月 6 日，将现金 2 000 元存入公司银行账户。(原始凭证 2 -4 -1)

(5) 12 月 7 日，向沈阳明诚机械设备公司转账支付设备维修费，取得增值税专用发票上注明的金额为 2 000 元，税额 260 元。(原始凭证 2 -5 -1、2 -5 -2、2 -5 -3)

(6) 12 月 8 日，公司从沈阳锦兴塑料制品有限公司购买低烟无卤料—防护套，增值税专用发票上注明的数量为 5 000 千克，单价 8 元/千克，金额 40 000 元，税额 5 200 元，公司签发银行承兑汇票支付货款。同时用现金向沈阳亨通物流有限公司支付运输费，取得运输费增值税专用发票上注明的金额 800 元，税额 72 元，材料已经验收入库。(原始凭证 2 -6 -1、2 -6 -2、2 -6 -3、2 -6 -4、2 -6 -5、2 -6 -6、2 -6 -7)

(7) 12 月 8 日，通过开户行建设银行直接将职工工资划转至职工工资卡中。(原始凭证 2 -7 -1)

(8) 12 月 9 日，收到国网辽宁省电力有限公司的前欠货款 400 000 元，款项已转入本公司开户行账户。(原始凭证 2 -8 -1)

(9) 12 月 10 日，公司从沈阳高科精密科技有限公司购买固定资产铜线拉丝机 1 套，取得增值税专用发票上注明的金额为 30 000 元，税额 3 900 元，向沈阳亨通物流有限公司支付上述设备运输费，取得增值税专用发票上注明的金额为 1 000 元，税额 90 元，以上款项均通过银行转账支付。(原始凭证 2 -9 -1、2 -9 -2、2 -9 -3、2 -9 -4、2 -9 -5、2 -9 -6、2 -9 -7)

(10) 12 月 11 日，收到从沈阳宏升金属制品有限公司购买的无氧铜杆 3 000 千克，验收入库。(原始凭证 2 -10 -1)

(11) 12 月 11 日，通过银行转账支付前欠沈阳锦兴塑料制品有限公司货款 280 000 元。(原始凭证 2 -11 -1)

(12) 12 月 11 日，通过开户行上缴上月未缴增值税、城市维护建设税、教育费附加、印花税，并代扣代缴员工个人所得税。(原始凭证 2 -12 -1、2 -12 -2、2 -12 -3、2 -12 -4)

(13) 12 月 11 日，通过开户行上缴公司上月工会经费。(原始凭证 2 -13 -1)

(14) 12 月 11 日，转账支付本月职工社会保险和住房公积金。(原始凭证 2 -14 -1、2 -14 -2、2 -14 -3、2 -14 -4)

(15) 12 月 12 日，收到中国南方电网有限责任公司的前欠货款 520 000 元，款项已转入本公司开户行账户。(原始凭证 2 -15 -1)

(16) 12 月 13 日，从开户银行建设银行取得流动资金贷款 2 000 000 元，期限 6 个月，年利率 6%。(原始凭证 2 -16 -1、2 -16 -2)

(17) 12 月 14 日，通过银行转账支付前欠沈阳宏升金属制品有限公司货款 250 000 元。(原始凭证 2 -17 -1)

(18) 12 月 14 日，支付本月行政部门电话费，取得增值税专用发票上注明的金额 600 元，税额 36 元，该款项直接从开户行账户扣转。(原始凭证 2 -18 -1、2 -18 -2、2 -18 -3)

(19) 12 月 14 日，向国网辽宁省电力有限公司销售低压电力电缆 5 000 米，单价 160

元/米，高压电力电缆 3 500 米，单价 200 元/米，增值税专用发票上注明的金额 1 500 000 元，税额 195 000 元，全部款项尚未收到。（原始凭证 2－19－1）

（20）12 月 15 日，公司从沈阳锦兴塑料制品有限公司购买低烟无卤料—绝缘料，增值税专用发票上注明的数量 4 000 千克，单价 10 元/千克，金额 40 000 元，税额 5 200 元，货款未付。同时用现金向沈阳亨通物流有限公司支付运输费，取得运输费增值税专用发票上注明的金额 3 000 元，税额 270 元，材料已经验收入库。（原始凭证 2－20－1、2－20－2、2－20－3、2－20－4、2－20－5、2－20－6）

（21）12 月 16 日，公司行政部门报销办公费，购买办公用品包括 6 个硒鼓和 4 件打印纸，2 个移动硬盘，具体金额详见发票，出纳人员以现金支付。（原始凭证 2－21－1、2－21－2、2－21－3）

（22）12 月 16 日，通过银行转账支付沈阳新宣广告有限公司产品广告费，取得增值税专用发票上注明的金额 10 000 元，税额 600 元。（原始凭证 2－22－1、2－22－2、2－22－3）

（23）12 月 16 日，采购部门张昊到北京出差考查新供应商，预借差旅费 3 000 元，出纳人员以现金支付。（原始凭证 2－23－1）

（24）12 月 16 日，收到国网辽宁省电力有限公司前欠货款 1 695 000 元，款项已转入本公司开户行账户。（原始凭证 2－24－1）

（25）12 月 18 日，向中国南方电网有限责任公司销售高压电力电缆 2 000 米，单价 200 元/米，低压电力电缆 3 000 米，单价 160 元/米，增值税专用发票上注明的金额 880 000 元，税额 114 400 元，收到中国南方电网有限责任公司签发的一张转账支票存入本公司开户行账户。（原始凭证 2－25－1、2－25－2）

（26）12 月 18 日，企业收到政府发放的自然灾害救助款 28 130 元，款项已存入公司开户行账户。（原始凭证 2－26－1）

（27）12 月 20 日，张昊从北京出差归来，经批准报销差旅费。出差补助 80 元/天；往返机票 2 张，票价 683 元/张，燃油附加费 80 元/张，机场建设费 50 元/张；住宿费发票 1 张，增值税专用发票上注明的金额为 600 元，税额 36 元。余款 578 元退回，现金收讫。（原始凭证 2－27－1、2－27－2、2－27－3、2－27－4、2－27－5、2－27－6）

（28）12 月 20 日，生产部门从仓库领用无氧铜杆、低烟无卤料—防护套、低烟无卤料—绝缘料用于生产高压电力电缆和低压电力电缆。生产高压电力电缆领用无氧铜杆 5 500 千克，低烟无卤料—防护套 20 000 千克，低烟无卤料—绝缘料 15 000 千克；生产低压电力电缆领用无氧铜杆 6 000 千克，低烟无卤料—防护套 10 000 千克，低烟无卤料—绝缘料 10 000 千克。（原始凭证 2－28－1、2－28－2）

（29）12 月 20 日，行政部门王晓婷报销业务招待费，取得增值税电子普通发票上注明的金额 800 元，税额 48 元，现金付讫。（原始凭证 2－29－1、2－29－2）

（30）12 月 22 日，向南京三金机械制造有限公司购买需要安装的铜线绞线机 1 套，取得增值税专用发票上注明的金额 50 000 元，税额 6 500 元，由南京三金机械制造有限公司垫付运输费给南京快达物流公司，取得增值税专用发票注明的金额 2 000 元，税额 180 元，以上款项均通过银行转账支付给南京三金机械制造有限公司。（原始凭证 2－30－1、2－30－2、2－30－3、2－30－4、2－30－5）

（31）12 月 22 日，向职工李晓琦支付困难职工生活补助 1 000 元，以现金支付。（原始凭证 2 - 31 - 1）

（32）12 月 23 日，向沈阳冠达安装工程有限公司支付铜线绞线机安装费，取得增值税专用发票上注明的金额 2 000 元，税额 180 元，款项通过银行转账支付。（原始凭证 2 - 32 - 1、2 - 32 - 2、2 - 32 - 3）

（33）12 月 23 日，上述铜线绞线机安装完毕，投入使用。（原始凭证 2 - 33 - 1）

（34）12 月 23 日，向沈阳市红十字会捐款 20 000 元，款项通过银行转账支付。（原始凭证 2 - 34 - 1、2 - 34 - 2）

（35）12 月 24 日，用转账支票从沈阳哈弗汽车销售服务有限公司购入全新的哈弗汽车 1 辆，取得增值税专用发票上注明的金额 150 000 元，税额 19 500 元，当即验收并投入使用。（原始凭证 2 - 35 - 1、2 - 35 - 2、2 - 35 - 3、2 - 35 - 4）

（36）12 月 25 日，向中国南方电网有限责任公司销售高压电力电缆 3000 米，单价 200 元/米，税额 78 000 元，全部款项尚未收到。（原始凭证 2 - 36 - 1）

（37）12 月 26 日，收到中国南方电网有限责任公司前欠货款 678 000 元，款项已转入本公司开户行账户。（原始凭证 2 - 37 - 1）

（38）12 月 27 日，通过银行转账支付沈阳水务集团有限公司本月水费，取得增值税专用发票上注明的金额 3000 元，税额 270 元。（原始凭证 2 - 38 - 1、2 - 38 - 2、2 - 38 - 3、2 - 38 - 4）

（39）12 月 27 日，通过银行转账支付国网辽宁省电力有限公司沈阳供电公司本月电费，取得增值税专用发票上注明的金额 50 000 元，税额 6 500 元。（原始凭证 2 - 39 - 1、2 - 39 - 2、2 - 39 - 3、2 - 39 - 4）

（40）12 月 28 日，车间领用无氧铜杆 10 000 千克，低烟无卤料—防护套 25 000 千克，低烟无卤料—绝缘料 25 000 千克。其中生产高压电力电缆领用无氧铜杆 5 000 千克，低烟无卤料—防护套 15 000 千克，低烟无卤料—绝缘料 13 000 千克；生产低压电力电缆领用无氧铜杆 5 000 千克，低烟无卤料—防护套 10 000 千克，低烟无卤料—绝缘料 12 000 千克。（原始凭证 2 - 40 - 1、2 - 40 - 2）

（41）12 月 28 日，向沈阳康达劳保用品有限公司购买劳动手套、工作鞋、安全帽，手套 200 副，单价 5 元/副；工作鞋 30 双，单价 50 元/双；安全帽 20 个，单价 50 元/个。取得增值税专用发票上注明的金额 3 500 元，税额 455 元，款项通过银行转账支付。（原始凭证 2 - 41 - 1、2 - 41 - 2、2 - 41 - 3）

（42）12 月 29 日，生产部门领用劳动保护用品，手套 140 副，工作鞋 24 双，安全帽 10 个。（原始凭证 2 - 42 - 1）

（43）12 月 31 日，计提本月固定资产折旧费 25 000 元，其中车间计提固定资产折旧费 18 000 元，行政部门计提折旧 4 000 元，采购部门计提折旧 1 000 元，销售部门计提折旧 2 000 元。（原始凭证 2 - 43 - 1）

（44）12 月 31 日，计提应由本月负担的借款利息费用 10 000 元。（原始凭证 2 - 44 - 1）

（45）12 月 31 日，分配本月职工工资总额 100 000 元，详见职工工资结算汇总表。（原始凭证 2 - 45 - 1）

（46）12 月 31 日，按职工工资的 14% 计提福利费，8% 计提职工教育经费，2% 计提

工会经费。(原始凭证 2 - 46 - 1)

(47) 12 月 31 日，根据工资汇总表，按工资总额的 20%、10%、0.5%、1% 计提企业负担职工的养老保险、医疗保险、工伤保险、失业保险；按 12% 计提职工住房公积金。(原始凭证 2 - 47 - 1)

(48) 12 月 31 日，根据工资汇总表，按工资总额的 8%、2%、0.5% 代扣代缴职工养老保险、医疗保险、失业保险；按 12% 代扣代缴职工住房公积金。代扣代缴职工个人所得税 380 元。(原始凭证 2 - 48 - 1)

(49) 12 月 31 日，按产品生产工时比例分配结转本月制造费用。(原始凭证 2 - 49 - 1、2 - 49 - 2)

(50) 12 月 31 日，计算并结转本月生产完毕的产成品低压电力电缆和高压电力电缆，验收入库，根据产品成本计算单结转其实际生产成本。(本月投产产品全部生产完毕，其中低压电力电缆 9 280 米，高压电力电缆 9 800 米) (原始凭证 2 - 50 - 1、2 - 50 - 2)

(51) 12 月 31 日，根据本月销售情况，计算并结转本月产品的销售成本。(原始凭证 2 - 51 - 1)

(52) 12 月 31 日，按本月应缴纳的增值税额计算本月应缴纳的城市维护建设税和教育费附加，税率分别为 7% 和 3%。(原始凭证 2 - 52 - 1)

(53) 12 月 31 日，按照应收账款余额的 5% 计提坏账准备金。(原始凭证 2 - 53 - 1)

(54) 12 月 31 日，向沈阳荣兴电缆有限公司销售多余的低烟无卤料—防护套 1 000 千克，单价 10 元/千克，增值税专用发票上注明的金额 10 000 元，税额 1 300 元，款项已转入本公司开户行账户。低烟无卤料—防护套的单位成本 8 元/千克。(原始凭证 2 - 54 - 1、2 - 54 - 2、2 - 54 - 3)

(55) 12 月 31 日，结转本月收入类账户发生额至“本年利润”。(原始凭证 2 - 55 - 1)

(56) 12 月 31 日，结转本月费用类账户发生额至“本年利润”。(原始凭证 2 - 56 - 1)

(57) 12 月 31 日，公司按照 25% 的税率计算全年的所得税，并予以结转 (假定没有发生纳税调整事项，本年 1—11 月“本年利润”为 4 750 033 元)。(原始凭证 2 - 57 - 1)

(58) 12 月 31 日，公司按照董事会的决议，按全年净利润的 10% 提取法定盈余公积金。(假定盈余公积计提于年末进行) (原始凭证 2 - 58 - 1)

(59) 12 月 31 日，公司董事会决定分配给股东现金股利 800 000 元。(假定利润分配于年末进行) 具体方案见公司利润分配方案。(原始凭证 2 - 59 - 1)

(60) 12 月 31 日，公司年末结转本年净利润。

(61) 12 月 31 日，将“利润分配”各明细账户余额转入“利润分配——未分配利润”明细分类账户。

（四）沈阳跃腾电缆制造有限公司2022年12月以上经济交易或事项取得的原始凭证如下（假定所有原始凭证必备印章、签名均已具备，原始凭证经审核无误）

2－1－1

中国建设银行 China Construction Bank

中国建设银行单位客户专用回单

币别：人民币　　2022年12月1日　　流水号：2104300410NCPR4NNUK

付款人	全　称	张佳鑫	收款人	全　称	沈阳跃腾电缆制造有限公司
	账　号	6210810730005723739		账　号	21050103359498012819
	开户行	中国建设银行沈阳南塔支行		开户行	中国建设银行沈阳于洪支行
金　额		（大写）人民币贰佰肆拾万元整			（小写）¥2,400,000.00
凭证种类		电子转账凭证	凭证号码		104322113059
结算方式		转账	用　途		投资款
			打印柜员：210443601002 打印机构：建行沈阳于洪支行 打印卡号：6232510730393609		

（中国建设银行 电子回单专用章）

打印时间：2022-12-01 14:00:02　　交易柜员：　　交易机构：210430040

（贷方回单）（收款人回单）

本回单可通过建行对公自助设备或建行网站校验真伪

2－1－2

投资协议书

经双方协商，张佳鑫以货币资金2 400 000元向沈阳跃腾电缆制造有限公司投资。张佳鑫将按2 000 000元的资本额享有表决权，股份比例为20%。

投资人签字　张佳鑫

2022 年 12 月 1 日

沈阳跃腾电缆制造有限公司

法人代表　方公山

2022 年 12 月 1 日

（沈阳跃腾电缆制造有限公司 印章）

2－2－1

中国建设银行 China Construction Bank

中国建设银行单位客户专用回单

币别：人民币　　2022年12月3日　　流水号：2104300410NCPR4N790

付款人	全　称	沈阳跃腾电缆制造有限公司	收款人	全　称	沈阳跃腾电缆制造有限公司
	账　号	21050103359498012819		账　号	21050103359498012819
	开户行	中国建设银行沈阳于洪支行		开户行	中国建设银行沈阳于洪支行
金　额	（大写）人民币伍仟元整			（小写）¥5,000.00	
凭证种类			凭证号码	104322113610	
结算方式	提现		用　途	备用金	
			打印柜员：210443601002 打印机构：建行沈阳于洪支行 打印卡号：6232510730393609		

（借方回单）（付款人回单）

本回单可通过建行对公自助设备或建行网站校验真伪

中国建设银行 电子回单 专用章

打印时间：2022-12-03 15:00:02　　交易柜员：　　交易机构：210430040

2－3－1

辽宁增值税专用发票

全国统一发票监制章 辽宁 国家税务总局监制

2100215350　　№18964678

发票联

开票日期：2022年12月05日

购买方	名　　称：	沈阳跃腾电缆制造有限公司	密码区	<2/14/>3<0/>-2<419318/424>9
	纳税人识别号：	91210106MA0TTLYR6W		6178-441329/*43-6123404>**-
	地 址、电 话：	沈阳市于洪区沈辽西路40号024-81882463		213/31<*5<0*>1/1-+551+31-16
	开户行及电话：	中国建设银行沈阳于洪支行21050103359498012819		026<3312889111469914/53>2>19

货物或应税劳务、服务名称	规格型号	单位	数 量	单价	金　额	税率	税　额
*有色金属压延材*无氧铜杆		千克	3000	65	195000.00	13%	25350.00
合　　计					¥195000.00		¥25350.00
价税合计（大写）	⊗贰拾贰万零叁佰伍拾元整				（小写）¥220350.00		

销售方	名　　称：	沈阳宏升金属制品有限公司	备注	
	纳税人识别号：	912101126753383250		
	地 址、电 话：	沈阳市浑南区学风路25号024-88017473		
	开户行及电话：	中国银行南京南街支行601434848783		

收款人：刘华　　复核：杨兰　　开票人：张锋　　销售方：（章）

沈阳宏升金属制品有限公司 912101126753383250 发票专用章

第三联：发票联 购买方记账凭证

税总货劳函[2021]280号北京印钞有限公司

2－3－2

辽宁增值税专用发票

抵扣联

2100215350

№18964678

开票日期：2022年12月05日

购买方	名　　称：沈阳跃腾电缆制造有限公司 纳税人识别号：91210106MA0TTLYR6W 地 址、电 话：沈阳市于洪区沈辽西路40号024-81882463 开户行及电话：中国建设银行沈阳于洪支行21050103359498012819	密码区	<2/14/>3<0/>-2<419318/424>9 6178-441329/*43-6123404>**- 213/31<*5<0*>1/1-+551+31-16 026<3312889111469914/53>2>19

货物或应税劳务、服务名称	规格型号	单位	数量	单价	金额	税率	税额
*有色金属压延材*无氧铜杆		千克	3000	65	195000.00	13%	25350.00
合　　计					¥195000.00		¥25350.00
价税合计（大写）	⊗贰拾贰万零叁佰伍拾元整				（小写）¥220350.00		

销售方	名　　称：沈阳宏升金属制品有限公司 纳税人识别号：91210112675338325Q 地 址、电 话：沈阳市浑南区学风路25号024-88017473 开户行及电话：中国银行南京南街支行601434848783	备注	

收款人：刘华　　复核：杨兰　　开票人：张锋　　销售方：（章）

税总货劳函[2021]280号北京印钞有限公司

第二联：抵扣联　购买方扣税凭证

2－3－3

中国建设银行 China Construction Bank

中国建设银行单位客户专用回单

币别：人民币　　2022年12月05日　　流水号：2104300410NCPR4N820

付款人	全　称	沈阳跃腾电缆制造有限公司	收款人	全　称	沈阳宏升金属制品有限公司
	账　号	21050103359498012819		账　号	601434848783
	开户行	中国建设银行沈阳于洪支行		开户行	中国银行南京南街支行
金　额	（大写）人民币贰拾贰万零叁佰伍拾元整				（小写）¥220,350.00
凭证种类	电子转账凭证		凭证号码	104322113612	
结算方式	转账		用　途	货款	
			打印柜员：210443601002 打印机构：建行沈阳于洪支行 打印卡号：6232510730393609		

打印时间：2022-12-05 14:00:02　　交易柜员：　　交易机构：210430040

（借方回单）（付款人回单）

本回单可通过建行对公自助设备或建行网站校验真伪

2－4－1

中国建设银行
China Construction Bank

现金交款单

02598352

币种：☑人民币☐　　2022年12月6日　　流水号：10300210215934147630458922

单位填写	收款单位	沈阳跃腾电缆制造有限公司	交款人	王珊
	账　　号	21050103359498012819	款项来源	营业款
	金 额（大写）贰仟元整			亿 千 百 十 万 千 百 十 元 角 分 ¥ 2 0 0 0 0 0
银行确认栏	交易日期：20221206　币种：人民币元　组件流水号：4420000350N4PY9J5T3 收款单位：沈阳跃腾电缆制造有限公司 账(卡)号:21050103359498012819　金额：¥2,000.00 交款人：王珊 款项来源：营业款　现金回单（无银行打印记录及银行签章此单无效）			

主管：　授权：　复核：　经办：18128592

第二联　客户留存

（印章：中国建设银行股份有限公司 2022.12.06 业务专用章）

2－5－1

21002510150

辽宁增值税专用发票

发票联

№18950207

开票日期：2022年12月07日

购买方	名　　称：沈阳跃腾电缆制造有限公司 纳税人识别号：91210106MA0TTLYR6W 地 址、电 话：沈阳市于洪区沈辽西路40号024-81882463 开户行及电话：中国建设银行沈阳于洪支行21050103359498012819				密码区	<6/29/>3<0/>-2<322319/323>6 3189-369326/*43-6542303>**- 312/51<*5<0*>1/1-+431+51-12 023<3326416264685516/32>2>21	
货物或应税劳务、服务名称	规格型号	单位	数 量	单价	金　额	税率	税　额
*劳务*设备维修费			1	2000	2000.00	13%	260.00
合　　计					¥2000.00		¥260.00
价税合计（大写）	⊗贰仟贰佰陆拾元整					（小写）¥2260.00	
销售方	名　　称：沈阳明诚机械设备公司 纳税人识别号：91210104MA114DEGX1 地 址、电 话：辽宁省沈阳市皇姑区北陵大街18号024-24805636 开户行及电话：盛京银行沈阳市铁西支行0332010102000043758				备注		

收款人：张丽　复核：刘星　开票人：白石　销售方：（章）

（印章：全国统一发票监制章 辽宁 国家税务总局监制；沈阳明诚机械设备公司 91210104MA114DEGX1 发票专用章）

税总货劳函[2021]280号北京印钞有限公司

第三联：发票联　购买方记账凭证

2－5－2

21002510150

辽宁增值税专用发票

抵扣联

№18950207

开票日期：2022年12月07日

购买方	名　　称：	沈阳跃腾电缆制造有限公司	密码区	<6/29/>3<0/>-2<322319/323>6
	纳税人识别号：	91210106MA0TTLYR6W		3189-369326/*43-6542303>**-
	地 址、电 话：	沈阳市于洪区沈辽西路40号024-81882463		312/51<*5<0*>1/1-+431+51-12
	开户行及账号：	中国建设银行沈阳于洪支行21050103359498012819		023<3326416264685516/32>2>21

货物或应税劳务、服务名称	规格型号	单位	数量	单价	金额	税率	税额
*劳务*设备维修费			1	2000	2000.00	13%	260.00
合　　计					¥2000.00		¥260.00
价税合计（大写）	⊗贰仟贰佰陆拾元整				（小写）¥2260.00		

销售方	名　　称：	沈阳明诚机械设备公司	备注	
	纳税人识别号：	91210104MA114DEGX1		
	地 址、电 话：	辽宁省沈阳市皇姑区北陵大街18号024-24805636		
	开户行及账号：	盛京银行沈阳市铁西支行0332010102000043758		

收款人：张丽　　复核：刘星　　开票人：白石　　销售方：（章）

第二联：抵扣联　购买方扣税凭证

税总货劳函[2021]280号北京印钞有限公司

2－5－3

中国建设银行 China Construction Bank

中国建设银行单位客户专用回单

币别：人民币　　2022年12月07日　　流水号：2104300410NCPR4N970

付款人	全　称	沈阳跃腾电缆制造有限公司	收款人	全　称	沈阳明诚机械设备公司
	账　号	21050103359498012819		账　号	0332010102000043758
	开户行	中国建设银行沈阳于洪支行		开户行	盛京银行沈阳市铁西支行
金　额	（大写）人民币贰仟贰佰陆拾元整				（小写）¥2,260.00
凭证种类	电子转账凭证		凭证号码	104322113612	
结算方式	转账		用　　途	设备维修费	
			打印柜员：210443601002 打印机构：建行沈阳于洪支行 打印卡号：6232510730393609		

打印时间：2022-12-07 15:30:02　　交易柜员：　　交易机构：210430040

（借方回单）（付款人回单）

本回单可通过建行对公自助设备或建行网站校验真伪

2－6－1

辽宁增值税专用发票

发票联

21004500160　　№18950526　　开票日期：2022年12月08日

购买方	名　　称：	沈阳跃腾电缆制造有限公司	密码区	<5/19/>3<0/>-2<622318/424>3
	纳税人识别号：	91210106MA0TTLYR6W		5123-661329/*43-3218404>**-
	地 址、电 话：	沈阳市于洪区沈辽西路40号024-81882463		516/61<*5<0*>1/1-+441+31-19
	开户行及电话：	中国建设银行沈阳于洪支行21050103359498012819		026<4416321864682216/41>6>52

货物或应税劳务、服务名称	规格型号	单位	数量	单价	金额	税率	税额
*塑料制品*低烟无卤料-防护套		千克	5000	8	40000.00	13%	5200.00
合　　计					¥40000.00		¥5200.00
价税合计（大写）	⊗肆万伍仟贰佰元整				（小写）¥45200.00		

销售方	名　　称：	沈阳锦兴塑料制品有限公司	备注	
	纳税人识别号：	91210114MA0P463R73		
	地 址、电 话：	沈阳市东陵区英达镇公家村024-87962684		
	开户行及电话：	中国农业银行东陵支行6105001040018880		

收款人：刘平　　复核：杨宇　　开票人：李宁　　销售方：（章）

第三联：发票联　购买方记账凭证

税总货劳函[2021]280号北京印钞有限公司

2－6－2

辽宁增值税专用发票

抵扣联

21004500160　　№18950526　　开票日期：2022年12月08日

购买方	名　　称：	沈阳跃腾电缆制造有限公司	密码区	<5/19/>3<0/>-2<622318/424>3
	纳税人识别号：	91210106MA0TTLYR6W		5123-661329/*43-3218404>**-
	地 址、电 话：	沈阳市于洪区沈辽西路40号024-81882463		516/61<*5<0*>1/1-+441+31-19
	开户行及电话：	中国建设银行沈阳于洪支行21050103359498012819		026<4416321864682216/41>6>52

货物或应税劳务、服务名称	规格型号	单位	数量	单价	金额	税率	税额
*塑料制品*低烟无卤料-防护套		千克	5000	8	40000.00	13%	5200.00
合　　计					¥40000.00		¥5200.00
价税合计（大写）	⊗肆万伍仟贰佰元整				（小写）¥45200.00		

销售方	名　　称：	沈阳锦兴塑料制品有限公司	备注	
	纳税人识别号：	91210114MA0P463R73		
	地 址、电 话：	沈阳市东陵区英达镇公家村024-87962684		
	开户行及电话：	中国农业银行东陵支行6105001040018880		

收款人：刘平　　复核：杨宇　　开票人：李宁　　销售方：（章）

第二联：抵扣联　购买方扣税凭证

税总货劳函[2021]280号北京印钞有限公司

2－6－3

中国票据交易系统

电子银行承兑汇票

出票日期 2022-12-08　　票据状态 持票

汇票到期日 2023-06-08　　票据号码 1 105221008000 20211208 66654634 0

出票人	全　称	沈阳跃腾电缆制造有限公司	收款人	全　称	沈阳锦兴塑料制品有限公司
	账　号	21050103359498012819		账　号	6105001040018880
	开户银行	中国建设银行沈阳于洪支行		开户银行	中国农业银行东陵支行
出票金额	人民币（大写）	壹万零陆佰贰拾贰元整		亿 千 百 十 万 千 百 十 元 角 分	¥ 4 5 2 0 0 0 0
承兑人信息	全　称	中国建设银行沈阳于洪支行	开户行行号	105221783567	
	账　号	21050103359498012819	开户行名称	中国建设银行沈阳于洪支行	
能否转让	可转让				

2－6－4

入　库　单

No. 221201

供货单位：沈阳锦兴塑料制品有限公司　　2022年12月08日

编　号	品　名	规　格	单　位	数　量	单　价	金　额	备　注
1	低烟无卤料—防护套		千克	5 000	8.16	40 800.00	
合　计						40 800.00	

仓库主管：高闯　记账：于莉　保管：王星　制单：李明

2－6－5

辽宁增值税专用发票

21004590360　　　　№14353456

发票联

开票日期：2022年12月08日

购买方		密码区
名　　称：	沈阳跃腾电缆制造有限公司	<5/19/>3<0/>-2<622318/424>3
纳税人识别号：	91210106MA0TTLYR6W	5123-661329/*43-3218404>**-
地 址、电 话：	沈阳市于洪区沈辽西路40号024-81882463	516/61<*5<0*>1/1-+441+31-19
开户行及电话：	中国建设银行沈阳于洪支行21050103359498012819	026<4416321864682216/41>6>52

货物或应税劳务、服务名称	规格型号	单位	数量	单价	金额	税率	税额
*运输服务*运输费			1	800	800.00	9%	72.00
合　　计					¥800.00		¥72.00
价税合计（大写）	⊗捌佰柒拾贰元整						（小写）¥872.00

销售方		备注
名　　称：	沈阳亨通物流有限公司	
纳税人识别号：	91210103MA0741401A	
地 址、电 话：	沈阳市苏家屯区南京南街1118号024-88612781	
开户行及电话：	中国银行股份有限公司沈阳中山支行292158063451	

收款人：赵佳　　复核：王华　　开票人：王松　　销售方：（章）

沈阳亨通物流有限公司 91210103MA0741401A 发票专用章

税总货劳函[2021]280号北京印钞有限公司

第三联：发票联 购买方记账凭证

2－6－6

辽宁增值税专用发票

21004590360　　　　№14353456

抵扣联

开票日期：2022年12月08日

购买方		密码区
名　　称：	沈阳跃腾电缆制造有限公司	<5/19/>3<0/>-2<622318/424>3
纳税人识别号：	91210106MA0TTLYR6W	5123-661329/*43-3218404>**-
地 址、电 话：	沈阳市于洪区沈辽西路40号024-81882463	516/61<*5<0*>1/1-+441+31-19
开户行及电话：	中国建设银行沈阳于洪支行21050103359498012819	026<4416321864682216/41>6>52

货物或应税劳务、服务名称	规格型号	单位	数量	单价	金额	税率	税额
*运输服务*运输费			1	800	800.00	9%	72.00
合　　计					¥800.00		¥72.00
价税合计（大写）	⊗捌佰柒拾贰元整						（小写）¥872.00

销售方		备注
名　　称：	沈阳亨通物流有限公司	
纳税人识别号：	91210103MA0741401A	
地 址、电 话：	沈阳市苏家屯区南京南街1118号024-88612781	
开户行及电话：	中国银行股份有限公司沈阳中山支行292158063451	

收款人：赵佳　　复核：王华　　开票人：王松　　销售方：（章）

沈阳亨通物流有限公司 91210103MA0741401A 发票专用章

税总货劳函[2021]280号北京印钞有限公司

第二联：抵扣联 购买方扣税凭证

2－6－7

收　款　收　据

2022年12月08日

交款单位或姓名		沈阳跃腾电缆制造有限公司
款项来源		运输费
金额	人民币（大写）	捌佰柒拾贰元整

收款单位财务章　　收款人 邓正超　　交款人 王珊

2－7－1

中国建设银行 China Construction Bank

中国建设银行单位客户专用回单

币别：人民币　　2022年12月08日　　流水号：2104300410NCPR4N835

付款人	全　称	沈阳跃腾电缆制造有限公司	收款人	全　称	批量账务集中处理
	账　号	21050103359498012819		账　号	CN000210AP0111P22070111068925091
	开户行	中国建设银行沈阳于洪支行		开户行	
金　额		（大写）人民币柒万柒仟壹佰贰拾元整			（小写）¥77,120.00
凭证种类		电子转账凭证	凭证号码		104322110678
结算方式		转账	用　途		工资
			打印柜员：210443601002 打印机构：建行沈阳于洪支行 打印卡号：6232510730393609		

（借方回单）（付款人回单）

中国建设银行 电子回单专用章

打印时间：2022-12-08 13:00:02　　交易柜员：　　交易机构：210430040

本回单可通过建行对公自助设备或建行网站校验真伪

2－8－1

中国建设银行 China Construction Bank

中国建设银行单位客户专用回单

币别：人民币　　2022年12月09日　　流水号：2104300410NCPR4C104

付款人	全　称	国网辽宁省电力有限公司	收款人	全　称	沈阳跃腾电缆制造有限公司
	账　号	6232612201000108564		账　号	21050103359498012819
	开户行	中国工商银行沈阳和平支行		开户行	中国建设银行沈阳于洪支行
金　额		（大写）人民币肆拾万元整			（小写）¥400,000.00
凭证种类		电子转账凭证	凭证号码		104322110701
结算方式		转账	用　途		货款
			打印柜员：210443601002 打印机构：建行沈阳于洪支行 打印卡号：6232510730393609		

打印时间：2022-12-09 13:08:02　　交易柜员：　　交易机构：210430040

（贷方回单）（收款人回单）

本回单可通过建行对公自助设备或建行网站校验真伪

中国建设银行 电子回单专用章

2－9－1

辽宁增值税专用发票

发票联

2100587423　　№18063238

开票日期：2022年12月10日

购买方	名称：沈阳跃腾电缆制造有限公司 纳税人识别号：91210106MA0TTLYR6W 地址、电话：沈阳市于洪区沈辽西路40号024-81882463 开户行及电话：中国建设银行沈阳于洪支行21050103359498012819				密码区	<5/19/>3<0/>-2<622318/424>3 5123-661329/*43-3218404>**- 516/61<*5<0*>1/1-+441+31-19 026<4416321864682216/41>6>52		
货物或应税劳务、服务名称	规格型号	单位	数量	单价	金额	税率	税额	
*其他机械设备*铜线拉丝机	HQ-22153	套	1	30000	30000.00	13%	3900.00	
合　　计					¥30000.00		¥3900.00	
价税合计（大写）	⊗叁万叁仟玖佰元整					（小写）¥33900.00		
销售方	名称：沈阳高科精密科技有限公司 纳税人识别号：91210109MA5AH2PQ89 地址、电话：沈阳市沈北新区正坤路10号024-81089672 开户行及电话：招商银行沈北支行124904160888684				备注			

收款人：刘昊　　复核：陈平　　开票人：王曼　　销售方：（章）

沈阳高科精密科技有限公司 91210109MA5AH2PQ89 发票专用章

第三联：发票联　购买方记账凭证

税总货字函[2021]280号北京印钞有限公司

2－9－2

2100587423

辽宁增值税专用发票

抵扣联

№18063238

开票日期：2022年12月10日

购买方	名　　称：沈阳跃腾电缆制造有限公司 纳税人识别号：91210106MA0TTLYR6W 地址、电话：沈阳市于洪区沈辽西路40号024-81882463 开户行及电话：中国建设银行沈阳于洪支行21050103359498012819				密码区	<5/19/>3<0/>-2<622318/424>3 5123-661329/*43-3218404>**- 516/61<*5<0*>1/1-+441+31-19 026<4416321864682216/41>6>52		
货物或应税劳务、服务名称	规格型号	单位	数量	单价	金额	税率	税额	
*其他机械设备*铜线拉丝机	HQ-22153	套	1	30000	30000.00	13%	3900.00	
合　计					¥30000.00		¥3900.00	
价税合计（大写）	⊗叁万叁仟玖佰元整					（小写）¥33900.00		
销售方	名　　称：沈阳高科精密科技有限公司 纳税人识别号：91210109MA5AH2PQ89 地址、电话：沈阳市沈北新区正坤路10号024-81089672 开户行及电话：招商银行沈北支行124904160888684				备注			

收款人：刘昊　　复核：陈平　　开票人：王曼　　销售方：（章）

（印章：沈阳高科精密科技有限公司 91210109MA5AH2PQ89 发票专用章）

税总货劳函[2021]280号北京印钞有限公司

第二联：抵扣联　购买方扣税凭证

2－9－3

2100352012

辽宁增值税专用发票

发票联

№10209131

开票日期：2022年12月10日

购买方	名　　称：沈阳跃腾电缆制造有限公司 纳税人识别号：91210106MA0TTLYR6W 地址、电话：沈阳市于洪区沈辽西路40号024-81882463 开户行及电话：中国建设银行沈阳于洪支行21050103359498012819				密码区	<5/19/>3<0/>-2<622318/424>3 5123-661329/*43-3218404>**- 516/61<*5<0*>1/1-+441+31-19 026<4416321864682216/41>6>52		
货物或应税劳务、服务名称	规格型号	单位	数量	单价	金额	税率	税额	
*运输服务*运输费			1	1000	1000.00	9%	90.00	
合　计					¥1000.00		¥90.00	
价税合计（大写）	⊗壹仟零玖拾元整					（小写）¥1090.00		
销售方	名　　称：沈阳亨通物流有限公司 纳税人识别号：91210103MA0741401A 地址、电话：沈阳市苏家屯区南京南街1118号024-88612781 开户行及电话：中国银行股份有限公司沈阳中山支行292158063451				备注			

收款人：赵佳　　复核：王华　　开票人：王松　　销售方：（章）

（印章：沈阳亨通物流有限公司 91210103MA0741401A 发票专用章）

税总货劳函[2021]280号北京印钞有限公司

第三联：发票联　购买方记账凭证

2-9-4

辽宁增值税专用发票

2100352012　　　　抵扣联　　　　№10209131

开票日期：2022年12月10日

购买方	名　　称：沈阳跃腾电缆制造有限公司 纳税人识别号：91210106MA0TTLYR6W 地 址、电 话：沈阳市于洪区沈辽西路40号024-81882463 开户行及电话：中国建设银行沈阳于洪支行21050103359498012819			密码区	<5/19/>3<0/>-2<622318/424>3 5123-661329/*43-3218404>**- 516/61<*5<0*>1/1-+441+31-19 026<4416321864682216/41>6>52		
货物或应税劳务、服务名称	规格型号	单位	数量	单价	金额	税率	税额
*运输服务*运输费			1	1000	1000.00	9%	90.00
合　　计					¥1000.00		¥90.00
价税合计（大写）	⊗壹仟零玖拾元整					（小写）¥1090.00	
销售方	名　　称：沈阳亨通物流有限公司 纳税人识别号：91210103MA0741401A 地 址、电 话：沈阳市苏家屯区南京南街1118号024-88612781 开户行及电话：中国银行股份有限公司沈阳中山支行292158063451			备注			

收款人：赵佳　　复核：王华　　开票人：王松　　销售方：（章）

税总货劳函[2021]280号北京印钞有限公司

第二联：抵扣联　购买方扣税凭证

2-9-5

中国建设银行 China Construction Bank

中国建设银行单位客户专用回单

币别：人民币　　2022年12月10日　　流水号：2104300410NCPR4N079

付款人	全　称	沈阳跃腾电缆制造有限公司	收款人	全　称	沈阳惠文精密科技有限公司
	账　号	21050103359498012819		账　号	124904160888457
	开户行	中国建设银行沈阳于洪支行		开户行	招商银行沈北支行
金　额	（大写）人民币叁万叁仟玖佰元整			（小写）¥33,900.00	
凭证种类	电子转账凭证		凭证号码	104322110690	
结算方式	转账		用　途	货款	
			打印柜员：210443601002 打印机构：建行沈阳于洪支行 打印卡号：6232510730393609		

打印时间：2022-12-09 15:00:02　　交易柜员：　　交易机构：210430040

（借方回单）（付款人回单）

本回单可通过建行对公自助设备或建行网站校验真伪

2－9－6

中国建设银行 China Construction Bank

中国建设银行单位客户专用回单

币别：人民币　　2022年12月10日　　流水号：2104300410NCPR4N091

付款人	全　称	沈阳跃腾电缆制造有限公司	收款人	全　称	沈阳亨通物流有限公司
	账　号	21050103359498012819		账　号	292158063451
	开户行	中国建设银行沈阳于洪支行		开户行	中国银行股份有限公司沈阳中山支行
金　额	（大写）人民币壹仟零玖拾元整　（小写）¥1,090.00				
凭证种类	电子转账凭证		凭证号码	104322110692	
结算方式	转账		用　途	物流款	
			打印柜员：210443601002 打印机构：建行沈阳于洪支行 打印卡号：6232510730393609		

打印时间：2022-12-10 14:00:02　　交易柜员：　　交易机构：210430040

（借方回单）（付款人回单）

本回单可通过建行对公自助设备或建行网站校验真伪

中国建设银行 电子回单专用章

2－9－7

固定资产交接（验收）单

2022年12月10日

编号	名称	规格	型号	计量单位	数量	制造单位		备注
JQ002	铜线拉丝机		HQ-22153	套	1	沈阳高科精密科技有限公司		
总价	买价	安装费	运杂费	包装费	其他	原值	预计年限	净残值率
	30000.00	0.00	1000.00	0.00	0.00	31000.00	5年	0%
用途	生产		使用部门		生产部		已提折旧	0.00
验收意见		合格		验收人签章			张晓伟	

财务主管：张莱　　制单：于莉　　复核：刘峰

2－10－1

入　　库　　单

No. 221202

供货单位：沈阳宏升金属制品有限公司　　2022年12月11日

编　号	品　　名	规　　格	单　位	数　　量	单　　价	金　　额	备　注
1	无氧铜杆		千克	3000	65.00	195,000.00	
合　　计						195,000.00	

仓库主管：高闯　　记账：于莉　　保管：王星　　制单：李明

2－11－1

中国建设银行
China Construction Bank

中国建设银行单位客户专用回单

币别：人民币　　2022年12月11日　　流水号：2104300410NCPR4N093

付款人	全　称	沈阳跃腾电缆制造有限公司	收款人	全　称	沈阳锦兴塑料制品有限公司
	账　号	21050103359498012819		账　号	06105001040018883
	开户行	中国建设银行沈阳于洪支行		开户行	中国农业银行东陵支行
金　额	（大写）人民币肆拾捌万元整				（小写）¥ 280,000.00
凭证种类	电子转账凭证		凭证号码	104322110694	
结算方式	转账		用　途	货款	
			打印柜员：210443601002 打印机构：建行沈阳于洪支行 打印卡号：6232510730393609		

（借方回单）（付款人回单）

本回单可通过建行对公自助设备或建行网站校验真伪

中国建设银行 电子回单 专用章

打印时间：2022-12-11 14:00:02　　交易柜员：　　交易机构：210430040

2－12－1

中华人民共和国 税收完税证明

NO. 361055190377701005

填发日期　2022年12月11日　　税务机关：国家税务总局沈阳市于洪区税务局

纳税人识别号	91210106MA0TTLYR6W		纳税人名称	沈阳跃腾电缆制造有限公司	
原凭证号	税　种	品目名称	税款所属的期间	入（退）库日期	实缴（退）金额
361056190377711006	增值税	金属制品业	2022-11-01至2022-11-30	2022-12-11	438000.00
金额合计	（大写）肆拾叁万捌仟元整				¥438,000.00
税务机关（盖章）	填票人 自助办税终端	备注：一般申报 正税			

第 1 次打印　　妥善保管

收据联　交纳税人作完税证明

国家税务总局沈阳市于洪区税务局 征税专用章

2－12－2

中华人民共和国
税收完税证明

NO. 361055190377711006

填发日期 2022年12月11日　　　税务机关：国家税务总局沈阳市于洪区税务局

纳税人识别号	91210106MA0TTLYR6W		纳税人名称	沈阳跃腾电缆制造有限公司	
原凭证号	税种	品目名称	税款所属的期间	入（退）库日期	实缴（退）金额
361056190377711007	城市维护建设税	市区	2022-11-01至2022-11-30	2022-12-11	30660.00
361056190377711007	教育费附加	增值税教育费附加	2022-11-01至2022-11-30	2022-12-11	13140.00
361056190377711007	印花税	经济合同	2022-11-01至2022-11-30	2022-12-11	1200.00
361056190377711007	个人所得税	工资薪金所得	2022-11-01至2022-11-30	2022-12-11	380.00
金额合计	（大写）肆万伍仟叁佰捌拾元整				¥45,380.00
税务机关（盖章）	填票人 自助办税终端		备注：一般申报 正税		

收据联　交纳税人作完税证明

第 1 次打印　　　妥善保管

2－12－3

转账日期：2022年12月11日　　　凭证字号：300120211121106893709

纳税人全称及纳税人识别号（信用代码）：沈阳跃腾电缆制造有限公司 91210106MA0TTLYR6W

付款人全称：沈阳跃腾电缆制造有限公司
付款人账号：21050103359498012819
付款人开户银行：中国建设银行沈阳于洪支行
小写（合计）金额：¥438,000.00
大写（合计）金额：人民币肆拾叁万捌仟元整

咨询（投诉）电话：12366
征收机关名称（委托方）：国家税务总局沈阳市于洪区税务局
收款国库（银行）名称：国家金库沈阳市于洪区支库(代理)
缴款书交易流水号：2021121116051812700000958852l674
税票号码：421016220700355643

税（费）种名称	所属时期	实缴金额
增值税	20221101-20221130	438000.00

2－12－4

转账日期：2022年12月11日　　　凭证字号：300120211121106893710

纳税人全称及纳税人识别号（信用代码）：沈阳跃腾电缆制造有限公司 91210106MA0TTLYR6W

付款人全称：沈阳跃腾电缆制造有限公司
付款人账号：21050103359498012819
付款人开户银行：中国建设银行沈阳于洪支行
小写（合计）金额：¥45,380.00
大写（合计）金额：人民币肆万伍仟叁佰捌拾元整

咨询（投诉）电话：12366
征收机关名称（委托方）：国家税务总局沈阳市于洪区税务局
收款国库（银行）名称：国家金库沈阳市于洪区支库(代理)
缴款书交易流水号：20211211160518127000009588521675
税票号码：421016220700355644

税（费）种名称	所属时期	实缴金额
城市维护建设税	20221101-20221130	30660.00
教育费附加	20221101-20221130	13140.00
印花税	20221101-20221130	1200.00
个人所得税	20221101-20221130	380.00

2－13－1

中国建设银行
China Construction Bank

中国建设银行单位客户专用回单

币别：人民币　　　　2022年12月11日　　　　流水号：2104300410NCPR4W025

付款人	全　称	沈阳跃腾电缆制造有限公司	收款人	全　称	沈阳跃腾电缆制造有限公司工会委员会
	账　号	21050103359498012819		账　号	21050138567901353456
	开户行	中国建设银行沈阳于洪支行		开户行	中国建设银行沈阳于洪支行
金　额		（大写）人民币贰仟元整			（小写）¥ 2,000.00
凭证种类		电子转账凭证	凭证号码		104322110698
结算方式		转账	用　途		工会经费
			打印柜员：210443601002 打印机构：建行沈阳于洪支行 打印卡号：6232510730393609		

中国建设银行
电子回单
专用章

打印时间：2022-12-11 13:08:02　　　　交易柜员：　　　　交易机构：210430040

（借方回单）

（付款人回单）

本回单可通过建行对公自助设备或建行网站校验真伪

2－14－1

沈阳市城镇职工医疗保险职工个人缴费申报核定单

费款所属期2022年12月

单位名称：沈阳跃腾电缆制造有限公司　　　　单位税号　91210106MA0TTLYR6W

单位编号	21010000000000654568			社会统一信息用代码		91210106MA0TTLYR6W		职工缴费基数总额	100000.00
缴纳大额救助人数（在职）			0人	缴纳大额救助人数（退休）		0人		单位应申报最低基数总额	100000.00
基金征集项目			缴费比例	缴费金额		补缴金额		合计	
基本医疗（生育）保险	单位		11%	单位最低申报金额	11000.00	单位最低申报金额	0.00	单位最低申报合计金额	11000.00
	个人		2%	个人缴费金额	2000.00	个人缴费金额	0.00	个人合计金额	2000.00
大额补助	单位	在职	--	0.00		0.00		0.00	
		退休	--	0.00					
	个人	在职	--	0.00		0.00		0.00	
		退休	--	0.00					
本期最低申报金额小计			13000.00	医疗(生育)缴费上浮基金		0.00		待转基金	
欠缴金额				本期免征金额		0.00		欠缴起始月份	
其中：大额欠缴金额（退休）				本期退休账户扣缴大额金额		0.00		欠费终止月份	
最低申报总额			13000.00	大写：人民币壹万叁仟元整					
附列项目	在职人数：20人				退休人数：0人				

经办人：自动推送
（网上经办）

打印时间：2022年12月11日

注：1. 依据《沈阳市人民政府关于明确和规范社会保险费政教工作的通知》要求，用人单位的社会保险费，由用人单位向税务部门申报缴纳；用人单位的单位缴费部分由用人单位依据社会保险相关规定据实计算。

2. 参保单位不得低于个人缴费申报核定单最低申报总额进行申报缴费。（与个人清欠单分开缴纳不得混缴）

沈阳智慧医保App二维码

微信公众服务平台二维码

2－14－2

转账日期：2022年12月11日　　　　凭证字号：300120211211068937778

纳税人全称及　　沈阳跃腾电缆制造有限公司
纳税人识别号（信用代码）：　91210106MA0TTLYR6W

付款人全称：沈阳跃腾电缆制造有限公司　　　　咨询（投诉）电话：12366
付款人账号：21050103359498012819　　　　征收机关名称（委托方）：国家税务总局沈阳市于洪区税务局
付款人开户银行：中国建设银行沈阳于洪支行　　　　收款国库（银行）名称：国家金库沈阳市于洪区支库(代理)
小写（合计）金额：¥43,000.00　　　　缴款书交易流水号：2021121116051812700000958852167 5
大写（合计）金额：人民币肆万叁仟元整　　　　税票号码：421016220700355644

税（费）种名称	所属时期	实缴金额
基本医疗保险费	20221201-20221231	13000.00
企业职工基本养老保险费	20221201-20221231	28000.00
工伤保险费	20221201-20221231	500.00
失业保险费	20221201-20221231	1500.00

2－14－3

沈阳住房公积金缴交书

2022年12月11日　　　　缴存登记号：2022121178319

<table>
<tr><td>单位名称</td><td colspan="12">沈阳跃腾电缆制造有限公司</td></tr>
<tr><td>单位账号</td><td colspan="2">21027646790</td><td colspan="4">开户银行</td><td colspan="6">中国建设银行沈阳于洪支行</td></tr>
<tr><td>缴存期间</td><td>2022年12月至2022年12月</td><td>月数</td><td colspan="4">1</td><td colspan="2">人数</td><td colspan="4">20人</td></tr>
<tr><td rowspan="2">人民币
（大写）</td><td colspan="2" rowspan="2">贰万肆仟元整</td><td>千</td><td>百</td><td>十</td><td>万</td><td>千</td><td>百</td><td>十</td><td>元</td><td>角</td><td>分</td></tr>
<tr><td></td><td></td><td>¥</td><td>2</td><td>4</td><td>0</td><td>0</td><td>0</td><td>0</td><td>0</td></tr>
<tr><td>缴存方式</td><td>网银转账</td><td>缴存类型</td><td colspan="10">汇缴</td></tr>
<tr><td colspan="13">收款单位名称：沈阳市住房公积金管理中心
收款账号：21001396901059000009
开户银行：建设银行沈阳城内支行
缴存登记号：2022121178319

注：缴存方式选择网银转账交款的，在网银备注上注明缴存登记号；缴存方式选择支票的，在进账单上注明缴存登记号；缴存方式选择先进的，在现金缴款单上注明缴存登记号；并请于2个工作日内将款项转入“收款单位”的账户。</td></tr>
</table>

客户识别码：LN21000009172106601　　　　流水号：178359　　　　打印时间：2022-12-11

2－14－4

中国建设银行 China Construction Bank

中国建设银行单位客户专用回单

币别：人民币　　2022年12月11日　　流水号：2104300410NCPR4C102

付款人	全　称	沈阳跃腾电缆制造有限公司	收款人	全　称	沈阳市住房公积金管理中心
	账　号	21050103359498012819		账　号	21001396901059000009
	开户行	中国建设银行沈阳于洪支行		开户行	建设银行沈阳城内支行
金　额		（大写）人民币贰万肆仟元整			（小写）¥ 24,000.00
凭证种类		电子转账凭证	凭证号码		104322110699
结算方式		转账	用　途		住房公积金
			打印柜员：210443601002 打印机构：建行沈阳于洪支行 打印卡号：6232510730393609		

打印时间：2022-12-11 13:08:02　　交易柜员：　　交易机构：210430040

（借方回单）（付款人回单）

本回单可通过建行对公自助设备或建行网站校验真伪

中国建设银行 电子回单 专用章

2－15－1

中国建设银行 China Construction Bank

中国建设银行单位客户专用回单

币别：人民币　　2022年12月12日　　流水号：2104300410NCPR4C102

付款人	全　称	中国南方电网有限责任公司	收款人	全　称	沈阳跃腾电缆制造有限公司
	账　号	44001382202052500089		账　号	21050103359498012819
	开户行	中国建设银行广州南网中心支行		开户行	中国建设银行沈阳于洪支行
金　额		（大写）人民币伍拾贰万元整			（小写）¥520,000.00
凭证种类		电子转账凭证	凭证号码		104322110700
结算方式		转账	用　途		货款
			打印柜员：210443601002 打印机构：建行沈阳于洪支行 打印卡号：6232510730393609		

打印时间：2022-12-12 13:08:02　　交易柜员：　　交易机构：210430040

（贷方回单）（收款人回单）

本回单可通过建行对公自助设备或建行网站校验真伪

中国建设银行 电子回单 专用章

2－16－1

中国建设银行
China Construction Bank

中国建设银行单位客户专用回单

币别：人民币　　　　2022年12月13日　　　　流水号：2104300410NCPR4N856

付款人	全　称	中国建设银行沈阳浑南支行	收款人	全　称	沈阳跃腾电缆制造有限公司
	账　号	21050103359498010790		账　号	21050103359498012819
	开户行	中国建设银行沈阳浑南支行		开户行	中国建设银行沈阳于洪支行
金　额	（大写）人民币贰佰万元整			（小写）¥2,000,000.00	
凭证种类	电子转账凭证		凭证号码	104322110678	
结算方式	转账		用　途	流动资金贷款	
			打印柜员：210443601002 打印机构：建行沈阳于洪支行 打印卡号：6232510730393609 （印章：中国建设银行 电子回单专用章）		

打印时间：2022-12-13 14:00:02　　　　交易柜员：　　　　交易机构：210430040

（贷方回单）

（收款人回单）

本回单可通过建行对公自助设备或建行网站校验真伪

2－16－2

中国建设银行
China Construction Bank

公司贷款借据

日期：2022年12月13日　　　　00541713

借款人名称	沈阳跃腾电缆制造有限公司	贷款还款账号	21050103359498012819
贷款利率	☑固定利率6% □浮动利率　遇贷款市场报价利率（LPR）调整，于一下时间点使用最新一期贷款市场报价利率（LPR） □贷款市场报价利率（LPR）调整日的下一年度的1月1日起适用 □贷款市场报价利率（LPR）调整后的第一个与相应提款日对应的周年日起适用 □贷款市场报价利率（LPR）调整后的下一个季度的第一天起适用 □贷款市场报价利率（LPR）调整后的下一个月的第一天起适用 □贷款市场报价利率（LPR）调整的次日起适用 □其他： □利率为以＿＿年＿＿月＿＿日发布的＿＿年期贷款市场报价利率（LPR）＿＿%为定价基准 □加/□减＿＿个基点（其中1基点=0.01个百分点）；□上浮/□下浮＿＿% □利率为以＿＿个月LIBOR＿＿%□加/□减＿＿个基点 注：以上贷款年化利率均采用单利方法计算		
币种及借款金额（大写）	人民币贰佰万元整	十亿千百十万千百十元角分	¥200000000
贷款期限	自2022年12月13日至2023年6月13日	借款用途	生产周转
结息方式	□按季度结息，结息日为每季末月20日； ☑按月结息，结息日为每月20日； □利随本清 □付息日为每月与放款日相对应的日期；□其他：	备注：	
借款人意见： 根据 DJ2360156 号《 公司借款合同 》（以下简称"借款合同"），我司向贷款人提出不可撤销的提款申请，请贷款人按照借款合同规定简洁款划入如下借款人指定账户： 户名：沈阳跃腾电缆制造有限公司 账号：21050103359498012819 开户行：中国建设银行沈阳于洪支行 本借据为借款合同的组成部分，借款划入上述制定账户时，贷款人即履行了借款合同的方可义务，借款人保证将按照借款合同履行各项义务。 （印章：沈阳跃腾电缆制造有限公司 91210106MA0TTLYR6W）（印章：山方印玉） （借款人预留印鉴）		银行意见： 同意 客户经理意见： 同意 业务部门负责人意见： 同意 （印章：中国建设银行股份有限公司 2021.12.09 业务专用章（9））	

第三联　贷款发放后退回借款人

2－17－1

中国建设银行 China Construction Bank

中国建设银行单位客户专用回单

币别：人民币　　　　2022年12月14日　　　　流水号：2104300410NCPR4C056

付款人	全　称	沈阳跃腾电缆制造有限公司	收款人	全　称	沈阳宏升金属制品有限公司
	账　号	21050103359498012819		账　号	601434848783
	开户行	中国建设银行沈阳于洪支行		开户行	中国银行南京南街支行
金　额		（大写）人民币贰拾伍万元整			（小写）¥250,000.00
凭证种类		电子转账凭证	凭证号码		104322110703
结算方式		转账	用　途		货款
			打印柜员：210443601002 打印机构：建行沈阳于洪支行 打印卡号：6232510730393609		

（借方回单）（付款人回单）

中国建设银行 电子回单 专用章

打印时间：2022-12-14 13:08:02　　　　交易柜员：　　　　交易机构：210430040

本回单可通过建行对公自助设备或建行网站校验真伪

2－18－1

辽宁增值税专用发票

2100563029　　　　№18054583

发票联

全国统一发票监制章 辽宁 国家税务总局监制

开票日期：2022年12月14日

购买方	名　　称：沈阳跃腾电缆制造有限公司 纳税人识别号：91210106MA0TTLYR6W 地 址、电 话：沈阳市于洪区沈辽西路40号024-81882463 开户行及电话：中国建设银行沈阳于洪支行21050103359498012819				密码区	<5/19/>3<0/>-2<622318/424>3 5123-661329/*43-3218404>**- 516/61<*5<0*>1/1-+441+31-19 026<4416321864682216/41>6>52		
货物或应税劳务、服务名称	规格型号	单位	数 量	单价	金　额	税率	税　额	
*电信服务*通信费			1	600	600.00	6%	36.00	
合　　计					¥600.00		¥36.00	
价税合计（大写）	⊗陆佰叁拾陆元整						（小写）¥636.00	
销售方	名　　称：中国移动通信集团辽宁有限公司沈阳分公司 纳税人识别号：91210103715752158B 地 址、电 话：沈阳市沈河区十一纬路138号024-66881321 开户行及电话：中信银行沈阳和平支行7222210182600043408				备注			

收款人：王军　　复核：王丹　　开票人：周军　　销售方：（章）

中国移动通信集团辽宁有限公司沈阳分公司 91210103715752158B 发票专用章

税总货劳函[2021]280号北京印钞有限公司

第三联：发票联　购买方记账凭证

2－18－2

辽宁增值税专用发票

2100563029

抵扣联

№18054583

开票日期：2022年12月14日

购买方	名　　称：	沈阳跃腾电缆制造有限公司	密码区	<5/19/>3<0/>-2<622318/424>3
	纳税人识别号：	91210106MA0TTLYR6W		5123-661329/*43-3218404>**-
	地 址、电 话：	沈阳市于洪区沈辽西路40号024-81882463		516/61<*5<0*>1/1-+441+31-19
	开户行及账号：	中国建设银行沈阳于洪支行21050103359498012819		026<4416321864682216/41>6>52

货物或应税劳务、服务名称	规格型号	单位	数量	单价	金额	税率	税额
*电信服务*通信费			1	600	600.00	6%	36.00
合　　计					¥600.00		¥36.00
价税合计（大写）	⊗陆佰叁拾陆元整				（小写）¥636.00		

销售方	名　　称：	中国移动通信集团辽宁有限公司沈阳分公司	备注	
	纳税人识别号：	91210103715752158B		
	地 址、电 话：	沈阳市沈河区十一纬路138号024-66881321		
	开户行及账号：	中信银行沈阳和平支行7222210182600043408		

收款人：王军　　复核：王丹　　开票人：周军　　销售方：（章）

税总货劳函[2021]280号北京印钞有限公司

第二联：抵扣联　购买方扣税凭证

2－18－3

中国建设银行 China Construction Bank

中国建设银行单位客户专用回单

币别：人民币　　2022年12月14日　　流水号：2104300410NCPR4C058

付款人	全　称	沈阳跃腾电缆制造有限公司	收款人	全　称	中国移动通信集团辽宁有限公司沈阳分公司
	账　号	21050103359498012819		账　号	7222210182600043408
	开户行	中国建设银行沈阳于洪支行		开户行	中信银行沈阳和平支行
金　额	（大写）人民币陆佰叁拾陆元整			（小写）¥636.00	
凭证种类	电子转账凭证		凭证号码	104322110695	
结算方式	转账		用　途	电话费	
			打印柜员：210443601002 打印机构：建行沈阳于洪支行 打印卡号：6232510730393609		

（借方回单）（付款人回单）

本回单可通过建行对公自助设备或建行网站校验真伪

打印时间：2022-12-14 13:08:02　　交易柜员：　　交易机构：210430040

2－19－1

辽宁增值税专用发票

№14350586

2100563579

此联不作报销、扣税凭证使用

开票日期：2022年12月14日

税总货劳函[2021]280号北京印钞有限公司

购买方	名　　称：国网辽宁省电力有限公司 纳税人识别号：91210000701796551N 地 址、电 话：沈阳市和平区宁波路32号024-23157575 开户行及电话：中国工商银行沈阳和平支行6232612201000108564			密码区	<2/23/>8<0/>-2<399332/535>2 3994-163416/*43-5369302>**- 312/31<*3<0*>1/1-+526+26-32 042<3228632932969115/87>4>32		
货物或应税劳务、服务名称	规格型号	单位	数量	单价	金额	税率	税额
*电线电缆*低压电力电缆	YJV-0.6/1kV 3*70+2*35	米	5000	160	800000.00	13%	104000.00
*电线电缆*高压电力电缆	YJV22-8.7/15kV 3*120	米	3500	200	700000.00	13%	91000.00
合　　计					¥1500000.00		¥195000.00
价税合计（大写）	⊗壹佰陆拾玖万伍仟元整				（小写）¥1695000.00		
销售方	名　　称：沈阳跃腾电缆制造有限公司 纳税人识别号：91210106MA0TTLYR6W 地 址、电 话：沈阳市于洪区沈辽西路40号024-81882463 开户行及电话：中国建设银行沈阳于洪支行21050103359498012819			备注			

收款人：王珊　　复核：刘峰　　开票人：于莉　　销售方：（章）

沈阳跃腾电缆制造有限公司 91210106MA0TTLYR6W 发票专用章

第一联：记账联　销售方记账凭证

2－20－1

辽宁增值税专用发票

№18956897

2100563579

发票联

开票日期：2022年12月15日

税总货劳函[2021]280号北京印钞有限公司

购买方	名　　称：沈阳跃腾电缆制造有限公司 纳税人识别号：91210106MA0TTLYR6W 地 址、电 话：沈阳市于洪区沈辽西路40号024-81882463 开户行及电话：中国建设银行沈阳于洪支行21050103359498012819			密码区	<5/19/>3<0/>-2<622318/424>3 5123-661329/*43-3218404>**- 516/61<*5<0*>1/1-+441+31-19 026<4416321864682216/41>6>52		
货物或应税劳务、服务名称	规格型号	单位	数量	单价	金额	税率	税额
*塑料制品*低烟无卤料-绝缘料		千克	4000	10	40000.00	13%	5200.00
合　　计					¥40000.00		¥5200.00
价税合计（大写）	⊗肆万伍仟贰佰元整				（小写）¥45200.00		
销售方	名　　称：沈阳锦兴塑料制品有限公司 纳税人识别号：91210114MA0P463R73 地 址、电 话：沈阳市东陵区英达镇公家村024-87962684 开户行及电话：中国农业银行东陵支行6105001040018880			备注			

收款人：刘平　　复核：杨宇　　开票人：李宁　　销售方：（章）

沈阳锦兴塑料制品有限公司 91210114MA0P463R73 发票专用章

第三联：发票联　购买方记账凭证

2－20－2

辽宁增值税专用发票

№18956897

2100563579

抵扣联

开票日期：2022年12月15日

购买方		密码区	
名　　称：	沈阳跃腾电缆制造有限公司		<5/19/>3<0/>-2<622318/424>3
纳税人识别号：	91210106MA0TTLYR6W		5123-661329/*43-3218404>**-
地 址、电 话：	沈阳市于洪区沈辽西路40号024-81882463		516/61<*5<0*>1/1-+441+31-19
开户行及电话：	中国建设银行沈阳于洪支行21050103359498012819		026<4416321864682216/41>6>52

货物或应税劳务、服务名称	规格型号	单位	数量	单价	金额	税率	税额
*塑料制品*低烟无卤料-绝缘料		千克	4000	10	40000.00	13%	5200.00
合　　计					¥40000.00		¥5200.00
价税合计（大写）	⊗肆万伍仟贰佰元整				（小写）¥45200.00		

销售方		备注
名　　称：	沈阳锦兴塑料制品有限公司	
纳税人识别号：	91210114MA0P463R73	
地 址、电 话：	沈阳市东陵区英达镇公家村024-87962684	
开户行及电话：	中国农业银行东陵支行6105001040018880	沈阳锦兴塑料制品有限公司 91210114MA0P463R73 发票专用章

收款人：刘平　　复核：杨宇　　开票人：李宁　　销售方：（章）

税总货劳函[2021]280号北京印钞有限公司

第二联：抵扣联　购买方扣税凭证

2－20－3

辽宁增值税专用发票

№18854567

2100563670

发票联

开票日期：2022年12月15日

购买方		密码区	
名　　称：	沈阳跃腾电缆制造有限公司		<5/19/>3<0/>-2<622318/424>3
纳税人识别号：	91210106MA0TTLYR6W		5123-661329/*43-3218404>**-
地 址、电 话：	沈阳市于洪区沈辽西路40号024-81882463		516/61<*5<0*>1/1-+441+31-19
开户行及电话：	中国建设银行沈阳于洪支行21050103359498012819		026<4416321864682216/41>6>52

货物或应税劳务、服务名称	规格型号	单位	数量	单价	金额	税率	税额
*运输服务*运输费			1	3000	3000.00	9%	270.00
合　　计					¥3000.00		¥270.00
价税合计（大写）	⊗叁仟贰佰柒拾元整				（小写）¥3270.00		

销售方		备注
名　　称：	沈阳亨通物流有限公司	
纳税人识别号：	91210103MA0741401A	
地 址、电 话：	沈阳市苏家屯区南京南街1118号024-88612781	
开户行及电话：	中国银行股份有限公司沈阳中山支行292158063451	沈阳亨通物流有限公司 91210103MA0741401A 发票专用章

收款人：赵佳　　复核：王华　　开票人：王松　　销售方：（章）

税总货劳函[2021]280号北京印钞有限公司

第三联：发票联　购买方记账凭证

2－20－4

辽宁增值税专用发票

抵扣联

2100563670　　　　　　　　　　　　№18854567

开票日期：2022年12月15日

购买方	名　　称：沈阳跃腾电缆制造有限公司 纳税人识别号：91210106MA0TTLYR6W 地 址、电 话：沈阳市于洪区沈辽西路40号024-81882463 开户行及电话：中国建设银行沈阳于洪支行21050103359498012819				密码区	<5/19/>3<0/>-2<622318/424>3 5123-661329/*43-3218404>**- 516/61<*5<0*>1/1-+441+31-19 026<4416321864682216/41>6>52	
货物或应税劳务、服务名称	规格型号	单位	数量	单价	金额	税率	税额
*运输服务*运输费			1	3000	3000.00	9%	270.00
合　　计					¥3000.00		¥270.00
价税合计（大写）	⊗叁仟贰佰柒拾元整					（小写）¥3270.00	
销售方	名　　称：沈阳亨通物流有限公司 纳税人识别号：91210103MA0741401A 地 址、电 话：沈阳市苏家屯区南京南街1118号024-88612781 开户行及电话：中国银行股份有限公司沈阳中山支行292158063451				备注		

收款人：赵佳　　复核：王华　　开票人：王松　　销售方：（章）

税总货劳函[2021]280号北京印钞有限公司

第二联：抵扣联　购买方扣税凭证

（印章：全国统一发票监制章 辽宁 国家税务总局监制；沈阳亨通物流有限公司 91210103MA0741401A 发票专用章）

2－20－5

收　款　收　据

2022年12月15日

交款单位或姓名	沈阳跃腾电缆制造有限公司	
款项来源	运输费	
金额	人民币（大写）	叁仟贰佰柒拾元整

收款单位财务章　　收款人：邓正超　　交款人：王珊

（印章：沈阳亨通物流有限公司 91210103MA0741401A 财务专用章）

2－20－6

入　库　单

No. 221203

供货单位：沈阳锦兴塑料制品有限公司　　2022年12月15日

编号	品名	规格	单位	数量	单价	金额	备注
1	低烟无卤料-绝缘料		千克	4000	10.75	43,000.00	
合计						43,000.00	

仓库主管：高闯　　记账：于莉　　保管：王星　　制单：李明

2－21－1

辽宁增值税专用发票

发票联

2100563756

№18158092

开票日期：2022年12月16日

购买方	名　　称：沈阳跃腾电缆制造有限公司 纳税人识别号：91210106MA0TTLYR6W 地 址、电 话：沈阳市于洪区沈辽西路40号024-81882463 开户行及电话：中国建设银行沈阳于洪支行21050103359498012819				密码区	<3/62/>9<0/>-2<488332/636>2 3326-152432/*43-6390606>**- 421/51<*5<0*>1/1-+728+47-36 045<544321378468166/87>6>90		
货物或应税劳务、服务名称	规格型号	单位	数量	单价	金额	税率	税额	
*计算机配套产品*适用惠普1108硒鼓	C388A/X	个	6	50	300.00	13%	39.00	
*纸制品*打印纸		件	4	150	600.00	13%	78.00	
*计算机外部设备*希捷(Seagate)移动硬盘4TB	STKZ4000403	个	2	700	1400.00	13%	182.00	
合计					¥2300.00		¥299.00	
价税合计（大写）	⊗贰仟伍佰玖拾玖元整				（小写）¥2599.00			
销售方	名　　称：沈阳月昇科技有限公司 纳税人识别号：91160109MA020NTJ25 地 址、电 话：辽宁省沈阳市浑南区浑南二路6-39号024-31675854 开户行及电话：中国光大银行沈阳沈河支行75690188000319688				备注			

收款人：王陆　　复核：李思　　开票人：王梅　　销售方：（章）

税总货劳函[2021]280号北京印钞有限公司

第三联：发票联　购买方记账凭证

2－21－2

辽宁增值税专用发票

抵扣联

2100563756

№18158092

开票日期：2022年12月16日

购买方	名　　称：沈阳跃腾电缆制造有限公司 纳税人识别号：91210106MA0TTLYR6W 地 址、电 话：沈阳市于洪区沈辽西路40号024-81882463 开户行及电话：中国建设银行沈阳于洪支行21050103359498012819				密码区	<3/62/>9<0/>-2<488332/636>2 3326-152432/*43-6390606>**- 421/51<*5<0*>1/1-+728+47-36 045<544321378468166/87>6>90		
货物或应税劳务、服务名称	规格型号	单位	数量	单价	金额	税率	税额	
*计算机配套产品*适用惠普1108硒鼓	C388A/X	个	6	50	300.00	13%	39.00	
*纸制品*打印纸		件	4	150	600.00	13%	78.00	
*计算机外部设备*希捷(Seagate)移动硬盘4TB	STKZ4000403	个	2	700	1400.00	13%	182.00	
合计					¥2300.00		¥299.00	
价税合计（大写）	⊗贰仟伍佰玖拾玖元整				（小写）¥2599.00			
销售方	名　　称：沈阳月昇科技有限公司 纳税人识别号：91160109MA020NTJ25 地 址、电 话：辽宁省沈阳市浑南区浑南二路6-39号024-31675854 开户行及电话：中国光大银行沈阳沈河支行75690188000319688				备注			

收款人：王陆　　复核：李思　　开票人：王梅　　销售方：（章）

税总货劳函[2021]280号北京印钞有限公司

第二联：抵扣联　购买方扣税凭证

2－21－3

费　用　报　销　单

部门：行政部　　　　报销日期　2022年12月16日　　　　附件 1 张

费　用　项　目	摘要	金　额	部门负责人(签章)	方玉山
办公费	硒鼓	339.00		
办公费	打印纸	678.00	审查意见	同意
办公费	移动硬盘4TB	1582.00		
			报销人(签章)	王晓婷
报销金额合计	¥2599.00			
金额(大写)　拾⊗万 贰 仟 伍 佰 玖 拾 玖 元 零 角 零 分				

主管 张莱　　　　复核 刘峰　　　　出纳 王珊

2－22－1

辽宁增值税专用发票

№18104567

2100563798　　　　发票联　　　　开票日期：2022年12月16日

购买方	名　称：	沈阳跃腾电缆制造有限公司	密码区	<3/62/>9<0/>-2<488332/636>2
	纳税人识别号：	91210106MA0TTLYR6W		3326-152432/*43-6390606>**-
	地 址、电 话：	沈阳市于洪区沈辽西路40号024-81882463		421/51<*5<0*>1/1-+728+47-36
	开户行及电话：	中国建设银行沈阳于洪支行21050103359498012819		045<544321378468166/87>6>90

货物或应税劳务、服务名称	规格型号	单位	数　量	单价	金　额	税率	税　额
*广告代理服务*广告费			1	10000	10000.00	6%	600.00
合　计					¥10000.00		¥600.00
价税合计（大写）	⊗壹万零陆佰元整				（小写）¥10600.00		

销售方	名　称：	沈阳新宣广告有限公司	备注	
	纳税人识别号：	91210104MAPYUC7436		
	地 址、电 话：	沈阳市皇姑区崇山中路30号 024-66767584		
	开户行及电话：	中国工商银行皇姑支行 6232053963430007536		

收款人：张翼　　　　复核：刘杰　　　　开票人：赵敏　　　　销售方：（章）

沈阳新宣广告有限公司 91210104MAPYUC7436 发票专用章

第三联：发票联　购买方记账凭证

税总货劳函[2021]280号北京印钞有限公司

2－22－2

辽宁增值税专用发票

№18104567

2100563798

抵扣联

开票日期：2022年12月16日

购买方	名　　称：沈阳跃腾电缆制造有限公司 纳税人识别号：91210106MA0TTLYR6W 地址、电话：沈阳市于洪区沈辽西路40号024-81882463 开户行及电话：中国建设银行沈阳于洪支行21050103359498012819			密码区	<3/62/>9<0/>-2<488332/636>2 3326-152432/*43-6390606>**- 421/51<*5<0*>1/1-+728+47-36 045<544321378468166/87>6>90		
货物或应税劳务、服务名称	规格型号	单位	数量	单价	金额	税率	税额
*广告代理服务*广告费			1	10000	10000.00	6%	600.00
合　　计					¥10000.00		¥600.00
价税合计（大写）	⊗壹万零陆佰元整				（小写）¥10600.00		
销售方	名　　称：沈阳新宣广告有限公司 纳税人识别号：91210104MAPYUC7436 地址、电话：沈阳市皇姑区崇山中路30号 024-66767584 开户行及电话：中国工商银行皇姑支行 6232053963430007536			备注			

收款人：张翼　　复核：刘杰　　开票人：赵敏　　销售方：（章）沈阳新宣广告有限公司 91210104MAPYUC7436 发票专用章

税总货劳函[2021]280号北京印钞有限公司

第二联：抵扣联　购买方扣税凭证

2－22－3

中国建设银行 China Construction Bank

中国建设银行单位客户专用回单

币别：人民币　　2022年12月16日　　流水号：2104300410NCPR4C062

付款人	全　称	沈阳跃腾电缆制造有限公司	收款人	全　称	沈阳新宣广告有限公司
	账　号	21050103359498012819		账　号	6232053963430007536
	开户行	中国建设银行沈阳于洪支行		开户行	中国工商银行皇姑支行
金　额	（大写）人民币壹万零陆佰元整			（小写）¥10,600.00	
凭证种类	电子转账凭证		凭证号码	104322110695	
结算方式	转账		用　途	广告费	
			打印柜员：210443601002 打印机构：建行沈阳于洪支行 打印卡号：6232510730393609		

打印时间：2022-12-16 15:08:02　　交易柜员：　　交易机构：210430040

（借方回单）（付款人回单）

本回单可通过建行对公自助设备或建行网站校验真伪

中国建设银行 电子回单专用章

2－23－1

借款单

2022年12月16日

借款人：张昊		
借款理由：北京出差 考察供应商		
借款金额：人民币（大写）叁仟元整　¥3000.00		
本部门负责人意见：同意	借款人签字：张昊	
会计主管审批：张莱	付款方式：现金	出纳：王珊

2－24－1

中国建设银行 China Construction Bank

中国建设银行单位客户专用回单

币别：人民币　　2022年12月16日　　流水号：2104300410NCPR4C076

付款人	全　称	国网辽宁省电力有限公司	收款人	全　称	沈阳跃腾电缆制造有限公司
	账　号	6232612201000108564		账　号	21050103359498012819
	开户行	中国工商银行沈阳和平支行		开户行	中国建设银行沈阳于洪支行
金　额		（大写）人民币壹佰陆拾玖万伍仟元整　（小写）¥1,695,000.00			
凭证种类		电子转账凭证	凭证号码		104322110678
结算方式		转账	用　途		货款
			打印柜员：210443601002 打印机构：建行沈阳于洪支行 打印卡号：6232510730393609 中国建设银行 电子回单专用章		

（贷方回单）（收款人回单）

本回单可通过建行对公自助设备或建行网站校验真伪

打印时间：2022-12-16 14:08:02　　交易柜员：　　交易机构：210430040

2－25－1

辽宁增值税专用发票

№14350587

2100563754

此联不作报销、扣税凭证使用　　开票日期：2022年12月18日

购买方	名　　称：	中国南方电网有限责任公司	密码区	<2/23/>8<0/>-2<399332/535>2
	纳税人识别号：	9144000076384341X6		3994-163416/*43-5369302>**-
	地 址、电 话：	广东省广州市萝岗区科学城科翔路18号020-36621246		312/31<*3<0*>1/1-+526+26-32
	开户行及电话：	中国建设银行广州南网中心支行44001382202052500089		042<3228632932969115/87>4>32

货物或应税劳务、服务名称	规格型号	单位	数 量	单价	金 额	税率	税 额
*电线电缆*低压电力电缆	YJV-0.6/1kV 3*70+2*35	米	3000	160	480000.00	13%	62400.00
*电线电缆*高压电力电缆	YJV22-8.7/15kV 3*120	米	2000	200	400000.00	13%	52000.00
合　　计					¥880000.00		¥114400.00
价税合计（大写）	⊗玖拾玖万肆仟肆佰元整				（小写）¥994400.00		

销售方	名　　称：	沈阳跃腾电缆制造有限公司	备注	
	纳税人识别号：	91210106MA0TTLYR6W		
	地 址、电 话：	沈阳市于洪区沈辽西路40号024-81882463		
	开户行及电话：	中国建设银行沈阳于洪支行21050103359498012819		

收款人：王珊　　复核：刘峰　　开票人：于莉　　销售方：（章）

（印章：全国统一发票监制章 辽宁 国家税务总局监制；沈阳跃腾电缆制造有限公司 91210106MA0TTLYR6W 发票专用章）

税总货劳函[2021]280号北京印钞有限公司

第一联：记账联　销售方记账凭证

2－25－2

中国建设银行 China Construction Bank　进账单（回　单）

2022年12月18日

出票人	全　称	中国南方电网有限责任公司	收款人	全　称	沈阳跃腾电缆制造有限公司
	账　号	44001382202052500089		账　号	21050103359498012819
	开户银行	中国建设银行广州南网中心支行		开户银行	中国建设银行沈阳于洪支行

金额	人民币（大写）	玖拾玖万肆仟肆佰元整	亿	千	百	十	万	千	百	十	元	角	分
					¥	9	9	4	4	0	0	0	0

票据种类	转账支票	票据张数	1
票据号码	07755932		
复核　记账			开户银行签章

（印章：中国建设银行 电子回单专用章）

此联是开户银行交给持（出）票人的回单

2－26－1

中国建设银行 China Construction Bank

中国建设银行单位客户专用回单

币别：人民币　　2022年12月18日　　流水号：2104300410NCPR4C080

付款人	全　称	沈阳市财政局	收款人	全　称	沈阳跃腾电缆制造有限公司
	账　号	21056906359498650761		账　号	21050103359498012819
	开户行	中国建设银行沈阳和平支行		开户行	中国建设银行沈阳于洪支行
金　额		（大写）人民币贰万捌仟壹佰叁拾元整			（小写）¥28,130.00
凭证种类		电子转账凭证	凭证号码		104322110680
结算方式		转账	用　途		自然灾害救助款
			打印柜员：210443601002 打印机构：建行沈阳于洪支行 打印卡号：6232510730393609		

（贷方回单）（收款人回单）

本回单可通过建行对公自助设备或建行网站校验真伪

中国建设银行 电子回单专用章

打印时间：2022-12-18 14:08:02　　交易柜员：　　交易机构：210430040

2－27－1

差旅费报销单

部门 采购部　　2022年12月20日

出差人				张昊					出差事由		供应商考察					
出发				到达				交通工具	交通费		出差补贴		其他费用			合计
月	日	时	地点	月	日	时	地点		单据张数	金额	天数	金额	项目	单据张数	金额	
12	18	9	沈阳	12	18	11	北京	飞机	1	813.00			住宿费	1	636.00	1449.00
12	19	15	北京	12	19	17	沈阳	飞机	1	813.00	2	160.00	市内车费			973.00
													通讯费			
													办公用品费			
													不买卧铺补贴			
													其他			
合计										1626.00		160.00			636.00	2422.00
报销总额	人民币（大写）	贰仟肆佰贰拾贰元整								预借旅费	¥3,000.00		补领不足			
													归还多余	¥578.00		

附件 3 张

主管 张莱　　审核 刘峰　　出纳 王珊　　领款人 张昊

2－27－2

航空运输电子客票行程单
ITINERARY/RECEIPT OF E-TICKET
FOR AIR TRANSPORT

印刷序号：SERIAL NUMBER 1346121430 3

旅客姓名 NAME OF PASSENGER 张昊	有效身份证件号码IDNO. 410701198708265967				签注ENDORSEMENTS RESTRICTIONS（CARBON）				
	承运人 CARRIER	航班号 FLIGHT	座位等级 CLASS	日期 DATE	时间 TIME	客票级别/客票类别 FARE BASIS	客票生效日期 NOT VALID BEFORE	有效截止日期 NOT VALID AFTER	免费行李 ALLOW
自FORM 沈阳									
至TO 北京	国航	CA1652	K	2022-12-18	09:00	L			20K
至TO									
至TO									
至TO	票价FARE CNY 683.00		民航发展基金CIVILAVIATIONDEVELOPMENTFUND CNY 50.00		燃油附加费FUEL SURCHARARGE CNY 80.00	其他税费OTHER TAXES	合计TOTAL CNY 813.00		
电子客票号码 E-TICKET NO 9992131996345		验证码 CK 1631			提示信息 INFORMATION			保险费 INSURANCE	
销售单位代码 AGENT CODE		填开单位 ISSUED BY 中国国际航空股份有限公司						填开日期 DATE OF ISSUE 2022-12-18	

付款凭证 RECEIPT
手写无效 INVALID IN HANDWRITING

2－27－3

航空运输电子客票行程单
ITINERARY/RECEIPT OF E-TICKET
FOR AIR TRANSPORT

印刷序号：SERIAL NUMBER 1346121430 3

旅客姓名 NAME OF PASSENGER 张昊	有效身份证件号码IDNO. 410701198708265967				签注ENDORSEMENTS RESTRICTIONS（CARBON）				
	承运人 CARRIER	航班号 FLIGHT	座位等级 CLASS	日期 DATE	时间 TIME	客票级别/客票类别 FARE BASIS	客票生效日期 NOT VALID BEFORE	有效截止日期 NOT VALID AFTER	免费行李 ALLOW
自FORM 北京									
至TO 沈阳	国航	CA1657	K	2022-12-19	15:00	L			20K
至TO									
至TO									
至TO	票价FARE CNY 683.00		民航发展基金CIVILAVIATIONDEVELOPMENTFUND CNY 50.00		燃油附加费FUEL SURCHARARGE CNY 80.00	其他税费OTHER TAXES	合计TOTAL CNY 813.00		
电子客票号码 E-TICKET NO 9992131996345		验证码 CK 1631			提示信息 INFORMATION			保险费 INSURANCE	
销售单位代码 AGENT CODE		填开单位 ISSUED BY 中国国际航空股份有限公司						填开日期 DATE OF ISSUE 2022-12-19	

付款凭证 RECEIPT
手写无效 INVALID IN HANDWRITING

2－27－4

北京增值税专用发票

№42614356

2100560467

发票联

开票日期：2022年12月19日

购买方	名　　称：沈阳跃腾电缆制造有限公司 纳税人识别号：91210106MA0TTLYR6W 地 址、电 话：沈阳市于洪区沈辽西路40号024-81882463 开户行及电话：中国建设银行沈阳于洪支行21050103359498012819			密码区	<8/16/>8<0/>-2<366219/121>4 2196-621532/*43-3209303>**- 526/51<*5<0*>1/1-+129+47-61 032<6321383264682145/62>6>23		
货物或应税劳务、服务名称	规格型号	单位	数 量	单价	金 额	税率	税 额
*住宿服务*住宿费			1	600	600.00	6%	36.00
合　　计					¥600.00		¥36.00
价税合计（大写）	⊗陆佰叁拾陆元整				（小写）¥636.00		
销售方	名　　称：北京时光漫步酒店管理有限公司 纳税人识别号：91110113MA01FARU4N 地 址、电 话：北京市顺义区军营街18号010-87364630 开户行及电话：中国工商银行北京正义路支行0200235109200005670			备注			

收款人：王月　　复核：李平　　开票人：张扬　　销售方：（章）

第三联：发票联　购买方记账凭证

税总货劳函[2021]280号北京印钞有限公司

2－27－5

北京增值税专用发票

2100560467　　　抵扣联　　　№42614356

开票日期：2022年12月19日

购买方		密码区	
名　　称：	沈阳跃腾电缆制造有限公司		<8/16/>8<0/>-2<366219/121>4
纳税人识别号：	91210106MA0TTLYR6W		2196-621532/*43-3209303>**-
地 址、电 话：	沈阳市于洪区沈辽西路40号024-81882463		526/51<*5<0*>1/1-+129+47-61
开户行及电话：	中国建设银行沈阳于洪支行21050103359498012819		032<6321383264682145/62>6>23

货物或应税劳务、服务名称	规格型号	单位	数 量	单价	金 额	税率	税 额
*住宿服务*住宿费			1	600	600.00	6%	36.00
合　　计					¥600.00		¥36.00
价税合计（大写）	⊗陆佰叁拾陆元整				（小写）¥636.00		

销售方		备注
名　　称：	北京时光漫步酒店管理有限公司	
纳税人识别号：	91110113MA01FARU4N	
地 址、电 话：	北京市顺义区军营街18号010-87364630	
开户行及电话：	中国工商银行北京正义路支行0200235109200005670	

收款人：王月　　复核：李平　　开票人：张扬　　销售方：（章）

第二联：抵扣联　购买方扣税凭证

税总货劳函[2021]280号北京印钞有限公司

2－27－6

收　款　收　据

2022年12月20日

交款单位或姓名	张昊	
款项来源	报销差旅费	
金额	人民币（大写）	伍佰柒拾捌元整

收款单位财务章　　收款人 王珊　　交款人 张昊

2－28－1

领　　料　　单

领料单位：生产部　　　　编号：221201

用　　途：高压电力电缆　　2022年12月20日　　仓库：01

材料类别	材料编号	材料名称	规格	计量单位	数量		单价	金额
					请领	实发		
原材料	001	无氧铜杆		千克	5500	5500	65.00	357500.00
原材料	002	低烟无卤料—防护套		千克	20000	20000	8.00	160000.00
原材料	003	低烟无卤料—绝缘料		千克	15000	15000	10.00	150000.00
合计					40500	40500	—	667500.00

记账 于莉　　发料 孙峰　　领料单位负责人 周岩　　领料 张晓伟

2－28－2

领　　料　　单

领料单位：生产部　　　　　　　　　　　　　　　　　　　　　　编号：221202

用　　途：低压电力电缆　　　　　2022年12月20日　　　　　　　仓库：01

材料类别	材料编号	材料名称	规格	计量单位	数量		单价	金额
					请领	实发		
原材料	001	无氧铜杆		千克	6000	6000	65.00	390000.00
原材料	002	低烟无卤料—防护套		千克	10000	10000	8.00	80000.00
原材料	003	低烟无卤料—绝缘料		千克	10000	10000	10.00	100000.00
合计					26000	26000	—	570000.00

记账 于莉　　　　发料 孙峰　　　　领料单位负责人 周岩　　　　领料 张晓伟

2－29－1

辽宁增值税电子普通发票

机器编号：661626860366

发票代码：210022089011
发票号码：21534078
开票日期：2022年12月20日
校 验 码：46413 94060 24587 47365

购买方	名　　称：沈阳跃腾电缆制造有限公司 纳税人识别号：91210106MA0TTLYR6W 地 址、电 话：沈阳市于洪区沈辽西路40号024-81882463 开户行及电话：中国建设银行沈阳于洪支行21050103359498012819				密码区	<5/83/>9<0/>-2<488332/636>2 5664-152432/*43-6390606>**- 421/51<*5<0*>1/1-+728+47-36 045<544538326468166/87>6>90		
货物或应税劳务、服务名称	规格型号	单位	数量	单价	金额	税率	税额	
*餐饮服务*餐饮服务			1	800	800.00	6%	48.00	
合　　计					¥800.00		¥48.00	
价税合计（大写）	⊗捌佰肆拾捌元整					（小写）¥848.00		
销售方	名　　称：沈阳飞鸟日式料理店 纳税人识别号：92210102MA10PR1W24 地 址、电 话：辽宁省沈阳市和平区长白北路200号024-81631253 开户行及电话：中国工商银行沈阳青年大街支行3301002109200025357				备注			

收款人：郎娜　　　　复核：郝晶　　　　开票人：宋飞　　　　销售方：（章）

2－29－2

费 用 报 销 单

部门：行政部　　　　报销日期　2022 年 12 月 20 日　　　　附件 1 张

费 用 项 目	摘要	金 额		
业务招待费	餐饮费	848.00	部门负责人(签章)	方玉山
			审查意见	同意
			报销人(签章)	王晓婷
报销金额合计	¥848.00			
金额(大写)	拾 万 ⊗ 仟 捌 佰 肆 拾 捌 元 零 角 零 分			

主管 张莱　　　　复核 刘峰　　　　出纳 王珊

2－30－1

江苏增值税专用发票

发票联

2100560689　　　　№00600346　　　　开票日期：2022年12月22日

购买方	名　称：沈阳跃腾电缆制造有限公司 纳税人识别号：91210106MA0TTLYR6W 地 址、电 话：沈阳市于洪区沈辽西路40号024-81882463 开户行及电话：中国建设银行沈阳于洪支行21050103359498012819	密码区	<2/18/>8<0/>-2<366223/323>3 5287-152432/*43-6390303>**- 421/51<*5<0*>1/1-+629+47-35 034<5226383264681632/87>6>13

货物或应税劳务、服务名称	规格型号	单位	数 量	单 价	金 额	税率	税 额
*金属制品*铜线绞线机	asdASD54136	套	1	500000	50000.00	13%	6500.00
合　计					¥50000.00		¥6500.00
价税合计（大写）	⊗伍万陆仟伍佰元整				（小写）¥56500.00		

销售方	名　称：南京三金机械制造有限公司 纳税人识别号：913201166749256189 地 址、电 话：南京市江北新区中山科技园赢鑫路20号025-57683899 开户行及电话：中国工商银行宁南支行4301018309100080895	备注	

收款人：刘雯　　　　复核：陈玲　　　　开票人：王明华　　　　销售方：（章）

南京三金机械制造有限公司 913201166749256189 发票专用章

税总货劳函[2021]280号北京印钞有限公司

第三联：发票联　购买方记账凭证

2－30－2

江苏增值税专用发票

抵扣联

2100560689 №00600346 开票日期：2022年12月22日

全国统一发票监制章 江 苏 国家税务总局监制

购买方	名　　称：沈阳跃腾电缆制造有限公司 纳税人识别号：91210106MA0TTLYR6W 地 址、电 话：沈阳市于洪区沈辽西路40号024-81882463 开户行及电话：中国建设银行沈阳于洪支行21050103359498012819	密码区	<2/18/>8<0/>-2<366223/323>3 5287-152432/*43-6390303>**- 421/51<*5<0*>1/1-+629+47-35 034<5226383264681632/87>6>13

货物或应税劳务、服务名称	规格型号	单位	数量	单价	金额	税率	税额
*金属制品*铜线绞线机	asdASD54136	套	1	500000	50000.00	13%	6500.00
合计					¥50000.00		¥6500.00
价税合计（大写）	⊗伍万陆仟伍佰元整				（小写）¥56500.00		

销售方	名　　称：南京三金机械制造有限公司 纳税人识别号：913201166749256189 地 址、电 话：南京市江北新区中山科技园赢鑫路20号025-57683899 开户行及电话：中国工商银行宁南支行4301018309100080895	备注	

收款人：刘雯　　复核：陈玲　　开票人：王明华　　销售方：（章）南京三金机械制造有限公司 913201166749256189 发票专用章

税总货劳函[2021]280号北京印钞有限公司

第二联：抵扣联　购买方扣税凭证

2－30－3

江苏增值税专用发票

发票联

2100560809 №00609035 开票日期：2022年12月22日

全国统一发票监制章 江 苏 国家税务总局监制

购买方	名　　称：沈阳跃腾电缆制造有限公司 纳税人识别号：91210106MA0TTLYR6W 地 址、电 话：沈阳市于洪区沈辽西路40号024-81882463 开户行及电话：中国建设银行沈阳于洪支行21050103359498012819	密码区	<2/18/>8<0/>-2<366223/323>3 5287-152432/*43-6390303>**- 421/51<*5<0*>1/1-+629+47-35 034<5226383264681632/87>6>13

货物或应税劳务、服务名称	规格型号	单位	数量	单价	金额	税率	税额
*运输服务*运输费			1	2000	2000.00	9%	180.00
合计					¥2000.00		¥180.00
价税合计（大写）	⊗贰仟壹佰捌拾元整				（小写）¥2180.00		

销售方	名　　称：南京快达物流公司 纳税人识别号：91320191MA25CFUB3Q 地 址、电 话：南京市江北新区丽新路8号025-57683906 开户行及电话：中国工商银行宁南支行4301018309100080905	备注	

收款人：万方　　复核：刘泓　　开票人：赵怡　　销售方：（章）南京快达物流公司 91320191MA25CFUB3Q 发票专用章

税总货劳函[2021]280号北京印钞有限公司

第三联：发票联　购买方记账凭证

2－30－4

江苏增值税专用发票　　№00609035

（全国统一发票监制章　江苏　国家税务总局监制）

抵扣联

2100560809　　开票日期：2022年12月22日

购买方	名　　称：沈阳跃腾电缆制造有限公司 纳税人识别号：91210106MA0TTLYR6W 地 址、电 话：沈阳市于洪区沈辽西路40号024-81882463 开户行及电话：中国建设银行沈阳于洪支行21050103359498012819				密码区	<2/18/>8<0/>-2<366223/323>3 5287-152432/*43-6390303>**- 421/51<*5<0*>1/1-+629+47-35 034<5226383264681632/87>6>13		
货物或应税劳务、服务名称	规格型号	单位	数量	单价	金额	税率	税额	
*运输服务*运输费			1	2000	2000.00	9%	180.00	
合　　计					¥2000.00		¥180.00	
价税合计（大写）	⊗贰仟壹佰捌拾元整					（小写）¥2180.00		
销售方	名　　称：南京快达物流公司 纳税人识别号：91320191MA25CFUB3Q 地 址、电 话：南京市江北新区丽新路8号025-57683906 开户行及电话：中国工商银行宁南支行4301018309100080905				备注			

收款人：万 方　　复核：刘 泓　　开票人：赵 怡　　销售方：（章）

（南京快达物流公司　91320191MA25CFUB3Q　发票专用章）

税总货劳函[2021]280号北京印钞有限公司

第二联：抵扣联　购买方扣税凭证

2－30－5

中国建设银行 China Construction Bank

中国建设银行单位客户专用回单

币别：人民币　　2022年12月22日　　流水号：2104300410NCPR4C067

付款人	全　称	沈阳跃腾电缆制造有限公司	收款人	全　称	南京三金机械制造有限公司
	账　号	21050103359498012819		账　号	4301018309100080895
	开户行	中国建设银行沈阳于洪支行		开户行	中国工商银行宁南支行
金　额	（大写）人民币伍万捌仟陆佰捌拾元整			（小写）¥58,680.00	
凭证种类	电子转账凭证		凭证号码	104322110699	
结算方式	转账		用　途	货款	
			打印柜员：210443601002 打印机构：建行沈阳于洪支行 打印卡号：6232510730393609		

（中国建设银行　电子回单　专用章）

打印时间：2022-12-22 15:08:02　　交易柜员：　　交易机构：210430040

（借方回单）（付款人回单）

本回单可通过建行对公自助设备或建行网站校验真伪

2－31－1

职工生活困难补助申请表

部门	行政部	姓名	李晓琦	本人工资收入	3000.00	家庭其他成员收入	1200.00
补助原因	家人生病造成家庭生活一时困难					补助性质	临时补助
						申请金额	1000.00
部门意见	建议补助壹仟元整 赵鑫 2022年12月22日	工会意见	同意 方玉山 2022年12月22日	代收据	今收到困难补助人民币壹仟元整 李晓琦 2022年12月22日		

2－32－1

江苏增值税专用发票

发票联

№00600450

2100560815

开票日期：2022年12月23日

购买方	名　　称：沈阳跃腾电缆制造有限公司 纳税人识别号：91210106MA0TTLYR6W 地 址、电 话：沈阳市于洪区沈辽西路40号024-81882463 开户行及电话：中国建设银行沈阳于洪支行21050103359498012819				密码区	<2/18/>8<0/>-2<366223/323>3 5287-152432/*43-6390303>**- 421/51<*5<0*>1/1-+629+47-35 034<5226383264681632/87>6>13	
货物或应税劳务、服务名称	规格型号	单位	数量	单价	金额	税率	税额
*建筑服务*铜线绞线机安装费			1	2000	2000.00	9%	180.00
合　计					¥2000.00		¥180.00
价税合计（大写）	⊗贰仟壹佰捌拾元整				（小写）¥2180.00		
销售方	名　　称：沈阳冠达安装工程有限公司 纳税人识别号：91210181MA0YKFEX4T 地 址、电 话：辽宁省沈阳市新民市站前大街85号024-27683899 开户行及电话：中国工商银行沈阳市新城子支行4000053009100354440				备注		

收款人：刘雯　　复核：陈玲　　开票人：王明华　　销售方：（章）

沈阳冠达安装工程有限公司 91210181MA0YKFEX4T 发票专用章

税总货劳函[2021]280号北京印钞有限公司

第三联：发票联 购买方记账凭证

2－32－2

江苏增值税专用发票

江苏

抵扣联

№00600450

2100560815　　　　开票日期：2022年12月23日

税总货劳函[2021]280号北京印钞有限公司

购买方	名　　称：沈阳跃腾电缆制造有限公司 纳税人识别号：91210106MA0TTLYR6W 地 址、电 话：沈阳市于洪区沈辽西路40号024-81882463 开户行及电话：中国建设银行沈阳于洪支行21050103359498012819				密码区	<2/18/>8<0/>-2<366223/323>3 5287-152432/*43-6390303>**- 421/51<*5<0*>1/1-+629+47-35 034<5226383264681632/87>6>13		
货物或应税劳务、服务名称	规格型号	单位	数量	单价	金额	税率	税额	
*建筑服务*铜线绞线机安装费			1	2000	2000.00	9%	180.00	
合　　计					¥2000.00		¥180.00	
价税合计（大写）	⊗贰仟壹佰捌拾元整				（小写）¥2180.00			
销售方	名　　称：沈阳冠达安装工程有限公司 纳税人识别号：91210181MA0YKFEX4T 地 址、电 话：辽宁省沈阳市新民市站前大街85号024-27683899 开户行及电话：中国工商银行沈阳市新城子支行4000053009100354440				备注			

收款人：刘雯　　复核：陈玲　　开票人：王明华　　销售方：（章）

沈阳冠达安装工程有限公司 91210181MA0YKFEX4T 发票专用章

第二联：抵扣联　购买方扣税凭证

2－32－3

中国建设银行 China Construction Bank

中国建设银行单位客户专用回单

币别：人民币　　2022年12月23日　　流水号：2104300410NCPR4C069

付款人	全　称	沈阳跃腾电缆制造有限公司	收款人	全　称	沈阳冠达安装工程有限公司
	账　号	21050103359498012819		账　号	4000053009100354440
	开户行	中国建设银行沈阳于洪支行		开户行	中国工商银行沈阳市新城子支行
金　额	（大写）人民币贰仟壹佰捌拾元整			（小写）¥2,180.00	
凭证种类	电子转账凭证		凭证号码	104322110702	
结算方式	转账		用　途	安装费	
			打印柜员：210443601002 打印机构：建行沈阳于洪支行 打印卡号：6232510730393609		

中国建设银行 电子回单 专用章

打印时间：2022-12-23 15:08:02　　交易柜员：　　交易机构：210430040

（借方回单）（付款人回单）

本回单可通过建行对公自助设备或建行网站校验真伪

2－33－1

固定资产交接（验收）单

2022年12月23日

编号	名称	规格	型号	计量单位	数量	制造单位		备注
SB003	铜线绞线机		asdASD54136	套	1	南京三金机械制造有限公司		
总价	买价	安装费	运杂费	包装费	其他	原值	预计年限	净残值率
	50000.00	2000.00	2000.00	0.00	0.00	54000.00	10年	0%
用途	生产		使用部门		生产部		已提折旧	0.00
验收意见		合格			验收人签章		张晓伟	

财务主管：张莱　　制单：于莉　　复核：刘峰

2－34－1

公益事业捐赠统一票据
UNIFIED INVOICE OF DONATION FOR PUBLICWELFARE

（印章：辽宁省财政厅票据监制章 财政部监制）

捐赠人：沈阳佳兴汽车零部件有限公司　　2022年12月23日　　No 0000427472

捐赠项目 For purpose	实物（外币）种类 Material objects（Currency）	数量 Amount	金额 Total amount
公益性捐赠收入	人民币		20,000.00
金额合计（小写）In Figures ¥20,000.00			
金额合计（大写）In words 贰万元整			

第二联 收据

接受单位（盖章） Receiver's Seal（印章：沈阳市红十字会 13210100508207424K 财务专用章）　　复核人：张勇 Verified by　　开票人：安生 Handing Person

感谢您对公益事业的支持！Thank you for support of public welfare!

2－34－2

中国建设银行 China Construction Bank

中国建设银行单位客户专用回单

币别：人民币　　2022年12月23日　　流水号：2104300410NCPR4C072

付款人	全　称	沈阳跃腾电缆制造有限公司	收款人	全　称	沈阳市红十字会
	账　号	21050103359498012819		账　号	21050139424569006937
	开户行	中国建设银行沈阳于洪支行		开户行	中国建设银行沈阳浑南支行
金　额		（大写）人民币贰万元整			（小写）¥20,000.00
凭证种类		电子转账凭证	凭证号码		104322110708
结算方式		转账	用　途		捐赠费
			打印柜员：210443601002 打印机构：建行沈阳于洪支行 打印卡号：6232510730393609		

（印章：中国建设银行 电子回单专用章）

（借方回单）（付款人回单）

本回单可通过建行对公自助设备或建行网站校验真伪

打印时间：2022-12-23 15:08:02　　交易柜员：　　交易机构：210430040

2－35－1

辽宁增值税专用发票

№08567890

2100560829　　发票联　　开票日期：2022年12月24日

购买方	名称：沈阳跃腾电缆制造有限公司 纳税人识别号：91210106MA0TTLYR6W 地址、电话：沈阳市于洪区沈辽西路40号024-81882463 开户行及电话：中国建设银行沈阳于洪支行21050103359498012819	密码区	<5/23/>8<0/>-2<366549/323>6 4318-152432/*43-5380303>**- 318/51<*5<0*>1/1-+421+47-31 056<4889383264684321/65>6>13

货物或应税劳务、服务名称	规格型号	单位	数量	单价	金额	税率	税额
*机动车*轿车	哈弗H6S	辆	1	150000	150000.00	13%	19500.00
合计					¥150000.00		¥19500.00
价税合计（大写）	⊗壹拾陆万玖仟伍佰元整				（小写）¥169500.00		

销售方	名称：沈阳哈弗汽车销售服务有限公司 纳税人识别号：91210103MA102YLMH9 地址、电话：沈阳市铁西区北二中路40号024-25518536 开户行及电话：中国工商银行沈阳北二路支行6232052325920000579	备注	

收款人：孙宇　　复核：王颖　　开票人：胡佳　　销售方：（章）

第三联：发票联　购买方记账凭证

税总货劳函[2021]280号北京印钞有限公司

2－35－2

辽宁增值税专用发票

№08567890

2100560829　　抵扣联　　开票日期：2022年12月24日

购买方	名称：沈阳跃腾电缆制造有限公司 纳税人识别号：91210106MA0TTLYR6W 地址、电话：沈阳市于洪区沈辽西路40号024-81882463 开户行及电话：中国建设银行沈阳于洪支行21050103359498012819	密码区	<5/23/>8<0/>-2<366549/323>6 4318-152432/*43-5380303>**- 318/51<*5<0*>1/1-+421+47-31 056<4889383264684321/65>6>13

货物或应税劳务、服务名称	规格型号	单位	数量	单价	金额	税率	税额
*机动车*轿车	哈弗H6S	辆	1	150000	150000.00	13%	19500.00
合计					¥150000.00		¥19500.00
价税合计（大写）	⊗壹拾陆万玖仟伍佰元整				（小写）¥169500.00		

销售方	名称：沈阳哈弗汽车销售服务有限公司 纳税人识别号：91210103MA102YLMH9 地址、电话：沈阳市铁西区北二中路40号024-25518536 开户行及电话：中国工商银行沈阳北二路支行6232052325920000579	备注	

收款人：孙宇　　复核：王颖　　开票人：胡佳　　销售方：（章）

第二联：抵扣联　购买方扣税凭证

税总货劳函[2021]280号北京印钞有限公司

2－35－3

中国建设银行
转账支票存根
105021
049054

沈阳中钞证券印制公司.2020年印制

附加信息

出票日期 2022年12月24日

收款人：沈阳哈弗汽车销售服务有限公司	
金额：¥169500.00	
用途：车辆款	

单位主管 张莱 会计 于莉

沈阳跃腾电缆制造有限公司 91210106MA0TTLYR6W 财务专用章

2－35－4

固定资产交接（验收）单

2022年12月24日

编号	名称	规格	型号	计量单位	数量	制造单位		备注
YS002	哈弗轿车		哈弗H6S	辆	1	哈弗汽车		
总价	买价	安装费	运杂费	包装费	其他	原值	预计年限	净残值率
	150000.00	0.00	0.00	0.00	0.00	150000.00	4年	0%
用途	经营管理		使用部门		行政部		已提折旧	0.00
验收意见		合格		验收人签章			赵鑫	

财务主管：张莱 制单：于莉 复核：刘峰

2－36－1

辽宁增值税专用发票 №14350587

2100560810 此联不作报销、扣税凭证使用 开票日期：2022年12月25日

购买方	名称：中国南方电网有限责任公司 纳税人识别号：9144000076384341X6 地址、电话：广东省广州市萝岗区科学城科翔路18号020-36621246 开户行及电话：中国建设银行广州南网中心支行44001382202052500089				密码区	<2/23/>8<0/>-2<399332/535>2 3994-163416/*43-5369302>**- 312/31<*3<0*>1/1-+526+26-32 042<3228632932969115/87>4>32		
货物或应税劳务、服务名称	规格型号	单位	数量	单价	金额	税率	税额	
*电线电缆*高压电力电缆	YJV22-8.7/15kV 3*120	米	3000	200	600000.00	13%	78000.00	
合计					¥600000.00		¥78000.00	
价税合计（大写）	⊗陆拾柒万捌仟元整				（小写）¥678000.00			
销售方	名称：沈阳跃腾电缆制造有限公司 纳税人识别号：91210106MA0TTLYR6W 地址、电话：沈阳市于洪区沈辽西路40号024-81882463 开户行及电话：中国建设银行沈阳于洪支行21050103359498012819				备注			

收款人：王珊 复核：刘峰 开票人：于莉 销售方：（章）

沈阳跃腾电缆制造有限公司 91210106MA0TTLYR6W 发票专用章

税总货劳函[2021]280号北京印钞有限公司

第一联：记账联 销售方记账凭证

2－37－1

中国建设银行 China Construction Bank

中国建设银行单位客户专用回单

币别：人民币　　2022年12月26日　　流水号：2104300410NCPR4C075

付款人	全　称	中国南方电网有限责任公司	收款人	全　称	沈阳跃腾电缆制造有限公司
	账　号	44001382202052500089		账　号	21050103359498012819
	开户行	中国建设银行广州南网中心支行		开户行	中国建设银行沈阳于洪支行
金　额		（大写）人民币陆拾柒万捌仟元整　（小写）¥678,000.00			
凭证种类		电子转账凭证	凭证号码		104322110716
结算方式		转账	用　途		货款
			打印柜员：210443601002 打印机构：建行沈阳于洪支行 打印卡号：6232510730393609		

打印时间：2022-12-26 15:08:02　　交易柜员：　　交易机构：210430040

（贷方回单）（收款人回单）

本回单可通过建行对公自助设备或建行网站校验真伪

（印章：中国建设银行 电子回单专用章）

2－38－1

辽宁增值税专用发票

（印章：全国统一发票监制章 辽宁 国家税务总局监制）

发票联

№00352410

2100560836　　开票日期：2022年12月27日

购买方	名　称：沈阳跃腾电缆制造有限公司 纳税人识别号：91210106MA0TTLYR6W 地址、电话：沈阳市于洪区沈辽西路40号024-81882463 开户行及电话：中国建设银行沈阳于洪支行21050103359498012819			密码区	<6/83/>9<0/>-2<488332/636>2 5786-152432/*43-6390606>**- 421/51<*5<0*>1/1-+728+47-36 045<5445383264681632/87>6>78			
货物或应税劳务、服务名称	规格型号	单位	数量	单价	金额	税率	税额	
*水冰雪*水		吨	810	3.7037	3000.00	9%	270.00	
合　计					¥3000.00		¥270.00	
价税合计（大写）	⊗叁仟贰佰柒拾元整				（小写）¥3270.00			
销售方	名　称：沈阳水务集团有限公司 纳税人识别号：91210112558866865B 地址、电话：沈阳市浑南新区新隆街8号024-24699953 开户行及电话：中国建设银行沈阳浑南支行21050139420100000006			备注				

收款人：胡蕊　　复核：李强　　开票人：姜琳　　销售方：（章）

（印章：沈阳水务集团有限公司 91210112558866865B 发票专用章）

第三联：发票联　购买方记账凭证

税总货劳函[2021]280号北京印钞有限公司

2－38－2

辽宁增值税专用发票

抵扣联

2100560836

№00352410

开票日期：2022年12月27日

购买方	名称：沈阳跃腾电缆制造有限公司 纳税人识别号：91210106MA0TTLYR6W 地址、电话：沈阳市于洪区沈辽西路40号024-81882463 开户行及账号：中国建设银行沈阳于洪支行21050103359498012819			密码区	<6/83/>9<0/>-2<488332/636>2 5786-152432/*43-6390606>**- 421/51<*5<0*>1/1-+728+47-36 045<5445383264681632/87>6>78		
货物或应税劳务、服务名称	规格型号	单位	数量	单价	金额	税率	税额
*水冰雪*水		吨	810	3.7037	3000.00	9%	270.00
合计					¥3000.00		¥270.00
价税合计（大写）	⊗叁仟贰佰柒拾元整				（小写）¥3270.00		
销售方	名称：沈阳水务集团有限公司 纳税人识别号：91210112558866865B 地址、电话：沈阳市浑南新区新隆街8号024-24699953 开户行及账号：中国建设银行沈阳浑南支行21050139420100000006			备注			

收款人：胡蕊　　复核：李强　　开票人：姜琳　　销售方：（章）

（印章：全国统一发票监制章 辽宁 国家税务总局监制）

（印章：沈阳水务集团有限公司 91210112558866865B 发票专用章）

税总货劳函[2021]280号北京印钞有限公司

第二联：抵扣联 购买方扣税凭证

2－38－3

中国建设银行单位客户专用回单

中国建设银行 China Construction Bank

币别：人民币　　2022年12月27日　　流水号：2104300410NCPR4C075

付款人	全称	沈阳跃腾电缆制造有限公司	收款人	全称	沈阳水务集团有限公司
	账号	21050103359498012819		账号	21050139420100000006
	开户行	中国建设银行沈阳于洪支行		开户行	中国建设银行沈阳浑南支行
金额	（大写）人民币叁仟贰佰柒拾元整			（小写）¥3,270.00	
凭证种类	电子转账凭证		凭证号码	104322110715	
结算方式	转账		用途	支付水费	
			打印柜员：210443601002 打印机构：建行沈阳于洪支行 打印卡号：6232510730393609		

打印时间：2022-12-27 15:08:02　　交易柜员：　　交易机构：210430040

（印章：中国建设银行 电子回单 专用章）

（借方回单）（付款人回单）

本回单可通过建行对公自助设备或建行网站校验真伪

2－38－4

水　费　分　配　表

2022年12月27日

部门	用水量（吨）	水单价（元）	金额（元）
行政部	94.5000945	3.7037	350.00
采购部	67.5000675	3.7037	250.00
生产部	553.5005535	3.7037	2050.00
销售部	94.5000945	3.7037	350.00
合计	810.00081	—	3000.00

2－39－1

辽宁增值税专用发票

发票联

№03491259

2100560840

开票日期：2022年12月27日

购买方	名　　称：沈阳跃腾电缆制造有限公司 纳税人识别号：91210106MA0TTLYR6W 地址、电话：沈阳市于洪区沈辽西路40号024-81882463 开户行及账号：中国建设银行沈阳于洪支行21050103359498012819			密码区	<3/83/>9<0/>-2<466332/636>2 4636-152432/*43-6390606>**- 421/51<*5<0*>1/1-+728+47-36 045<5445383264681632/87>6>24		
货物或应税劳务、服务名称	规格型号	单位	数量	单价	金额	税率	税额
*供电*电	380V	kwh	82275	0.607718	50000.00	13%	6500.00
合　　计							
价税合计（大写）	⊗伍万陆仟伍佰元整				（小写）¥56500.00		
销售方	名　　称：国网辽宁省电力有限公司沈阳供电公司 纳税人识别号：91210102X05820176E 地址、电话：沈阳市和平区八经街94号024-23157248 开户行及账号：中国工商银行沈阳和平支行6232612201000108532			备注			

收款人：崔小佳　　复核：王梅梅　　开票人：徐君　　销售方：（章）

税总货劳函[2021]280号北京印钞有限公司

第三联：发票联　购买方记账凭证

2－39－2

辽宁增值税专用发票 №03491259

抵扣联

2100560840　　开票日期：2022年12月27日

购买方	名称：沈阳跃腾电缆制造有限公司 纳税人识别号：91210106MA0TTLYR6W 地址、电话：沈阳市于洪区沈辽西路40号024-81882463 开户行及电话：中国建设银行沈阳于洪支行21050103359498012819			密码区	<3/83/>9<0/>-2<466332/636>2 4636-152432/*43-6390606>**- 421/51<*5<0*>1/1-+728+47-36 045<5445383264681632/87>6>24		
货物或应税劳务、服务名称	规格型号	单位	数量	单价	金额	税率	税额
*供电*电	380V	kwh	82275	0.607718	50000.00	13%	6500.00
合计							
价税合计（大写）	⊗伍万陆仟伍佰元整				（小写）¥56500.00		
销售方	名称：国网辽宁省电力有限公司沈阳供电公司 纳税人识别号：91210102X05820176E 地址、电话：沈阳市和平区八经街94号024-23157248 开户行及电话：中国工商银行沈阳和平支行6232612201000108532			备注			

收款人：崔小佳　　复核：王梅梅　　开票人：徐君　　销售方：（章）

税总货劳函[2021]280号北京印钞有限公司

第二联：抵扣联 购买方扣税凭证

2－39－3

中国建设银行 China Construction Bank

中国建设银行单位客户专用回单

币别：人民币　　2022年12月27日　　流水号：2104300410NCPR4C078

付款人	全称	沈阳跃腾电缆制造有限公司	收款人	全称	国网辽宁省电力有限公司沈阳供电公司
	账号	21050103359498012819		账号	6232612201000108532
	开户行	中国建设银行沈阳于洪支行		开户行	中国工商银行沈阳和平支行
金额	（大写）人民币伍万陆仟伍佰元整			（小写）¥56,500.00	
凭证种类	电子转账凭证		凭证号码	104322110723	
结算方式	转账		用途	支付电费	
			打印柜员：210443601002 打印机构：建行沈阳于洪支行 打印卡号：6232510730393609		

打印时间：2022-12-27 15:08:02　　交易柜员：　　交易机构：210430040

（借方回单）（付款人回单）

本回单可通过建行对公自助设备或建行网站校验真伪

2－39－4

电　费　分　配　表

2022年12月27日

部门	用电量（kwh）	电单价（元）	金额（元）
行政部	6582.000204	0.607718	4000.00
采购部	4936.500153	0.607718	3000.00
生产部	65820.00204	0.607718	40000.00
销售部	4936.500153	0.607718	3000.00
合计	82275.00255	—	50000.00

2－40－1

领　　料　　单

领料单位：生产部　　　　　　　　　　　　　　　　　　编号：221203

用　　途：高压电力电缆　　　　2022年12月28日　　　　仓库：01

材料类别	材料编号	材料名称	规格	计量单位	数量		单价	金额
					请领	实发		
原材料	001	无氧铜杆		千克	5000	5000	65.00	325000.00
原材料	002	低烟无卤料—防护套		千克	15000	15000	8.00	120000.00
原材料	003	低烟无卤料—绝缘料		千克	13000	13000	10.00	130000.00
合计					33000	33000	—	575000.00

记账 于莉　　发料 孙峰　　领料单位负责人 周岩　　领料 张晓伟

2－40－2

领　　料　　单

领料单位：生产部　　　　　　　　　　　　　　　　　　编号：221204

用　　途：低压电力电缆　　　　2022年12月28日　　　　仓库：01

材料类别	材料编号	材料名称	规格	计量单位	数量		单价	金额
					请领	实发		
原材料	001	无氧铜杆		千克	5000	5000	65.00	325000.00
原材料	002	低烟无卤料—防护套		千克	10000	10000	8.00	80000.00
原材料	003	低烟无卤料—绝缘料		千克	12000	12000	10.00	120000.00
合计					27000	27000	—	525000.00

记账 于莉　　发料 孙峰　　领料单位负责人 周岩　　领料 张晓伟

2－41－1

辽宁增值税专用发票

发票联

2100560845　　№18957647

开票日期：2022年12月28日

购买方	名　　称：	沈阳跃腾电缆制造有限公司	密码区	<5/2+/>3<0/>-2<154222/323>8
	纳税人识别号：	91210106MA0TTLYR6W		4418-621321/*43-1456204>**-
	地址、电话：	沈阳市于洪区沈辽西路40号024-81882463		148/51<*6<0*>1/1-+318+48-23
	开户行及电话：	中国建设银行沈阳于洪支行21050103359498012819		037<3662542313252991/32>2>62

货物或应税劳务、服务名称	规格型号	单位	数量	单价	金额	税率	税额
*纺织产品*劳动手套		副	200	5	1000.00	13%	130.00
*鞋*工作鞋		双	30	50	1500.00	13%	195.00
*金属制品*安全帽		个	20	50	1000.00	13%	130.00
合　计					¥3500.00		¥455.00
价税合计（大写）	⊗叁仟玖佰伍拾伍元整				（小写）¥3955.00		

销售方	名　　称：	沈阳康达劳保用品有限公司	备注	
	纳税人识别号：	912101024534686312		
	地址、电话：	沈阳市沈河区千德路5号024-88312167		
	开户行及电话：	中国工商银行沈阳广宜支行6232051224810000479		

收款人：冯宇　　复核：孙晓　　开票人：杨俊　　销售方：（章）

（印章：全国统一发票监制章 辽宁 国家税务总局监制；沈阳康达劳保用品有限公司 912101024534686312 发票专用章）

税总货劳函[2021]280号北京印钞有限公司

第三联：发票联　购买方记账凭证

2－41－2

辽宁增值税专用发票

抵扣联

2100560845　　№18957647

开票日期：2022年12月28日

购买方	名　　称：	沈阳跃腾电缆制造有限公司	密码区	<5/2+/>3<0/>-2<154222/323>8
	纳税人识别号：	91210106MA0TTLYR6W		4418-621321/*43-1456204>**-
	地址、电话：	沈阳市于洪区沈辽西路40号024-81882463		148/51<*6<0*>1/1-+318+48-23
	开户行及电话：	中国建设银行沈阳于洪支行21050103359498012819		037<3662542313252991/32>2>62

货物或应税劳务、服务名称	规格型号	单位	数量	单价	金额	税率	税额
*纺织产品*劳动手套		副	200	5	1000.00	13%	130.00
*鞋*工作鞋		双	30	50	1500.00	13%	195.00
*金属制品*安全帽		个	20	50	1000.00	13%	130.00
合　计					¥3500.00		¥455.00
价税合计（大写）	⊗叁仟玖佰伍拾伍元整				（小写）¥3955.00		

销售方	名　　称：	沈阳康达劳保用品有限公司	备注	
	纳税人识别号：	912101024534686312		
	地址、电话：	沈阳市沈河区千德路5号024-88312167		
	开户行及电话：	中国工商银行沈阳广宜支行6232051224810000479		

收款人：冯宇　　复核：孙晓　　开票人：杨俊　　销售方：（章）

（印章：全国统一发票监制章 辽宁 国家税务总局监制；沈阳康达劳保用品有限公司 912101024534686312 发票专用章）

税总货劳函[2021]280号北京印钞有限公司

第二联：抵扣联　购买方扣税凭证

2－41－3

中国建设银行 China Construction Bank

中国建设银行单位客户专用回单

币别：人民币　　　　2022年12月28日　　　　流水号：2104300410NCPR4C080

付款人	全　称	沈阳跃腾电缆制造有限公司	收款人	全　称	沈阳康达劳保用品有限公司
	账　号	21050103359498012819		账　号	6232051224810000479
	开户行	中国建设银行沈阳于洪支行		开户行	中国工商银行沈阳广宜支行
金　额		（大写）人民币叁仟玖佰伍拾伍元整　（小写）¥3,955.00			
凭证种类		电子转账凭证	凭证号码		104322110727
结算方式		转账	用　途		付劳保用品款
			打印柜员：210443601002 打印机构：建行沈阳于洪支行 打印卡号：6232510730393609		

（借方回单）（付款人回单）

本回单可通过建行对公自助设备或建行网站校验真伪

（印章：中国建设银行 电子回单专用章）

打印时间：2022-12-28 15:08:02　　　交易柜员：　　　交易机构：210430040

2－42－1

领　料　单

2022年12月29日

领料单位：生产部　　　　编号：221205

仓库：01

材料类别	材料编号	材料名称	规格	计量单位	数量		单价	金额	用途
					请领	实发			
劳保用品		安全帽		个	4	4	50.00	200.00	低压电力电缆
劳保用品		鞋		双	10	10	50.00	500.00	低压电力电缆
劳保用品		手套		副	60	60	5.00	300.00	低压电力电缆
劳保用品		安全帽		个	6	6	50.00	300.00	高压电力电缆
劳保用品		鞋		双	12	12	50.00	600.00	高压电力电缆
劳保用品		手套		副	60	60	5.00	300.00	高压电力电缆
劳保用品		手套		副	20	20	5.00	100.00	一般耗用
劳保用品		鞋		双	2	2	50.00	100.00	一般耗用
合计					174	174	—	2400.00	一般耗用

记账 于莉　　发料 王星　　领料单位负责人 周岩　　领料 张晓伟

2－43－1

固定资产折旧计提表

2022年12月31日

会计科目	固定资产项目	使用部门	月折旧额
制造费用	房屋建筑物	生产车间	10000.00
	机器设备		8000.00
管理费用	房屋建筑物	行政部门	2000.00
	办公设备		2000.00
管理费用	房屋建筑物	采购部门	600.00
	办公设备		400.00
销售费用	房屋建筑物	销售部门	1500.00
	办公设备		500.00
合计			25000.00

会计主管：张莱　审核：刘峰　制表：于莉

2－44－1

费用计提表

2022年12月31日

费用项目	计提依据	借款利率	计提金额（元）
借款利息	2000000.00	6%	10000.00
合计			10000.00

会计主管：张莱　审核：刘峰　制表：于莉

2－45－1

工资汇总表

2022年12月31日

部门	类别	基本工资	岗位工资	绩效工资	交通补贴	应发合计
行政部		15,000.00	3,000.00	1,800.00	200.00	20,000.00
采购部		10,000.00	2,500.00	2,300.00	200.00	15,000.00
生产部	车间管理人员	8,000.00	1,000.00	900.00	100.00	10,000.00
	高压电力电缆生产工人	15,000.00	3,000.00	1,800.00	200.00	20,000.00
	低压电力电缆生产工人	15,000.00	3,000.00	1,800.00	200.00	20,000.00
销售部		10,000.00	2,500.00	2,300.00	200.00	15,000.00
合计		73,000.00	15,000.00	10,900.00	1,100.00	100,000.00

会计主管：张莱　审核：刘峰　制表：于莉

2－46－1

职工福利费、职工教育经费、工会经费计提表

2022年12月31日

部门	类别	工资基数	职工福利费（14%）	职工教育经费（8%）	工会经费（2%）	合计
行政部		20,000.00	2,800.00	1,600.00	400.00	4,800.00
采购部		15,000.00	2,100.00	1,200.00	300.00	3,600.00
生产部	车间管理人员	10,000.00	1,400.00	800.00	200.00	2,400.00
	高压电力电缆生产工人	20,000.00	2,800.00	1,600.00	400.00	4,800.00
	低压电力电缆生产工人	20,000.00	2,800.00	1,600.00	400.00	4,800.00
销售部		15,000.00	2,100.00	1,200.00	300.00	3,600.00
合计		100,000.00	14,000.00	8,000.00	2,000.00	24,000.00

会计主管：张莱　　审核：刘峰　　制表：于莉

2－47－1

职 工 五 险 一 金 计 提 表

2022年12月31日

部门	类别	工资基数	养老保险费（20%）	医疗保险费（10%）	生育保险费（1%）	工伤保险费（0.5%）	失业保险费（1%）	住房公积金（12%）	合计
行政部		20,000.00	4,000.00	2,000.00	200.00	100.00	200.00	2,400.00	8,900.00
采购部		15,000.00	3,000.00	1,500.00	150.00	75.00	150.00	1,800.00	6,675.00
生产部	车间管理人员	10,000.00	2,000.00	1,000.00	100.00	50.00	100.00	1,200.00	4,450.00
	高压电力电缆生产工人	20,000.00	4,000.00	2,000.00	200.00	100.00	200.00	2,400.00	8,900.00
	低压电力电缆生产工人	20,000.00	4,000.00	2,000.00	200.00	100.00	200.00	2,400.00	8,900.00
销售部		15,000.00	3,000.00	1,500.00	150.00	75.00	150.00	1,800.00	6,675.00
合计		100,000.00	20,000.00	10,000.00	1,000.00	500.00	1,000.00	12,000.00	44,500.00

会计主管：张莱　　审核：刘峰　　制表：于莉

2－48－1

实 发 工 资 汇 总 表

2022年12月31日

部门	类别	应发合计	代扣代缴养老保险（8%）	代扣代缴医疗保险（2%）	代扣代缴失业保险（0.5%）	代扣代缴公积金（12%）	扣款合计	税前应发	个人所得税	税后应发
行政部		20,000.00	1,600.00	400.00	100.00	2,400.00	4,500.00	15,500.00	100.00	15,400.00
采购部		15,000.00	1,200.00	300.00	75.00	1,800.00	3,375.00	11,625.00	50.00	11,575.00
生产部	车间管理人员	10,000.00	800.00	200.00	50.00	1,200.00	2,250.00	7,750.00	50.00	7,700.00
	高压电力电缆生产工人	20,000.00	1,600.00	400.00	100.00	2,400.00	4,500.00	15,500.00	0.00	15,500.00
	低压电力电缆生产工人	20,000.00	1,600.00	400.00	100.00	2,400.00	4,500.00	15,500.00	0.00	15,500.00
销售部		15,000.00	1,200.00	300.00	75.00	1,800.00	3,375.00	11,625.00	180.00	11,445.00
合计		100,000.00	8,000.00	2,000.00	500.00	12,000.00	22,500.00	77,500.00	380.00	77,120.00

会计主管：张莱　　审核：刘峰　　制表：于莉

2－49－1

制　造　费　用　汇　总　表

2022年12月31日

部门	劳保费	水电费	工资	职工福利费	社会保险费等	折旧费	合计
生产部							
合计							

会计主管：张莱　　审核：刘峰　　制表：于莉

2－49－2

制　造　费　用　分　配　表

2022年12月31日

产品名称	生产工时（小时）	分配率	分配金额
低压电力电缆	2000		
高压电力电缆	3000		
合计	5000		

会计主管：张莱　　审核：刘峰　　制表：于莉

2－50－1

产　品　成　本　计　算　单

2022年12月31日

产品名称：低压电力电缆　　产量：　　单位：元

项目	直接材料	直接人工	制造费用	合计
期初在产品成本				
本月发生的生产成本				
生产成本合计				
产成品成本				
单位成本				
期末在产品成本				

会计主管：张莱　　审核：刘峰　　制表：于莉

2－50－2

产　品　成　本　计　算　单

2022年12月31日

产品名称：高压电力电缆　　　　产量：　　　　单位：元

项目	直接材料	直接人工	制造费用	合计
期初在产品成本				
本月发生的生产成本				
生产成本合计				
产成品成本				
单位成本				
期末在产品成本				

会计主管：张莱　　审核：刘峰　　制表：于莉

2－51－1

销　售　商　品　成　本　计　算　表

2022年12月31日

品名	规格	单位	销售数量	单位成本	销售成本
低压电力电缆					
高压电力电缆					
合计					

会计主管：张莱　　审核：刘峰　　制表：于莉

2－52－1

应　交　税　费　计　算　表

2022年12月31日

单位：元

税目	增值税计税金额	税（费）率	应缴税（费）额
城市维护建设税	313676.00	7%	
教育费附加	313676.00	3%	
合计			

会计主管：张莱　　审核：刘峰　　制表：于莉

2－53－1

坏账准备计算表

2022年12月31日

单位：元

“应收账款”账户期末余额	提取坏账准备比例（%）	坏账准备应有贷方余额	坏账准备期初余额	坏账准备本期提取数

会计主管：张莱　　审核：刘峰　　制表：于莉

2－54－1

辽宁增值税专用发票

№14350690

2100566034

此联不作报销、扣税凭证使用

开票日期：2022年12月31日

购买方	名　　称：沈阳荣兴电缆有限公司 纳税人识别号：912101007157415078 地 址、电 话：沈阳市于洪区洪湖北街88号024-25315732 开户行及电话：广发银行股份有限公司沈阳南湖支行139031516010014730	密码区	<2/23/>8<0/>-2<399332/535>2 3994-163416/*43-5369302>**- 312/31<*3<0*>1/1-+526+26-32 042<3228632932969115/87>4>32

货物或应税劳务、服务名称	规格型号	单位	数量	单价	金额	税率	税额
*塑料制品*低烟无卤料—防护套		千克	1000	10	10000.00	13%	1300.00
合　　计					¥10000.00		¥1300.00
价税合计（大写）	⊗壹万壹仟叁佰元整				（小写）¥11300.00		

销售方	名　　称：沈阳跃腾电缆制造有限公司 纳税人识别号：91210106MA0TTLYR6W 地 址、电 话：沈阳市于洪区沈辽西路40号024-81882463 开户行及电话：中国建设银行沈阳于洪支行21050103359498012819	备注	

收款人：王珊　　复核：刘峰　　开票人：于莉　　销售方：（章）

税总货劳函[2021]280号北京印钞有限公司

第一联：记账联　销售方记账凭证

2－54－2

领　料　单

2022年12月31日

领料单位：生产部

用　　途：销售

编号：221206

仓库：01

材料类别	材料编号	材料名称	规格	计量单位	数量 请领	数量 实发	单价	金额
原材料	002	低烟无卤料—防护套		千克	1000	1000	8.00	8000.00
合计					1000	1000	—	8000.00

记账 于莉　　发料 孙峰　　领料单位负责人 周岩　　领料 张晓伟

2－54－3

中国建设银行 China Construction Bank

中国建设银行单位客户专用回单

币别：人民币　　2022年12月31日　　流水号：2104300410NCPR4C145

付款人	全　称	沈阳荣兴电缆有限公司	收款人	全　称	沈阳跃腾电缆制造有限公司
	账　号	1390315160100014730		账　号	21050103359498012819
	开户行	广发银行股份有限公司沈阳南湖支行		开户行	中国建设银行沈阳于洪支行
金　额	（大写）人民币壹万壹仟叁佰元整			（小写）¥11,300.00	
凭证种类	电子转账凭证		凭证号码	104322110716	
结算方式	转账		用　途	货款	
			打印柜员：210443601002 打印机构：建行沈阳于洪支行 打印卡号：6232510730393609		

（贷方回单）（收款人回单）

本回单可通过建行对公自助设备或建行网站校验真伪

中国建设银行 电子回单专用章

打印时间：2022-12-31 15:08:02　　交易柜员：　　交易机构：210430040

2－55－1

收入类账户发生额表

2022年12月31日

收入类账户名称	贷方发生额
合计	

会计主管：张莱　　审核：刘峰　　制表：于莉

2－56－1

费用类账户发生额表

2022年12月31日

费用类账户名称	借方发生额
合计	

会计主管：张莱　　审核：刘峰　　制表：于莉

2－57－1

所得税计算表

2022年12月31日　　单位：元

应纳税所得额	税率（%）	应纳税额

会计主管：张莱　　审核：刘峰　　制表：于莉

2－58－1

盈余公积计算表

2022年12月31日　　单位：元

项目	计提依据	计提比例(%)	计提金额
合计			

会计主管：张莱　　审核：刘峰　　制表：于莉

2－59－1

利润分配方案

沈阳跃腾电缆制造有限公司于2022年12月31日召开了第四次董事会，对本年利润分配方案做出如下决议。

根据本年度公司实现利润情况，考虑公司今后发展需要，决定将本公司可供分配的利润向投资者分配，金额为800 000元。

沈阳跃腾电缆制造有限公司董事会

2022年12月31日

第三部分　模拟实训材料

2－1－1

收 款 凭 证

借方科目：　　　　年　　月　　日　　　　字第　　号

摘要	贷方科目		金额										记账符号
	总账科目	明细科目	千	百	十	万	千	百	十	元	角	分	
合计													

附原始凭证　　张

财务主管：　　记账：　　审核：　　出纳：　　制单：

2－2－1

付 款 凭 证

贷方科目：　　　　年　　月　　日　　　　字第　　号

摘要	借方科目		金额										记账符号
	总账科目	明细科目	千	百	十	万	千	百	十	元	角	分	
合计													

附原始凭证　　张

财务主管：　　记账：　　审核：　　出纳：　　制单：

2－3－1

付 款 凭 证

贷方科目：　　　　　　　　年　　月　　日　　　　　　字第　　号

摘要	借方科目		金额										记账符号
	总账科目	明细科目	千	百	十	万	千	百	十	元	角	分	
合计													

附原始凭证　　张

财务主管：　　记账：　　审核：　　出纳：　　制单：

2－4－1

付 款 凭 证

贷方科目：　　　　　　　　年　　月　　日　　　　　　字第　　号

摘要	借方科目		金额										记账符号
	总账科目	明细科目	千	百	十	万	千	百	十	元	角	分	
合计													

附原始凭证　　张

财务主管：　　记账：　　审核：　　出纳：　　制单：

2－5－1

付 款 凭 证

贷方科目：　　　　　　　　　年　　月　　日　　　　　　字第　　　号

摘要	借方科目		金额										记账符号
	总账科目	明细科目	千	百	十	万	千	百	十	元	角	分	
合计													

附原始凭证　　张

财务主管：　　　记账：　　　审核：　　　出纳：　　　制单：

2－6－1

付 款 凭 证

贷方科目：　　　　　　　　　年　　月　　日　　　　　　字第　　　号

摘要	借方科目		金额										记账符号
	总账科目	明细科目	千	百	十	万	千	百	十	元	角	分	
合计													

附原始凭证　　张

财务主管：　　　记账：　　　审核：　　　出纳：　　　制单：

2－6－2

转账凭证

年　月　日　　　　　　字第　　号

摘要	总账科目	明细科目	借方金额										贷方金额										记账符号
			千	百	十	万	千	百	十	元	角	分	千	百	十	万	千	百	十	元	角	分	
合计																							

附原始凭证　张

财务主管：　　记账：　　审核：　　制单：

2－7－1

付款凭证

贷方科目：　　年　月　日　　　　字第　　号

摘要	借方科目		金额										记账符号
	总账科目	明细科目	千	百	十	万	千	百	十	元	角	分	
合计													

附原始凭证　张

财务主管：　　记账：　　审核：　　出纳：　　制单：

2－8－1

收款凭证

借方科目：　　　　　　　　　　年　　月　　日　　　　　　　　字第　　号

摘要	贷方科目		金额										记账符号
	总账科目	明细科目	千	百	十	万	千	百	十	元	角	分	
合计													

附原始凭证　　张

财务主管：　　　记账：　　　审核：　　　出纳：　　　制单：

2－9－1

付款凭证

贷方科目：　　　　　　　　　　年　　月　　日　　　　　　　　字第　　号

摘要	借方科目		金额										记账符号
	总账科目	明细科目	千	百	十	万	千	百	十	元	角	分	
合计													

附原始凭证　　张

财务主管：　　　记账：　　　审核：　　　出纳：　　　制单：

2－10－1

转 账 凭 证

年 月 日 字第 号

摘要	总账科目	明细科目	借方金额										贷方金额										记账符号
			千	百	十	万	千	百	十	元	角	分	千	百	十	万	千	百	十	元	角	分	
合计																							

附原始凭证 张

财务主管： 记账： 审核： 制单：

2－11－1

付 款 凭 证

贷方科目： 年 月 日 字第 号

摘要	借方科目		金额										记账符号
	总账科目	明细科目	千	百	十	万	千	百	十	元	角	分	
合计													

附原始凭证 张

财务主管： 记账： 审核： 出纳： 制单：

2－12－1

付 款 凭 证

贷方科目：　　　　　　　　　　　　年　　月　　日　　　　　　　字第　　　号

摘要	借方科目		金额										记账符号
	总账科目	明细科目	千	百	十	万	千	百	十	元	角	分	
合计													

附原始凭证　　张

财务主管：　　　记账：　　　审核：　　　出纳：　　　制单：

2－13－1

付 款 凭 证

贷方科目：　　　　　　　　　　　　年　　月　　日　　　　　　　字第　　　号

摘要	借方科目		金额										记账符号
	总账科目	明细科目	千	百	十	万	千	百	十	元	角	分	
合计													

附原始凭证　　张

财务主管：　　　记账：　　　审核：　　　出纳：　　　制单：

2－14－1

付 款 凭 证

贷方科目：　　　　年　　月　　日　　　　字第　　　号

摘要	借方科目		金额										记账符号
	总账科目	明细科目	千	百	十	万	千	百	十	元	角	分	
合计													

附原始凭证　　张

财务主管：　　记账：　　审核：　　出纳：　　制单：

2－15－1

收 款 凭 证

借方科目：　　　　年　　月　　日　　　　字第　　　号

摘要	贷方科目		金额										记账符号
	总账科目	明细科目	千	百	十	万	千	百	十	元	角	分	
合计													

附原始凭证　　张

财务主管：　　记账：　　审核：　　出纳：　　制单：

2－16－1

收 款 凭 证

借方科目： 年 月 日 字第 号

摘要	贷方科目		金额										记账符号
	总账科目	明细科目	千	百	十	万	千	百	十	元	角	分	
合计													

附原始凭证 张

财务主管： 记账： 审核： 出纳： 制单：

2－17－1

付 款 凭 证

贷方科目： 年 月 日 字第 号

摘要	借方科目		金额										记账符号
	总账科目	明细科目	千	百	十	万	千	百	十	元	角	分	
合计													

附原始凭证 张

财务主管： 记账： 审核： 出纳： 制单：

2－18－1

付款凭证

贷方科目：　　　　　　　　　　　　　年　　月　　日　　　　　　　　字第　　　号

摘要	借方科目		金额										记账符号
	总账科目	明细科目	千	百	十	万	千	百	十	元	角	分	
合计													

附原始凭证　　张

财务主管：　　　记账：　　　审核：　　　出纳：　　　制单：

2－19－1

转账凭证

年　　月　　日　　　　　　　　字第　　　号

摘要	总账科目	明细科目	借方金额										贷方金额										记账符号
			千	百	十	万	千	百	十	元	角	分	千	百	十	万	千	百	十	元	角	分	
合计																							

附原始凭证　　张

财务主管：　　　记账：　　　审核：　　　制单：

2－20－1

转账凭证

年　月　日　　　　字第　　号

摘要	总账科目	明细科目	借方金额										贷方金额										记账符号
			千	百	十	万	千	百	十	元	角	分	千	百	十	万	千	百	十	元	角	分	
合计																							

附原始凭证　张

财务主管：　　记账：　　审核：　　制单：

2－20－2

付款凭证

贷方科目：　　年　月　日　　字第　　号

摘要	借方科目		金额										记账符号
	总账科目	明细科目	千	百	十	万	千	百	十	元	角	分	
合计													

附原始凭证　张

财务主管：　　记账：　　审核：　　出纳：　　制单：

2 – 21 – 1

付款凭证

贷方科目：　　　　　　　　　　　　年　　月　　日　　　　　　　　字第　　　号

摘要	借方科目		金额										记账符号
	总账科目	明细科目	千	百	十	万	千	百	十	元	角	分	
合计													

附原始凭证　　张

财务主管：　　　记账：　　　审核：　　　出纳：　　　制单：

2 – 22 – 1

付款凭证

贷方科目：　　　　　　　　　　　　年　　月　　日　　　　　　　　字第　　　号

摘要	借方科目		金额										记账符号
	总账科目	明细科目	千	百	十	万	千	百	十	元	角	分	
合计													

附原始凭证　　张

财务主管：　　　记账：　　　审核：　　　出纳：　　　制单：

2－23－1

付 款 凭 证

贷方科目： 年 月 日 字第 号

摘要	借方科目		金额										记账符号
	总账科目	明细科目	千	百	十	万	千	百	十	元	角	分	
合计													

附原始凭证 张

财务主管： 记账： 审核： 出纳： 制单：

2－24－1

收 款 凭 证

借方科目： 年 月 日 字第 号

摘要	贷方科目		金额										记账符号
	总账科目	明细科目	千	百	十	万	千	百	十	元	角	分	
合计													

附原始凭证 张

财务主管： 记账： 审核： 出纳： 制单：

2－25－1

收 款 凭 证

借方科目： 年 月 日 字第 号

摘要	贷方科目		金额										记账符号
	总账科目	明细科目	千	百	十	万	千	百	十	元	角	分	
合计													

附原始凭证 张

财务主管： 记账： 审核： 出纳： 制单：

2－26－1

收 款 凭 证

借方科目： 年 月 日 字第 号

摘要	贷方科目		金额										记账符号
	总账科目	明细科目	千	百	十	万	千	百	十	元	角	分	
合计													

附原始凭证 张

财务主管： 记账： 审核： 出纳： 制单：

2－27－1

收 款 凭 证

借方科目：　　　　年　月　日　　　　字第　　号

摘要	贷方科目		金额										记账符号
	总账科目	明细科目	千	百	十	万	千	百	十	元	角	分	
合计													

附原始凭证　　张

财务主管：　　记账：　　审核：　　出纳：　　制单：

2－27－2

转 账 凭 证

年　月　日　　　　字第　　号

摘要	总账科目	明细科目	借方金额										贷方金额										记账符号
			千	百	十	万	千	百	十	元	角	分	千	百	十	万	千	百	十	元	角	分	
合计																							

附原始凭证　　张

财务主管：　　记账：　　审核：　　制单：

2－28－1

转账凭证

年　月　日　　　　字第　　号

摘要	总账科目	明细科目	借方金额										贷方金额										记账符号
			千	百	十	万	千	百	十	元	角	分	千	百	十	万	千	百	十	元	角	分	
合计																							

附原始凭证　　张

财务主管：　　记账：　　审核：　　制单：

2－29－1

付款凭证

贷方科目：　　年　月　日　　字第　　号

摘要	借方科目		金额										记账符号
	总账科目	明细科目	千	百	十	万	千	百	十	元	角	分	
合计													

附原始凭证　　张

财务主管：　　记账：　　审核：　　出纳：　　制单：

2－30－1

付款凭证

贷方科目：　　　　　　　　　　年　月　日　　　　　　字第　　号

<table>
<tr><td rowspan="2">摘要</td><td colspan="2">借方科目</td><td colspan="10">金额</td><td rowspan="2">记账符号</td></tr>
<tr><td>总账科目</td><td>明细科目</td><td>千</td><td>百</td><td>十</td><td>万</td><td>千</td><td>百</td><td>十</td><td>元</td><td>角</td><td>分</td></tr>
<tr><td></td><td></td><td></td><td></td><td></td><td></td><td></td><td></td><td></td><td></td><td></td><td></td><td></td><td></td></tr>
<tr><td></td><td></td><td></td><td></td><td></td><td></td><td></td><td></td><td></td><td></td><td></td><td></td><td></td><td></td></tr>
<tr><td></td><td></td><td></td><td></td><td></td><td></td><td></td><td></td><td></td><td></td><td></td><td></td><td></td><td></td></tr>
<tr><td></td><td></td><td></td><td></td><td></td><td></td><td></td><td></td><td></td><td></td><td></td><td></td><td></td><td></td></tr>
<tr><td></td><td></td><td></td><td></td><td></td><td></td><td></td><td></td><td></td><td></td><td></td><td></td><td></td><td></td></tr>
<tr><td></td><td></td><td></td><td></td><td></td><td></td><td></td><td></td><td></td><td></td><td></td><td></td><td></td><td></td></tr>
<tr><td colspan="3">合计</td><td></td><td></td><td></td><td></td><td></td><td></td><td></td><td></td><td></td><td></td><td></td></tr>
</table>

附原始凭证　张

财务主管：　　　记账：　　　审核：　　　出纳：　　　制单：

2－31－1

付款凭证

贷方科目：　　　　　　　　　　年　月　日　　　　　　字第　　号

<table>
<tr><td rowspan="2">摘要</td><td colspan="2">借方科目</td><td colspan="10">金额</td><td rowspan="2">记账符号</td></tr>
<tr><td>总账科目</td><td>明细科目</td><td>千</td><td>百</td><td>十</td><td>万</td><td>千</td><td>百</td><td>十</td><td>元</td><td>角</td><td>分</td></tr>
<tr><td></td><td></td><td></td><td></td><td></td><td></td><td></td><td></td><td></td><td></td><td></td><td></td><td></td><td></td></tr>
<tr><td></td><td></td><td></td><td></td><td></td><td></td><td></td><td></td><td></td><td></td><td></td><td></td><td></td><td></td></tr>
<tr><td></td><td></td><td></td><td></td><td></td><td></td><td></td><td></td><td></td><td></td><td></td><td></td><td></td><td></td></tr>
<tr><td></td><td></td><td></td><td></td><td></td><td></td><td></td><td></td><td></td><td></td><td></td><td></td><td></td><td></td></tr>
<tr><td></td><td></td><td></td><td></td><td></td><td></td><td></td><td></td><td></td><td></td><td></td><td></td><td></td><td></td></tr>
<tr><td></td><td></td><td></td><td></td><td></td><td></td><td></td><td></td><td></td><td></td><td></td><td></td><td></td><td></td></tr>
<tr><td colspan="3">合计</td><td></td><td></td><td></td><td></td><td></td><td></td><td></td><td></td><td></td><td></td><td></td></tr>
</table>

附原始凭证　张

财务主管：　　　记账：　　　审核：　　　出纳：　　　制单：

2－32－1

付 款 凭 证

贷方科目：　　　　　　　　　　　　　　年　　月　　日　　　　　　　　　字第　　　号

摘要	借方科目		金额										记账符号
	总账科目	明细科目	千	百	十	万	千	百	十	元	角	分	
合计													

附原始凭证　　张

财务主管：　　　　记账：　　　　审核：　　　　出纳：　　　　制单：

2－33－1

转 账 凭 证

年　　月　　日　　　　　　　　　字第　　　号

摘要	总账科目	明细科目	借方金额										贷方金额										记账符号
			千	百	十	万	千	百	十	元	角	分	千	百	十	万	千	百	十	元	角	分	
合计																							

附原始凭证　　张

财务主管：　　　　记账：　　　　审核：　　　　制单：

2－34－1

付款凭证

贷方科目：　　　　　　　　　　年　　月　　日　　　　　　字第　　　号

摘要	借方科目		金额										记账符号
	总账科目	明细科目	千	百	十	万	千	百	十	元	角	分	
合计													

附原始凭证　张

财务主管：　　　记账：　　　审核：　　　出纳：　　　制单：

2－35－1

付款凭证

贷方科目：　　　　　　　　　　年　　月　　日　　　　　　字第　　　号

摘要	借方科目		金额										记账符号
	总账科目	明细科目	千	百	十	万	千	百	十	元	角	分	
合计													

附原始凭证　张

财务主管：　　　记账：　　　审核：　　　出纳：　　　制单：

2－36－1

转 账 凭 证

年　月　日　　　　字第　　号

摘要	总账科目	明细科目	借方金额										贷方金额										记账符号
			千	百	十	万	千	百	十	元	角	分	千	百	十	万	千	百	十	元	角	分	
合计																							

附原始凭证　　张

财务主管：　　记账：　　审核：　　制单：

2－37－1

收 款 凭 证

借方科目：　　年　月　日　　　　字第　　号

摘要	贷方科目		金额										记账符号
	总账科目	明细科目	千	百	十	万	千	百	十	元	角	分	
合计													

附原始凭证　　张

财务主管：　　记账：　　审核：　　出纳：　　制单：

2－38－1

付款凭证

贷方科目：　　　　　　　　年　　月　　日　　　　　　字第　　　号

摘要	借方科目		金额										记账符号
	总账科目	明细科目	千	百	十	万	千	百	十	元	角	分	
合计													

附原始凭证　　张

财务主管：　　记账：　　审核：　　出纳：　　制单：

2－39－1

付款凭证

贷方科目：　　　　　　　　年　　月　　日　　　　　　字第　　　号

摘要	借方科目		金额										记账符号
	总账科目	明细科目	千	百	十	万	千	百	十	元	角	分	
合计													

附原始凭证　　张

财务主管：　　记账：　　审核：　　出纳：　　制单：

2－40－1

转 账 凭 证

年　月　日　　　　字第　　号

摘要	总账科目	明细科目	借方金额										贷方金额										记账符号
			千	百	十	万	千	百	十	元	角	分	千	百	十	万	千	百	十	元	角	分	
合计																							

附原始凭证　张

财务主管：　　记账：　　审核：　　制单：

2－41－1

付 款 凭 证

贷方科目：　　年　月　日　　　　字第　　号

摘要	借方科目		金额										记账符号
	总账科目	明细科目	千	百	十	万	千	百	十	元	角	分	
合计													

附原始凭证　张

财务主管：　　记账：　　审核：　　出纳：　　制单：

2 - 42 - 1

转 账 凭 证

年 月 日 字第 号

摘要	总账科目	明细科目	借方金额										贷方金额										记账符号
			千	百	十	万	千	百	十	元	角	分	千	百	十	万	千	百	十	元	角	分	
合计																							

附原始凭证 张

财务主管： 记账： 审核： 制单：

2 - 43 - 1

转 账 凭 证

年 月 日 字第 号

摘要	总账科目	明细科目	借方金额										贷方金额										记账符号
			千	百	十	万	千	百	十	元	角	分	千	百	十	万	千	百	十	元	角	分	
合计																							

附原始凭证 张

财务主管： 记账： 审核： 制单：

2－44－1

转账凭证

年　月　日　　　　　　　　　　字第　　号

摘要	总账科目	明细科目	借方金额										贷方金额										记账符号
			千	百	十	万	千	百	十	元	角	分	千	百	十	万	千	百	十	元	角	分	
合计																							

附原始凭证　张

财务主管：　　　　记账：　　　　审核：　　　　制单：

2－45－1

转账凭证

年　月　日　　　　　　　　　　字第　　号

摘要	总账科目	明细科目	借方金额										贷方金额										记账符号
			千	百	十	万	千	百	十	元	角	分	千	百	十	万	千	百	十	元	角	分	
合计																							

附原始凭证　张

财务主管：　　　　记账：　　　　审核：　　　　制单：

2－46－1

转 账 凭 证

年　月　日　　　　　　　　　　　　字第　　号

摘要	总账科目	明细科目	借方金额										贷方金额										记账符号
			千	百	十	万	千	百	十	元	角	分	千	百	十	万	千	百	十	元	角	分	
合计																							

附原始凭证　张

财务主管：　　　　记账：　　　　审核：　　　　制单：

2－46－2

转 账 凭 证

年　月　日　　　　　　　　　　　　字第　　号

摘要	总账科目	明细科目	借方金额										贷方金额										记账符号
			千	百	十	万	千	百	十	元	角	分	千	百	十	万	千	百	十	元	角	分	
合计																							

附原始凭证　张

财务主管：　　　　记账：　　　　审核：　　　　制单：

2－46－3

转账凭证

年　月　日　　　　　　　　字第　　号

摘要	总账科目	明细科目	借方金额										贷方金额										记账符号
			千	百	十	万	千	百	十	元	角	分	千	百	十	万	千	百	十	元	角	分	
合计																							

附原始凭证　张

财务主管：　　　　记账：　　　　审核：　　　　制单：

2－47－1

转账凭证

年　月　日　　　　　　　　字第　　号

摘要	总账科目	明细科目	借方金额										贷方金额										记账符号
			千	百	十	万	千	百	十	元	角	分	千	百	十	万	千	百	十	元	角	分	
合计																							

附原始凭证　张

财务主管：　　　　记账：　　　　审核：　　　　制单：

2－47－2

转 账 凭 证

年　月　日　　　　　　　　字第　　号

摘要	总账科目	明细科目	借方金额										贷方金额										记账符号
			千	百	十	万	千	百	十	元	角	分	千	百	十	万	千	百	十	元	角	分	
合计																							

附原始凭证　　张

财务主管：　　　　记账：　　　　审核：　　　　制单：

2－48－1

转 账 凭 证

年　月　日　　　　　　　　字第　　号

摘要	总账科目	明细科目	借方金额										贷方金额										记账符号
			千	百	十	万	千	百	十	元	角	分	千	百	十	万	千	百	十	元	角	分	
合计																							

附原始凭证　　张

财务主管：　　　　记账：　　　　审核：　　　　制单：

2 -48 -2

转 账 凭 证

年　月　日　　　　　　　　字第　　号

摘要	总账科目	明细科目	借方金额										贷方金额										记账符号
			千	百	十	万	千	百	十	元	角	分	千	百	十	万	千	百	十	元	角	分	
合计																							

附原始凭证　张

财务主管：　　记账：　　审核：　　制单：

2 -48 -3

转 账 凭 证

年　月　日　　　　　　　　字第　　号

摘要	总账科目	明细科目	借方金额										贷方金额										记账符号
			千	百	十	万	千	百	十	元	角	分	千	百	十	万	千	百	十	元	角	分	
合计																							

附原始凭证　张

财务主管：　　记账：　　审核：　　制单：

2－49－1

转账凭证

年　月　日　　　　字第　　号

摘要	总账科目	明细科目	借方金额										贷方金额										记账符号
			千	百	十	万	千	百	十	元	角	分	千	百	十	万	千	百	十	元	角	分	
合计																							

附原始凭证　张

财务主管：　　记账：　　审核：　　制单：

2－50－1

转账凭证

年　月　日　　　　字第　　号

摘要	总账科目	明细科目	借方金额										贷方金额										记账符号
			千	百	十	万	千	百	十	元	角	分	千	百	十	万	千	百	十	元	角	分	
合计																							

附原始凭证　张

财务主管：　　记账：　　审核：　　制单：

2－51－1

转 账 凭 证

年　月　日　　　　　　　　字第　　号

摘要	总账科目	明细科目	借方金额										贷方金额										记账符号
			千	百	十	万	千	百	十	元	角	分	千	百	十	万	千	百	十	元	角	分	
合计																							

附原始凭证　张

财务主管：　　　　记账：　　　　审核：　　　　制单：

2－52－1

转 账 凭 证

年　月　日　　　　　　　　字第　　号

摘要	总账科目	明细科目	借方金额										贷方金额										记账符号
			千	百	十	万	千	百	十	元	角	分	千	百	十	万	千	百	十	元	角	分	
合计																							

附原始凭证　张

财务主管：　　　　记账：　　　　审核：　　　　制单：

2－53－1

转账凭证

年　月　日　　　　字第　　号

摘要	总账科目	明细科目	借方金额										贷方金额										记账符号
			千	百	十	万	千	百	十	元	角	分	千	百	十	万	千	百	十	元	角	分	
合计																							

附原始凭证　张

财务主管：　　记账：　　审核：　　制单：

2－54－1

收款凭证

借方科目：　　年　月　日　　　　字第　　号

摘要	贷方科目		金额										记账符号
	总账科目	明细科目	千	百	十	万	千	百	十	元	角	分	
合计													

附原始凭证　张

财务主管：　　记账：　　审核：　　出纳：　　制单：

2－54－2

转 账 凭 证

年 月 日　　　　　　　　字第　　号

摘要	总账科目	明细科目	借方金额										贷方金额										记账符号
			千	百	十	万	千	百	十	元	角	分	千	百	十	万	千	百	十	元	角	分	
合计																							

附原始凭证　　张

财务主管：　　　　记账：　　　　审核：　　　　制单：

2－55－1

转 账 凭 证

年 月 日　　　　　　　　字第　　号

摘要	总账科目	明细科目	借方金额										贷方金额										记账符号
			千	百	十	万	千	百	十	元	角	分	千	百	十	万	千	百	十	元	角	分	
合计																							

附原始凭证　　张

财务主管：　　　　记账：　　　　审核：　　　　制单：

2－56－1

转账凭证

年　月　日　　　　　　　　字第　　号

摘要	总账科目	明细科目	借方金额										贷方金额										记账符号
			千	百	十	万	千	百	十	元	角	分	千	百	十	万	千	百	十	元	角	分	
合计																							

附原始凭证　张

财务主管：　　　　记账：　　　　审核：　　　　制单：

2－57－1

转账凭证

年　月　日　　　　　　　　字第　　号

摘要	总账科目	明细科目	借方金额										贷方金额										记账符号
			千	百	十	万	千	百	十	元	角	分	千	百	十	万	千	百	十	元	角	分	
合计																							

附原始凭证　张

财务主管：　　　　记账：　　　　审核：　　　　制单：

2－58－1

转 账 凭 证

年　月　日　　　　　　　　字第　　号

摘要	总账科目	明细科目	借方金额										贷方金额										记账符号
			千	百	十	万	千	百	十	元	角	分	千	百	十	万	千	百	十	元	角	分	
合计																							

附原始凭证　　张

财务主管：　　记账：　　审核：　　制单：

2－59－1

转 账 凭 证

年　月　日　　　　　　　　字第　　号

摘要	总账科目	明细科目	借方金额										贷方金额										记账符号
			千	百	十	万	千	百	十	元	角	分	千	百	十	万	千	百	十	元	角	分	
合计																							

附原始凭证　　张

财务主管：　　记账：　　审核：　　制单：

2－60－1

转 账 凭 证

年 月 日　　　　字第　　号

摘要	总账科目	明细科目	借方金额										贷方金额										记账符号
			千	百	十	万	千	百	十	元	角	分	千	百	十	万	千	百	十	元	角	分	
合计																							

附原始凭证　张

财务主管：　　记账：　　审核：　　制单：

2－61－1

转 账 凭 证

年 月 日　　　　字第　　号

摘要	总账科目	明细科目	借方金额										贷方金额										记账符号
			千	百	十	万	千	百	十	元	角	分	千	百	十	万	千	百	十	元	角	分	
合计																							

附原始凭证　张

财务主管：　　记账：　　审核：　　制单：

实训三
账簿的登记与稽核

第一部分 实训准备知识

一、会计账簿概述

（一）会计账簿的含义

会计账簿，简称账簿，是指由一定格式的账页组成的，以经过审核的会计凭证为依据，全面、系统、连续地记录各项经济业务的簿籍。设置和登记会计账簿，是重要的会计核算基础工作，是连接会计凭证和会计报表的中间环节，做好这项工作，对于加强经济管理具有十分重要的意义。

填制会计凭证后之所以还要设置和登记账簿，是由于二者虽然都是用来记录经济业务，但二者具有的作用不同。在会计核算中，对每一项经济业务，都必须取得和填制会计凭证，因而会计凭证数量很多，又很分散，而且每张凭证只能记载个别经济业务的内容，所提供的资料是零星的，不能全面、连续、系统地反映和监督一个经济单位在一定时期内某一类和全部经济业务活动情况，且不便于日后查阅。因此，为了给经济管理提供系统的会计核算资料，各单位都必须在凭证的基础上设置和运用登记账簿的方法，把分散在会计凭证上的大量核算资料，加以集中和归类整理，生成有用的会计信息，从而为编制会计报表、进行会计分析以及审计提供主要依据。

（二）会计账簿的作用

1. 账簿可以为企业管理部门提供系统、完整的会计信息

通过账簿的设置和登记，可以把分散在会计凭证上的资料加以归类整理，以全面、连续地提供有关企业成本费用、财务状况和经营成果的总括和明细的核算资料，以便正确计算企业在各会计期间的成本、费用和收入成果。

2. 为编制会计报表提供资料

会计报表所需要的数据资料，绝大部分来源于会计账簿。账簿的记录是否及时、详

尽，数字是否真实、可靠，直接关系到会计报表的质量。所以说，正确设置并登记账簿，为会计报表的及时准确编制提供了依据和保障。

3. 有利于开展会计检查和会计分析

会计账簿既是汇集、加工会计信息的工具，也是积累、储存经济活动情况的数据库。企业的一切财务收支、经营过程和结果都体现在账簿中。因此，利用账簿提供的资料，可以有效地开展会计检查和会计分析，加强会计监督，保护财产的安全和完整，提高企业的经营管理水平。

（三）会计账簿的种类

会计账簿的种类繁多，不同的账簿，其用途、形式、内容和登记方法各不相同，为了便于了解和运用会计账簿，可以从不同角度对其进行分类。

1. 账簿按用途的分类

账簿按其用途的不同，可以分为序时账簿、分类账簿和备查账簿三种。

（1）序时账簿。序时账簿，也称日记账，是按照经济业务发生的时间先后顺序，逐日逐笔登记经济业务的账簿。日记账按其记录内容的不同又分为普通日记账和特种日记账。

普通日记账，也称通用日记账，是用来登记企业所发生的全部经济业务的日记账。在账中，按照每日所发生的经济业务的先后顺序，逐笔编制会计分录，因而这种日记账也称分录日记账。设置普通日记账的单位，一般不再编制记账凭证，以免重复。

特种日记账是用来专门记录某一特定类型的经济业务发生情况的日记账。在账中，将该类经济业务，按其发生的先后顺序逐日逐笔登记。需要设置特种日记账的业务通常有现金收、付业务，银行存款收、付业务，购货业务和销货业务等。我国要求企业必须设置的特种日记账是现金日记账和银行存款日记账。

（2）分类账簿。分类账簿是会计账簿的主体，也是编制财务报表的主要依据。分类账簿是指对全部经济业务按照总分类账户和明细分类账户进行分类登记的账簿。按照总分类账户进行分类登记的账簿叫作总分类账，简称总账；按照明细分类账户进行分类登记的账簿叫作明细分类账，简称明细账。总账是用来反映经济业务的总括内容的，而明细账则是用来反映经济业务的详细内容的，总账中某账户的金额与其有关的明细账的金额之和相等。

（3）备查账簿。备查账簿，又称辅助登记簿或补充登记簿，是对某些在序时账簿和分类账簿中未能记载或记载不全的经济业务进行补充登记的账簿。例如，反映企业租入固定资产的“租入固定资产登记簿”、反映为其他企业代管商品的“代管商品物资登记簿”等。

2. 账簿按外表形式的分类

各种账簿都具有一定的外表形式，按其外表形式的不同可分为订本式账簿、活页式账簿和卡片式账簿。

（1）订本式账簿。订本式账簿是指在启用前就将许多张账页装订成册并连续编号的账簿。其优点是能够避免账页散失和人为地抽换账页，保证账簿记录资料的安全性。缺点是必须事先估计每个账户所需要的账页张数，预留账页过多，会造成浪费，而预留太少又会影响账户的连续登记。因此，一般情况下，比较重要的、账户数量变化不大的账簿使用订本式，如总账、现金日记账和银行存款日记账。

（2）活页式账簿。活页式账簿简称活页账，是指将一定数量的账页置于活页夹内。可根据记账内容的变化而随时增加或减少部分账页的账簿。活页账一般适用于明细分类账。活页账的账页在账簿登记完毕之前并不固定装订在一起，而是装在活页账夹中。当账簿登记完毕之后（通常是一个会计年度结束之后），才将账页予以装订，加具封面，并给各账页连续编号。其优点是便于记账分工，节省账页且登记方便。缺点是账页容易散失和被人为抽换。

（3）卡片式账簿。卡片式账簿是指用印有记账格式的卡片登记经济业务的账簿。卡片账是一种特殊的活页式账簿，对某些可以跨年度使用，无需经常更换的明细账，企业一般只对固定资产的核算采用卡片账形式。为了保证账簿安全完整，经久耐用，可以用有一定格式的硬纸卡片组成账簿，装置在卡片箱内保管和使用。卡片账使用比较灵活，保管比较方便，有利于详细记录经济业务的具体内容。

3. 账簿按账页格式的分类

账簿按账页格式的不同，可以分为三栏式账簿、多栏式账簿和数量金额式账簿等。

（1）三栏式账簿。三栏式账簿是将账页中登记金额的部分分为三个栏目，即借方、贷方和余额三栏。这种格式适用于只提供价值核算信息，不需要提供数量核算信息的账簿，如总账、现金日记账、银行存款日记账、债权债务类明细账等。

（2）多栏式账簿。多栏式账簿是在借方和贷方的某一方或两方下面分设若干栏目，详细反映借贷方金额的组成情况。这种格式适用于核算项目较多，且管理上要求提供各核算项目详细信息的账簿，如成本、费用等明细账。

（3）数量金额式账簿。数量金额式账簿是在借方、贷方和余额栏下分设三个栏目，用以登记财产物资的数量、单价和总金额。这种格式适用于既需要提供价值信息，又需要提供金额信息的账簿，如原材料、库存商品等明细账。

二、会计账簿的启用与登记要求

（一）会计账簿的启用

启用会计账簿时，应当在账簿封面上写明单位名称和账簿名称。在账簿扉页上应当附启用表，内容包括：启用日期、账簿页数、记账人员和会计机构负责人、会计主管人员姓名，并加盖名章和单位公章。记账人员或者会计机构负责人、会计主管人员调动工作时，应当注明交接日期、接办人员或者监交人员姓名，并由交接双方人员签名或者盖章。

启用订本式账簿，应当从第一页到最后一页顺序编定页数，不得跳页、缺号。使用活页式账页，应当按账户顺序编号，并须定期装订成册。装订后再按实际使用的账页顺序编定页码。另加目录，记明每个账户的名称和页次。

（二）会计账簿的设置要求与基本内容

1. 账簿的设置要求

每一个会计主体需要设置的账簿，应当根据经济业务的特点和管理上的需要来确定。

设置账簿应当符合以下要求：

（1）账簿的设置要能保证系统、全面地反映和监督经济活动的情况，满足经济管理的需要，为经济管理提供总括的核算资料和明细的核算资料。

（2）账簿的设置要能保证组织严密，各账簿之间既要有明确的分工，又要有密切的联系，考虑人力和物力的节约，力求避免重复或遗漏。

（3）账簿的格式应简便适用，便于登记、查找、更正错误和保管。

2. 账簿的基本内容

各单位均应按照会计核算的基本要求和会计规范的有关规定，结合本单位经济业务的特点和经营管理的需要，设置必要的账簿，并认真做好记账工作。各种账簿的形式和格式多种多样，但均应具备下列基本内容：

（1）封面：主要标明账簿的名称，如总分类账簿、现金日记账、银行存款日记账。

（2）扉页：标明会计账簿的使用信息，如科目索引、账簿启用和经管人员一览表等。

（3）账页：账簿用来记录经济业务事项的载体，其格式反映经济业务内容的不同而有所不同。但其内容应当包括：①账户的名称，以及科目、二级或明细科目；②登记账簿的日期栏；③记账凭证的种类和号数栏；④摘要栏，所记录经济业务内容的简要说明；⑤金额栏，记录经济业务的增减变动和余额；⑥总页次和分页次栏。

（三）会计账簿登记的基本要求

依据《会计基础工作规范》（以下简称《规范》）第六十条规定，登记会计账簿的基本要求包括以下几方面。

1. 准确完整

“登记会计账簿时，应当将会计凭证日期、编号、业务内容摘要、金额和其他有关资料逐项记入账内，做到数字准确、摘要清楚、登记及时、字迹工整。”每一项会计事项，一方面要记入有关的总账，另一方面要记入该总账所属的明细账。账簿记录中的日期，应该填写记账凭证上的日期；以自制的原始凭证，如收料单、领料单等，作为记账依据的，账簿记录中的日期应按有关自制凭证上的日期填列。记账簿要及时，但对各种账簿的登记间隔应该多长，《规范》未作统一规定。一般的原则是：总分类账要按照单位所采用的会计核算形式及时登账；各种明细分类账，要根据原始凭证、原始凭证汇总表和记账凭证每天进行登记，也可以定期（3 天或 5 天）登记。但是现金日记账和银行存款日记账，应当根据办理完毕的收付款凭证，随时逐笔顺序进行登记，最少每天登记一次。

2. 注明记账符号

“登记完毕后，要在记账凭证上签名或者盖章，并注明已经登账的符号，表示已经记账。”在记账凭证上设有专门的栏目供注明记账的符号，以免发生重记或漏记。

3. 文字和数字必须整洁清晰，准确无误

在登记书写时，不要滥造简化字，不得使用同音异义字，不得写怪字体；摘要文字紧靠左线；数字要写在金额栏内，不得越格错位、参差不齐；文字、数字字体大小适中，紧靠下线书写，上面要留有适当空距，一般应占格宽的 1/2，以备按规定的方法改错。记录金额时，如为没有角分的整数，应分别在角分栏内写上“0”，不得省略不写，或以“－”号代替。阿拉伯数字一般可自左向右适当倾斜，以使账簿记录整齐、清晰。为防止字迹模糊，墨迹未干时不要翻动账页；夏天记账时，可在手臂下垫一块软质布或纸板等书写，以防汗浸。

4. 正常记账使用蓝黑墨水

“登记账簿要用蓝黑墨水或者碳素墨水书写，不得使用圆珠笔（银行的复写账簿除外）或者铅笔书写。”在会计的记账书写中，数字的颜色是重要的语素之一，它同数字和文字一起传达出会计信息。如同数字和文字错误会表达错误的信息，书写墨水的颜色用错了，其导致的概念混乱也不亚于数字和文字错误。

5. 特殊记账使用红墨水

下列情况，可以用红色墨水记账：①按照红字冲账的记账凭证，冲销错误记录；②在不设借贷等栏的多栏式账页中，登记减少数；③在三栏式账户的余额栏前，如未印明余额方向的，在余额栏内登记负数余额；④根据国家统一会计制度的规定可以用红字登记的其他会计记录。在这几种情况下使用红色墨水记账是会计工作中的惯例。在“进项税额”专栏中用红字登记退回所购货物应冲销的进项税额；在“已交税金”专栏中用红字登记退回多交的增值税额；在“销项税额”专栏中用红字登记退回销售货物应冲销的销项税额，以及在“出口退税”专栏中用红字登记出口货物办理退税后发生退货或者退关而补交已退的税款。

6. 顺序连续登记

“各种账簿按页次顺序连续登记，不得跳行、隔页。如果发生跳行、隔页，更不得随便更换账页和撤出账页，作废的账页也要留在账簿中，如果发生跳行、隔页，应当将空行、空页划线注销，或者注明‘此行空白’‘此页空白’字样，并由记账人员签名或者盖章。”这对避免在账簿登记中可能出现的漏洞，是十分必要的防范措施。

7. 结出余额

“凡需要结出余额的账户，结出余额后，应当在‘借或贷’等栏内写明‘借’或者‘贷’等字样。没有余额的账户，应当在‘借或贷’等栏内写‘平’字，并在余额栏内用‘θ’表示。现金日记账和银行存款日记账必须逐日结出余额。”一般来说，对于没有余额的账户，在余额栏内标注的“θ”应当放在“元”位。

8. 过次承前

“每一账页登记完毕结转下页时，应当结出本页合计数及余额，写在本页最后一行和下页第一行有关栏内，并在摘要栏内注明‘过次页’和‘承前页’字样；也可以将本页合计数及金额只写在下页第一行有关栏内，并在摘要栏内注明‘承前页’字样。”也就是说，“过次页”和“承前页”的方法有两种：一是在本页最后一行内结出发生额合计数及余额，然后过次页并在次页第一行承前页；二是只在次页第一行承前页写出发生额合计数及余额，不在上页最后一行结出发生额合计数及余额后过次页。

对需要结计本月发生额的账户，结计“过次页”的本页合计数应当为自本月初起至本页末止的发生额合计数；对需要结计本年累计发生额的账户，结计“过次页”的本页合计数应当为自年初起至本页末止的累计数；对既不需要结计本月发生额也不需要结计本年累计发生额的账户，可以只将每页末的余额结转次页。

9. 账簿记录发生错误，不准涂改、挖补、刮擦或者用药水消除字迹，不准重新抄写。发现差错必须根据差错的具体情况采用划线更正、红字更正、补充登记等方法更正。

10. 定期打印

《规范》第五十八条对实行会计电算化的单位提出了打印上的要求："实行会计电算化的单位，用计算机打印的会计账簿必须连续编号，经审核无误后装订成册，并由记账人员和会计机构负责人、会计主管人员签字或者盖章。"

三、会计账簿的格式与登记方法

（一）日记账的格式与登记方法

日记账是根据全部经济业务发生或完成的先后顺序，逐日、逐笔、连续进行登记的账簿，或者是用来序时地记录和反映某一类或某一项经济业务的发生和完成情况的账簿。因此，日记账又分为普通日记账和特种日记账，这里仅介绍特种日记账的结构和登记方法。特种日记账是对某类经济业务按照发生的时间顺序进行登记的账簿。对这些类别的经济业务进行特别的、专门的账簿记录，故称特种日记账。按记录内容的不同，分为库存现金日记账和银行存款日记账。

1. 库存现金日记账

库存现金日记账，是逐日、逐笔、序时记录和反映库存现金的收入、付出及结存情况的账簿。通过库存现金日记账的记录，能全面了解现金的增减变动是否符合国家有关现金管理的规定，库存现金日记账的账页格式，一般采用"金额三栏式"。

库存现金日记账一般采用"金额三栏式"账页，基本结构为"收入""支出""结余"或者"借方""贷方""余额"三栏。

库存现金日记账中的"年、月、日""凭证号数""摘要""对方科目"由出纳人员按照现金收款凭证和现金付款凭证逐日、逐笔、序时地进行登记。每天终了，必须结出当日的现金结余金额，并登记在"余额"栏，并与库存现金实存数相核对。为了及时掌握现金收付和结余情况，根据单位管理需要，还可以计算当日的现金收入和现金支出的合计数，并编制现金日报表。

为防止重复记账，对于从银行提取现金的业务，只填制银行存款付款凭证，不填制现金收款凭证，因而此类业务的现金收入金额应根据审核无误的银行存款付款凭证登记现金日记账。

2. 银行存款日记账

银行存款日记账由出纳员根据银行存款收款凭证和银行存款付款凭证，按照经济业务发生的顺序，逐日、逐笔进行登记。

银行存款日记账中的"年、月、日""凭证号数""摘要""对方科目"按照银行存款收款凭证和银行存款付款凭证逐日、逐笔、序时地进行登记。每天终了，必须结出当日的银行存款结余金额，并登记在"余额"栏。银行存款日记账应定期与银行对账单核对，至少每月核对一次。月份终了，本单位账面结余数与银行对账单如有差额，必须逐笔查明原因进行处理，并按月编制"银行存款余额调节表"，试算调节相符。银行存款日记账的格式和登记方法与现金日记账的格式和登记方法基本相同，在此不再赘述。

（二）分类账的格式与登记方法

按照分类的概括程序不同分为总分类账和明细分类账两种。

1. 总分类账的格式和登记方法

总分类账是按照总分类科目开设，用以提供总括会计信息的账簿。应用总分类账，可以全面、系统、综合地反映企业所有的经济活动和财务收支情况，可以为编制会计报表提供所需的资料。因此，每个企业都应设置总分类账。

总分类账最常用的格式为三栏式，设置借方、贷方和余额三个基本栏目，总分类账采用订本式账簿。

总分类账的记账依据和登记方法取决于企业采用的账务处理程序。既可以根据记账凭证逐笔登记，也可以根据经过汇总的科目汇总表或汇总记账凭证等登记。

2. 明细分类账的格式和登记方法

明细分类账简称明细账，是对各项经济业务按照各个明细分类账进行分类登记的账簿，因为总分类账只能提供总括的资料，为了给总分类账作补充，同时也是为经营管理提供详细资料，企业必须设置明细分类账。明细分类账能够详细、具体地反映经济活动的情况和结果，对分类账起着辅助、补充的作用，为编制会计报表提供必要的明细资料。因此，任何单位都要根据具体情况设置必要的明细分类账。

明细分类账根据其所记录内容的性质和管理的要求不同，有的只需反映金额的变化情况及其结果，有的则除了要反映金额的变化情况及其结果以外，还需要反映实物数量的变化情况及其结果。与此相适应，明细分类账的格式也就有所不同，主要有“金额三栏式”“数量金额式”和“金额多栏式”。

（1）金额三栏式明细分类账。金额三栏式明细分类账的基本结构为“借方”“贷方”“余额”三栏，分别登记金额的增加、减少和结余，其不设数量栏。

这种格式的明细账只适用于登记金额不反映数量的账户，如“应收账款”“应付账款”等账户的明细分类核算。三栏式明细账可以根据有关原始凭证和记账凭证逐笔登记，每笔登记完了后结出余额。每月终了时，计算出全月借方发生额合计和贷方发生额合计，并结算出月末余额。

三栏式明细账的登记方法是：根据记账凭证及其所附原始凭证汇总表逐笔进行借方、贷方金额登记，而后结出余额。如为借方余额，在“借或贷”栏目中填写“借”字；如为贷方余额，在“借或贷”栏目中填写“贷”字；如没有余额，在“借或贷”栏目中填写“平”字。

（2）数量金额式明细分类账。数量金额式明细分类账是对具有实物形态的财产物资进行明细分类核算的账簿。其适应于既需要核算金额又需要核算数量的明细科目。因此该账簿账页格式是：设“收入”“发出”“结余”三栏，每栏分别按“数量”“单价”“金额”进行登记，故称“数量金额式”明细账。如“原材料明细分类账”“库存商品明细分类账”。

数量金额式明细分类账的“收入”“发出”栏的数量，是根据有关凭证进行登记，同时根据数量、单价计算出金额填入金额栏。每笔收入和发出的数量、金额登记完毕后，计算出结存的数量和金额，填入结存栏的数量和金额。每月终了时，结算全月收入和发出的数量和金额合计，并结算出月末结存的数量和金额。

（3）金额多栏式明细分类账。金额多栏式明细分类账是根据企业经济业务和经营管理的需要，以及业务的性质、特点，在一张账页内设若干专栏，集中反映某一总账的各明细核算的详细资料。这种格式的明细账适用于费用、成本和收入成果等科目的明细核算，如“管理费用”“生产成本”等科目都可采用这种格式进行明细核算。

金额多栏式明细账是根据有关原始凭证、记账凭证和费用分配计算表计算登记，其登记方法与前面讲述的多栏式日记账的登记方法相同，在此不再赘述。

四、对账与结账

（一）对账

1. 对账的含义

对账就是对会计账目进行检查与核对，一般在会计期间（月份、季度、年度）终了时，通过检查和核对账证、账账、账实是否相符，以确保账簿记录的正确性。会计人员在填制凭证、登记账簿等一系列工作中出现的差错，或因管理工作不善而带来的财产管理中的各种问题以及其他一些因素的影响，都可以给账簿记录的真实性、正确性带来影响。为了保证账簿记录的真实、准确、可靠，必须对账簿和账户所记录的有关数据加以检查和核对。

2. 对账的内容

各单位应当定期对会计账簿记录的有关数字与库存实物、货币资金、有价证券、往来单位或者个人等进行相互核对，保证账证相符、账账相符、账实相符。对账工作每年至少进行一次。

（1）账证核对。将账簿记录与会计凭证进行核对，核对账簿记录与原始凭证、记账凭证的时间、凭证字号、内容、金额是否一致，记账方向是否相符。

（2）账账核对。即利用各种账簿之间的钩稽关系，通过账簿间的相互核对，做到账账相符。

账簿之间的核对包括以下内容：①总账有关账户的余额核对；②总账与明细账核对；③总账与日记账核对；④会计部门的财产物资明细账与财产物资保管和使用部门的有关明细账核对等。

（3）账实核对。即将各项财产物资、债权债务等账面余额与实有数额进行核对，做到账实相符。核对内容主要包括：①现金日记账账面余额与库存现金数额是否相符；②银行存款日记账账面余额与银行对账单的余额是否相符；③各项财产物资明细账账面余额与财产物资的实有数额是否相符；④有关债权债务明细账账面余额与对方单位的账面记录是否相符等。

（二）结账

1. 结账的含义

结账就是把一定时期内所发生的经济业务，在全部登记入账的基础上结算出每个账户的本期发生额和期末余额，并将期末余额转入下期或者下年新账。根据会计分期的不同，结账工作相应地可以在月末、季末、年末进行，但不能为减少本期的工作量而提前结账，也不能将本期的会计业务推迟到下期或编制报表之后再进行结账。对资产、负债和所有者权益等实账户可以在会计期末直接结账，而对那些收入、费用等虚账户，因为它们在结账前应按权责发生制要求先进行调整，所以，应在调整之后再结账。权责发生制要求以应收和应付为标准确认本期收入和费用，即凡是属于本期应该赚取或者发生的收入和费用，不论款项是否收到或付出，均应作为本期的收入和费用；反之，凡是不属于本期的应该赚取或者发生的收入和费用，即使款项在本期收到或付出，也不应作为本期的收入和费用入账。根据权责发生制，只有将企业发生的收入和费用按照会计期间正确划分其归属后，才能真实反映企业本期的财务状况和经营成果。

为了保证结账工作的顺利进行，结账前应该做好准备工作，具体包括检查凭证和账簿的正确性、进行相应的账项调整，如收入的确认、成本的结转等。简单地说，结账工作主要由两部分构成：一是结出总分类账和明细分类账的本期发生额和期末余额，并将余额在本期和下期之间进行结转；二是损益类账户，即收入、费用类账户的结转，并计算本期利润或亏损。

通过结账，有利于企业管理者定期总结生产经营情况，对不同会计期间的数据资料进行比较分析，以便发现问题，好采取措施及时解决；通过结账，也有利于编制财务报告，提供财务报告所需的数据资料，满足与企业有利益关系的投资者、债权人作出正确的投资决策和国家进行宏观调控的要求。另外，企业因撤销、合并而办理财务交接时，也需要办理结账手续。

2. 结账的主要程序和内容

（1）结账前，必须将本期内发生的各项经济业务全部登记入账。

（2）结账时，应当结出每个账户的期末余额。需要结出当月发生额的，应当在摘要栏内注明“本月合计”字样，并在下面通栏划单红线。需要结出本年累计发生额的，应当在摘要栏内注明“本年累计”字样，并在下面通栏划单红线；12 月末的“本年累计”就是全年累计发生额。全年累计发生额下面应当通栏划双红线。年度终了结账时，所有总账账户都应当结出全年发生额和年末余额。

（3）年度终了，要把各账户的余额结转到下一会计年度，并在摘要栏注明“结转下年”字样；在下一会计年度新建有关会计账簿的第一行余额栏内填写上年结转的余额，并在摘要栏注明“上年结转”字样。

五、错账查找与更正方法

（一）错账的查找方法

会计人员在记账过程中，有时会出现记账错误。实际工作中导致错账的原因各种各样，归纳起来主要有以下两种：一是会计凭证填制错误，主要表现为记录内容有误、计算有误、会计科目错误、借贷方向错误、借贷金额有误等；二是记账错误，主要表现在账簿记录出现重记、漏记、混记、错记等情况。

错账的原因各种各样，查账的方法也有很多。在借贷复式记账法下，账簿记录的结果存在着一种自动平衡的机制，可以通过编制试算平衡表的方法来查找。如果试算不平衡，首先应复核各账户本期发生额和期末余额的计算是否正确，以及试算平衡表是否有抄错或加错的现象。假如经过上述程序，仍然不平衡，应采用一些具有针对性的方法查找。常用的错账查找方法有以下几种。

1. 差数法

差数法是根据误差的金额直接查找差错的方法。此方法主要适用于漏记、重记等差错的寻找。例如，现金日记账的金额为 880 元，现金总账的余额为 800 元，相差 80 元。可直接根据现金日记账账面余额与现金总账账面余额的差额来寻找。如果在账簿记录中发现有两个“80 元”的记录，其中一个数可能是重记的数字；还可以在记账凭证中查找有“80 元”记录，其中一个数可能是重记的数字；还可以在记账凭证中查找有“80 元”经济业务，检查是否有漏记账。

2. 二除法

二除法是指用除以 2 来检查数字错误的方法。此方法主要适用于查找因数字记反方向而发生的错误记录。例如，“库存商品”账户原有库存商品 85 000 元，本期完工入库 19 000 元，应在“库存商品”账户借方登记 19 000 元，这样“库存商品”账户期末余额应是 104 000 元；但会计在记账时将完工入库的 19 000 元记入了“库存商品”的贷方，致使“库存商品”账户的期末余额只有 66 000 元，差额 38 000（104 000 - 66 000）元。将 38 000 元除以 2，商数是 19 000，便是该出错数，查找时应注意有无 19 000 元的业务记反了方向的情况。

3. 九除法

九除法即通过将差数除以 9 来检查错账的方法。这种方法主要适用于数字错位和数字颠倒的情况，其差数均可被 9 整除，其商数就是要查找的差错数。

数字错位是指该数中的各位数码并列向左或向右移位，包括大数记成小数和小数记成大数两种。数字错位差错查找的关键是将误差除以 9 得到的一个商，再根据这个商从账簿中找出正确数（右移）或错误数（左移）。如果移动 1 位，则误差数就是正确数或错误数的 9 倍，如果移动 2 位，误差数就是正确数或错误数的 99 倍，以此类推。例如，将 35 误记成 3.5，差数 31.5，31.5 除以 9 后，商为 3.5，应该是账簿记录中记错的数字。又如，将 3.5 误记成 350，差数 346.5，将 346.5 除以 99，得商数 3.5，应该是账簿记录中的正确数字。

数字颠倒是指将一个数字中相邻两个数码相互颠倒，可能是十位数和个位数的倒置，也可能是百位数和十位数的倒置等。数字颠倒的查找方法如下：

（1）误差是 9 的倍数同时又小于 90 时，可能是个位数和十位数位置颠倒，如将 39 记成 93，误差为 54，为 9 的 6 倍。如误差为 9 的 1 倍，则错数的两个数字本身相差 1，如将 87 记成 78；如误差为 9 的 2 倍，则错数的两个数字本身相差 2，如将 86 记成 68；以此类推。

（2）当误差是 9 的倍数同时又大于 90 小于 900 时，可能是百位数和十位数位置颠倒，如将 928 记成 298，误差为 630，为 9 的 70 倍。

（3）当误差是 9 的倍数同时又大于 900 小于 9 000 时，可能是百位数和千位数位置颠倒，如将 1928 记成 9 128，误差为 7200，为 9 的 800 倍。

（4）如果误差是由一位正数和一位小数组成的“带小数”，则差数可能是小数点前后两位数码的颠倒，如将 48.65 写成 46.85，误差为 1.8，是 9 的 0.2 倍，同时也是一个“带小数”。

（5）如果误差为“纯小数”（误差为 0.9 除外），则差错可能是十分位数和百分位数颠倒，如将 58.24 写成 58.42，误差 0.18，是 9 的 0.02 倍。同时又是一个“纯小数”。

如果通过以上方法仍找不出错误，则有可能是记账凭证编制错误，以及几种错误交叉影响造成的差错，这就需要根据具体情况，如精力集中程度、烦恼事发生的时间段落等，采取顺查法、逆查法和抽查法继续查找，直到发现差错为止。

4. 顺查法

顺查法是按“原始凭证→记账凭证→过账→结账→试算平衡”的账务处理程序，从头到尾进行的普遍检查。首先将记账凭证与原始凭证核对，检查凭证填制有无错误。再次计算各个账户的本期发生额和期末余额，检查有无计算错误。最后检查试算平衡表上有无抄写与计算错误。

5. 逆查法

逆查法是沿着“试算平衡→结账→过账→记账凭证→原始凭证”逆账务处理程序，从尾到头进行的普遍检查。首先检查试算平衡本身，复核试算平衡表内各栏金额合计数是否平衡；检查平衡表内各账户的期初余额加减成本期发生额是否等于期末余额；核对平衡表内各账户的各栏金额是否抄写错误。其次检查各账户的发生额及余额的计算是否正确。再次将记账凭证、原始凭证及账簿记录逐笔核对，检查过账有无错误。最后检查记账凭证的填制是否正确。

6. 抽查法

抽查法是对账簿记录中估计出现差错可能性较大的部分进行检查的方法，如差数是元位数时，只查找元、角、分位，其他数字则不必逐一检查。这样就缩小了查找范围，省力而且有效。

（二）错账的更正方法

会计人员填制会计凭证和登记会计账簿，必须严肃认真，一丝不苟，尽最大努力防止出现会计差错，以保证会计核算信息质量。如果账簿记录发生错误，必须根据错误发生的具体情况，按照规定的方法予以更正。错账更正的方法主要有划线更正法、红字更正法和补充登记法。

1. 划线更正法

划线更正法是先将错误数字或文字全部划一条红线予以注销，并使原来的字迹仍然清晰可见，然后在红线上方空白处，用蓝黑墨水笔做出正确的记录，并由记账人员在更正处盖章。划线更正法适用于结账前或结账时发现账簿记录中文字或金额有错误，而记账凭证没有错误，即纯属文字或数字过账时的笔误或账簿记录数字计算错误等情况。

（1）文字错误的更正。如出纳员在登记银行存款日记账时，将“支付购货款”写成“支付供货款”。出纳员在更正时将“供”字用红笔划去并在上面盖章，然后在“供”字的上方用蓝笔或黑笔写上“购”字。

（2）数字错误的更正。如采购员王某出差预借差旅费 780 元，记账凭证编制无误，出纳员在登记现金日记账时，将“780”写成了“870”。出纳员更正时，先用红笔划去

“870”，并在上面盖章，然后用蓝笔或黑笔在“870”的上方写上“780”。

（3）方向错误的更正。如采购员王某出差预借差旅费780元，记账凭证编制无误，出纳员在登记现金日记账时，误将贷方“780”计入“库存现金”账户借方“780”元。出纳员更正时，先用红笔划去“780”，并在上面盖章，然后在“库存现金”账户的贷方用蓝笔或黑笔计入“780”。

（4）科目错误的更正。如出纳员以现金支票支付采购材料的运杂费650元，记账凭证编制无误，出纳员在记账时，误将银行存款日记账贷方“650”计入现金日记账的贷方。出纳员更正时，先用红笔划去现金日记账贷方“650”，并在上面盖章，然后在银行存款日记账的贷方用蓝字计入“650”。

采用划线更正时应注意以下问题：

第一，在划线时，如果是文字错误，可以划去错误的字，如果是数字错误，应将整个错误记录的数字全部划去，不得只划去其中的一个或几个错误数字。

第二，要保证被划线的错误记录的字迹仍清晰可辨认，以备查考。

2. 红字更正法

红字更正法又称红字冲销法。它是用红字冲销原有记录后再予以更正的方法，适用于以下两种记账错误的更正。

（1）记账后，发现记账凭证中的应借、应贷会计科目或记账方向有错误，而账簿记录也出现相应差错。更正方法是首先用红字（只限金额用红字，其他项目用蓝字）填制一张与原错误记账凭证内容完全一致的记账凭证，在摘要栏注明“注销某年某月某日某号凭证”，并用红字“金额”登记入账，以冲销原来的账簿记录；然后再用蓝字填制一张正确的记账凭证，在摘要栏中注明“订正某年某月某日某号凭证”，并据以登记入账。冲销以登记入账。冲销和订正的记账凭证后面可不附原始凭证。

（2）记账后，发现记账凭证中的应借、应贷会计科目或记账方向并无差错，但所记金额大于应记金额并据以登记账簿。更正的方法是用红字（仅限金额用红字，其他项目用蓝字或黑字）填写一张会计科目、借贷方向与原记账凭证一致，但金额为多记金额的记账凭证，并在摘要栏标明“冲销某年某月某日记账凭证多记金额”，并据以记账，对原错误进行更正。

3. 补充登记法

补充登记法又称蓝字更正法，是指将原记账凭证和账簿中少计的金额用蓝字或黑字再填制一张记账凭证，由此来更正账簿记录的一种方法。记账以后，发现记账凭证中应借、应贷会计科目和记账方向都正确，只是所记金额小于应记金额时，可采用补充登记法更正。更正时将少记金额用蓝字或黑字填制一张与原错误记账凭证会计科目名称和记账方向一致的记账凭证，并在摘要栏内注明“补充某年某月某日某号记账凭证少记金额”字样，并据以登记账簿。

六、会计账簿的更换与保管

账簿是企业重要的档案，企业在会计年度开始的时候都要更换使用新的会计账簿，同时对旧账簿加以妥善保管。

（一）会计账簿的更换

企业应在每一会计年度结束、新的会计年度开始时，按会计制度规定更换账簿、建立新账，以保持会计账簿资料的连续性。一般来说，企业的总分类账、明细分类账及现金、银行存款日记账都应每年更换一次。在新年度开始时，将旧账簿中各账户的余额直接记入新账簿中有关账户新账页的第一行“余额”栏内。同时，在“摘要”栏内，加盖“上年结转”戳记，将旧账页最后一行数字下的空格，划一条斜红线注销，在新旧账户之间转记余额，不需填制凭证。

部分明细账，如固定资产明细账等，因年度内变动不多，新年度可不必更换账簿。但“摘要”栏内，要加盖“结转下年”戳记，以划分新旧年度之间的金额。备查账簿可以连续使用。

（二）会计账簿的保管

在将所有的旧账、活页账对账完毕，并将所有的活页账装订完毕、加上封面、并由主管人员签字盖章之后，要及时地将所有的订本账及活页账交由档案人员造册归档。归档时，应编制“会计账簿归档登记表”及明确责任。会计账簿应有一定的保管期限，根据其特点，分为永久和定期两类。就企业而言，国家规定会计凭证的保管期限为30年；总账、明细账、日记账及其他辅助性账簿的保管期限为30年；固定资产卡片在固定资产报废清理后保存5年；月度报、季度报和半年报的财务会计报告保管期限是10年；年度财务报告的保管期限是永久。

第二部分 实训项目设计

一、实训目的

通过实训，使学生了解账簿的设置方法、账页格式及种类；了解序时账簿、分类账簿的登记依据；掌握库存现金日记账、银行存款日记账、明细分类账和总分类账的登记方法和要求；通过期末对账和结账的实训，掌握会计账簿对账与结账的方法，增强学生动手能力、实践能力和应用能力。

二、实训操作要求

（1）根据实训资料所列沈阳跃腾电缆制造有限公司2022年12月1日“库存现金”“银行存款”账户期初余额，开设库存现金日记账、银行存款日记账。

（2）根据实训资料所列沈阳跃腾电缆制造有限公司2022年12月填制的收款凭证和付款凭证，分别登记库存现金日记账、银行存款日记账。

（3）根据实训资料所列沈阳跃腾电缆制造有限公司2022年12月1日总分类账户期初

余额，开设总分类账户。

（4）根据实训资料所列沈阳跃腾电缆制造有限公司 2022 年 12 月填制的专用记账凭证，分别编制该公司 12 月份上旬、中旬与下旬科目汇总表。

（5）根据编制的记账凭证登记总分类账户。

（6）根据实训资料所列沈阳跃腾电缆制造有限公司 2022 年 12 月 1 日“应收账款”“预收账款”“应付账款”“预付账款”“原材料”“库存商品”“生产成本”明细分类账户期初余额，开设明细分类账户。

（7）根据实训资料所列沈阳跃腾电缆制造有限公司 2022 年 12 月经济交易或事项及取得的原始凭证和所填制的记账凭证，逐日逐笔登记“应收账款”“预收账款”“应付账款”“预付账款”“原材料”“库存商品”“生产成本”明细分类账户。

（8）月末，进行对账与结账。

三、实训资料

（一）沈阳跃腾电缆制造有限公司 2022 年 12 月 1 日相关账户期初余额，见上文实训二

（二）沈阳跃腾电缆制造有限公司 2022 年 12 月填制的专用记账凭证，见上文实训二

第三部分 模拟实训材料

库存现金日记账

年		凭证		摘要	对方科目	借方										贷方										核对号	借或贷	余额									
月	日	字	号			千	百	十	万	千	百	十	元	角	分	千	百	十	万	千	百	十	元	角	分			千	百	十	万	千	百	十	元	角	分

库存现金日记账

年		凭证		摘要	对方科目	借方										贷方										核对号	借或贷	余额									
月	日	字	号			千	百	十	万	千	百	十	元	角	分	千	百	十	万	千	百	十	元	角	分			千	百	十	万	千	百	十	元	角	分

银行存款日记账

开户行：　　　　　　　　　　　　　　　　　　　　　　　　　　　　　　　　　　账号：

年		凭证		摘要	对方科目	结算凭证		借方										贷方										余额										核对
月	日	字	号			凭证种类	凭证号码	千	百	十	万	千	百	十	元	角	分	千	百	十	万	千	百	十	元	角	分	千	百	十	万	千	百	十	元	角	分	

银行存款日记账

开户行： 账号：

年		凭证		摘要	对方科目	结算凭证		借方										贷方										余额										核对
月	日	字	号			凭证种类	凭证号码	千	百	十	万	千	百	十	元	角	分	千	百	十	万	千	百	十	元	角	分	千	百	十	万	千	百	十	元	角	分	

科 目 汇 总 表

编号：		附件共　张
记账凭证	收款	第　号至　号共　张
	付款	第　号至　号共　张
	转账	第　号至　号共　张

会计科目	本期发生额汇总																			
	借方										贷方									
	千	百	十	万	千	百	十	元	角	分	千	百	十	万	千	百	十	元	角	分

财会主管　　　　记账　　　　复核　　　　制表

科 目 汇 总 表

编号：		附件共 张
记账凭证	收款	第 号至 号共 张
	付款	第 号至 号共 张
	转账	第 号至 号共 张

会计科目	本期发生额汇总																			
	借方										贷方									
	千	百	十	万	千	百	十	元	角	分	千	百	十	万	千	百	十	元	角	分

财会主管　　　　记账　　　　复核　　　　制表

科　目　汇　总　表

编号：		附件共　　张
记账凭证	收款	第　　号至　　号共　　张
	付款	第　　号至　　号共　　张
	转账	第　　号至　　号共　　张

会计科目	本期发生额汇总																			
	借方										贷方									
	千	百	十	万	千	百	十	元	角	分	千	百	十	万	千	百	十	元	角	分

财会主管　　　　　　　　记账　　　　　　　　复核　　　　　　　　制表

科　目　汇　总　表

编号：		附件共　　张
记账凭证	收款	第　　号至　　号共　　张
	付款	第　　号至　　号共　　张
	转账	第　　号至　　号共　　张

会计科目	本期发生额汇总																			
	借方										贷方									
	千	百	十	万	千	百	十	元	角	分	千	百	十	万	千	百	十	元	角	分

财会主管　　　　　　　　　记账　　　　　　　　　复核　　　　　　　　　制表

科 目 汇 总 表

编号：		附件共　　张
记账凭证	收款	第　　号至　　号共　　张
	付款	第　　号至　　号共　　张
	转账	第　　号至　　号共　　张

会计科目	本期发生额汇总																			
	借方										贷方									
	千	百	十	万	千	百	十	元	角	分	千	百	十	万	千	百	十	元	角	分

财会主管　　　　　　　　记账　　　　　　　　复核　　　　　　　　制表

科　目　汇　总　表

编号：		附件共　　张
记账凭证	收款	第　　号至　　号共　　张
	付款	第　　号至　　号共　　张
	转账	第　　号至　　号共　　张

会计科目	本期发生额汇总																			
	借方										贷方									
	千	百	十	万	千	百	十	元	角	分	千	百	十	万	千	百	十	元	角	分

财会主管　　　　　　　　记账　　　　　　　　复核　　　　　　　　制表

账簿启用及交接记录

<table>
<tr><td>使用单位</td><td colspan="4"></td><td>单位盖章</td></tr>
<tr><td>账簿名称</td><td colspan="4"></td><td rowspan="6"></td></tr>
<tr><td>账簿编号</td><td colspan="4">总　　册 第　　册</td></tr>
<tr><td>启用日期</td><td colspan="4">年　　月　　日至　　年　　月　　日</td></tr>
<tr><td rowspan="3">经管人员</td><td colspan="2">主管</td><td colspan="2">记账</td></tr>
<tr><td>姓名</td><td>盖章</td><td>姓名</td><td>盖章</td></tr>
<tr><td></td><td></td><td></td><td></td><td></td></tr>
</table>

<table>
<tr><td rowspan="7">交接记录</td><td colspan="3">日期</td><td colspan="3">监交</td><td colspan="3">移交</td><td colspan="3">接管</td></tr>
<tr><td>年</td><td>月</td><td>日</td><td>职务</td><td>姓名</td><td>盖章</td><td>职务</td><td>姓名</td><td>盖章</td><td>职务</td><td>姓名</td><td>盖章</td></tr>
<tr><td></td><td></td><td></td><td></td><td></td><td></td><td></td><td></td><td></td><td></td><td></td><td></td></tr>
<tr><td></td><td></td><td></td><td></td><td></td><td></td><td></td><td></td><td></td><td></td><td></td><td></td></tr>
<tr><td></td><td></td><td></td><td></td><td></td><td></td><td></td><td></td><td></td><td></td><td></td><td></td></tr>
<tr><td></td><td></td><td></td><td></td><td></td><td></td><td></td><td></td><td></td><td></td><td></td><td></td></tr>
<tr><td></td><td></td><td></td><td></td><td></td><td></td><td></td><td></td><td></td><td></td><td></td><td></td></tr>
<tr><td>备注</td><td colspan="12"></td></tr>
</table>

会计科目目录表

科目名称	账页页码	科目名称	账页页码	科目名称	账页页码
库存现金	1	短期借款	16	生产成本	31
银行存款	2	应付票据	17	制造费用	32
应收票据	3	应付账款	18	主营业务收入	33
应收账款	4	预收账款	19	其他业务收入	34
预付账款	5	应付职工薪酬	20	营业外收入	35
其他应收款	6	应交税费	21	主营业务成本	36
坏账准备	7	应付股利	22	其他业务成本	37
在途物资	8	应付利息	23	税金及附加	38
原材料	9	其他应付款	24	销售费用	39
库存商品	10	长期借款	25	管理费用	40
周转材料	11	实收资本	26	财务费用	41
固定资产	12	资本公积	27	信用减值损失	42
累计折旧	13	盈余公积	28	营业外支出	43
在建工程	14	本年利润	29	所得税费用	44
无形资产	15	利润分配	30		

总分类账

科目名称：库存现金　　　　　　　　　　　　　　第 1 页

年		凭证		摘要	对应科目	借方										贷方										借或贷	余额										核对
月	日	字	号			千	百	十	万	千	百	十	元	角	分	千	百	十	万	千	百	十	元	角	分		千	百	十	万	千	百	十	元	角	分	

总分类账

第 2 页

科目名称：银行存款

年		凭证		摘要	对应科目	借方										贷方										借或贷	余额										核对
月	日	字	号			千	百	十	万	千	百	十	元	角	分	千	百	十	万	千	百	十	元	角	分		千	百	十	万	千	百	十	元	角	分	

总 分 类 账

科目名称：应收票据

第 3 页

年		凭证		摘要	对应科目	借方										贷方										借或贷	余额										核对
月	日	字	号			千	百	十	万	千	百	十	元	角	分	千	百	十	万	千	百	十	元	角	分		千	百	十	万	千	百	十	元	角	分	

总分类账

科目名称：应收账款　　　　　　　　　　第　4　页

年		凭证		摘要	对应科目	借方										贷方										借或贷	余额										核对
月	日	字	号			千	百	十	万	千	百	十	元	角	分	千	百	十	万	千	百	十	元	角	分		千	百	十	万	千	百	十	元	角	分	

总分类账

科目名称：预付账款

第 5 页

年		凭证		摘要	对应科目	借方										贷方										借或贷	余额										核对
月	日	字	号			千	百	十	万	千	百	十	元	角	分	千	百	十	万	千	百	十	元	角	分		千	百	十	万	千	百	十	元	角	分	

总分类账

第 6 页

科目名称：其他应收款

年		凭证		摘要	对应科目	借方										贷方										借或贷	余额										核对
月	日	字	号			千	百	十	万	千	百	十	元	角	分	千	百	十	万	千	百	十	元	角	分		千	百	十	万	千	百	十	元	角	分	

总分类账

科目名称：坏账准备

第 7 页

年		凭证		摘要	对应科目	借方										贷方										借或贷	余额										核对
月	日	字	号			千	百	十	万	千	百	十	元	角	分	千	百	十	万	千	百	十	元	角	分		千	百	十	万	千	百	十	元	角	分	

总 分 类 账

第 8 页

科目名称：在途物资

年		凭证		摘要	对应科目	借方										贷方										借或贷	余额										核对
月	日	字	号			千	百	十	万	千	百	十	元	角	分	千	百	十	万	千	百	十	元	角	分		千	百	十	万	千	百	十	元	角	分	

总分类账

科目名称：原材料

第 9 页

年		凭证		摘要	对应科目	借方										贷方										借或贷	余额										核对
月	日	字	号			千	百	十	万	千	百	十	元	角	分	千	百	十	万	千	百	十	元	角	分		千	百	十	万	千	百	十	元	角	分	

总分类账

科目名称：库存商品　　　　　　　　　　　　　　　　　　　　第 10 页

年		凭证		摘要	对应科目	借方										贷方										借或贷	余额										核对
月	日	字	号			千	百	十	万	千	百	十	元	角	分	千	百	十	万	千	百	十	元	角	分		千	百	十	万	千	百	十	元	角	分	

总分类账

科目名称：周转材料　　　　　　　　　　　　　　　　　　　　第 11 页

年		凭证		摘要	对应科目	借方										贷方										借或贷	余额										核对
月	日	字	号			千	百	十	万	千	百	十	元	角	分	千	百	十	万	千	百	十	元	角	分		千	百	十	万	千	百	十	元	角	分	

总分类账

科目名称：固定资产　　　　　　　　　　　　　　　　　　　　　　第 12 页

年		凭证		摘要	对应科目	借方										贷方										借或贷	余额										核对
月	日	字	号			千	百	十	万	千	百	十	元	角	分	千	百	十	万	千	百	十	元	角	分		千	百	十	万	千	百	十	元	角	分	

总 分 类 账

科目名称：累计折旧　　　　第　13　页

年		凭证		摘要	对应科目	借方										贷方										借或贷	余额										核对
月	日	字	号			千	百	十	万	千	百	十	元	角	分	千	百	十	万	千	百	十	元	角	分		千	百	十	万	千	百	十	元	角	分	

总 分 类 账

第 14 页

科目名称：在建工程

年		凭证		摘要	对应科目	借方										贷方										借或贷	余额										核对
月	日	字	号			千	百	十	万	千	百	十	元	角	分	千	百	十	万	千	百	十	元	角	分		千	百	十	万	千	百	十	元	角	分	

总分类账

科目名称：无形资产　　　　第　15　页

年		凭证		摘要	对应科目	借方										贷方										借或贷	余额										核对
月	日	字	号			千	百	十	万	千	百	十	元	角	分	千	百	十	万	千	百	十	元	角	分		千	百	十	万	千	百	十	元	角	分	

总分类账

科目名称：短期借款　　　　　　　　　　　　第　16　页

年		凭证		摘要	对应科目	借方										贷方										借或贷	余额										核对
月	日	字	号			千	百	十	万	千	百	十	元	角	分	千	百	十	万	千	百	十	元	角	分		千	百	十	万	千	百	十	元	角	分	

总分类账

科目名称：应付票据

第 17 页

年		凭证		摘要	对应科目	借方										贷方										借或贷	余额										核对
月	日	字	号			千	百	十	万	千	百	十	元	角	分	千	百	十	万	千	百	十	元	角	分		千	百	十	万	千	百	十	元	角	分	

总分类账

第 18 页

科目名称：应付账款

年		凭证		摘要	对应科目	借方										贷方										借或贷	余额										核对
月	日	字	号			千	百	十	万	千	百	十	元	角	分	千	百	十	万	千	百	十	元	角	分		千	百	十	万	千	百	十	元	角	分	

总 分 类 账

科目名称：预收账款　　　　　　　　　　　　　　　　第 19 页

年		凭证		摘要	对应科目	借方										贷方										借或贷	余额										核对
月	日	字	号			千	百	十	万	千	百	十	元	角	分	千	百	十	万	千	百	十	元	角	分		千	百	十	万	千	百	十	元	角	分	

总分类账

第 20 页

科目名称：应付职工薪酬

年		凭证		摘要	对应科目	借方										贷方										借或贷	余额										核对
月	日	字	号			千	百	十	万	千	百	十	元	角	分	千	百	十	万	千	百	十	元	角	分		千	百	十	万	千	百	十	元	角	分	

总分类账

科目名称：应交税费

第 21 页

年		凭证		摘要	对应科目	借方										贷方										借或贷	余额										核对
月	日	字	号			千	百	十	万	千	百	十	元	角	分	千	百	十	万	千	百	十	元	角	分		千	百	十	万	千	百	十	元	角	分	

总分类账

科目名称：应付股利　　　　第　22　页

年		凭证		摘要	对应科目	借方										贷方										借或贷	余额										核对
月	日	字	号			千	百	十	万	千	百	十	元	角	分	千	百	十	万	千	百	十	元	角	分		千	百	十	万	千	百	十	元	角	分	

总分类账

科目名称：应付利息

第 23 页

年		凭证		摘要	对应科目	借方										贷方										借或贷	余额										核对
月	日	字	号			千	百	十	万	千	百	十	元	角	分	千	百	十	万	千	百	十	元	角	分		千	百	十	万	千	百	十	元	角	分	

总 分 类 账

科目名称：其他应付款　　　　　　　　　　　　　　　　　　　　第 24 页

年		凭证		摘要	对应科目	借方										贷方										借或贷	余额										核对
月	日	字	号			千	百	十	万	千	百	十	元	角	分	千	百	十	万	千	百	十	元	角	分		千	百	十	万	千	百	十	元	角	分	

总分类账

科目名称：长期借款　　　　　　第 25 页

年		凭证		摘要	对应科目	借方										贷方										借或贷	余额										核对
月	日	字	号			千	百	十	万	千	百	十	元	角	分	千	百	十	万	千	百	十	元	角	分		千	百	十	万	千	百	十	元	角	分	

总分类账

科目名称：实收资本　　　　　　　　　　　　　　　　　　　　第 26 页

年		凭证		摘要	对应科目	借方										贷方										借或贷	余额										核对
月	日	字	号			千	百	十	万	千	百	十	元	角	分	千	百	十	万	千	百	十	元	角	分		千	百	十	万	千	百	十	元	角	分	

总分类账

科目名称：资本公积　　　　第　27　页

年		凭证		摘要	对应科目	借方										贷方										借或贷	余额										核对
月	日	字	号			千	百	十	万	千	百	十	元	角	分	千	百	十	万	千	百	十	元	角	分		千	百	十	万	千	百	十	元	角	分	

总 分 类 账

第 28 页

科目名称：盈余公积

年		凭证		摘要	对应科目	借方										贷方										借或贷	余额										核对
月	日	字	号			千	百	十	万	千	百	十	元	角	分	千	百	十	万	千	百	十	元	角	分		千	百	十	万	千	百	十	元	角	分	

总 分 类 账

科目名称：本年利润　　　　第 29 页

年		凭证		摘要	对应科目	借方										贷方										借或贷	余额										核对
月	日	字	号			千	百	十	万	千	百	十	元	角	分	千	百	十	万	千	百	十	元	角	分		千	百	十	万	千	百	十	元	角	分	

总分类账

科目名称：利润分配　　　　　　　　　　　　　　　　第　30　页

年		凭证		摘要	对应科目	借方										贷方										借或贷	余额										核对
月	日	字	号			千	百	十	万	千	百	十	元	角	分	千	百	十	万	千	百	十	元	角	分		千	百	十	万	千	百	十	元	角	分	

总 分 类 账

科目名称：生产成本　　　　　　　　　　　　　　　　　　　　第　31　页

年		凭证		摘要	对应科目	借方										贷方										借或贷	余额										核对
月	日	字	号			千	百	十	万	千	百	十	元	角	分	千	百	十	万	千	百	十	元	角	分		千	百	十	万	千	百	十	元	角	分	

总分类账

第 32 页

科目名称：制造费用

年		凭证		摘要	对应科目	借方										贷方										借或贷	余额										核对
月	日	字	号			千	百	十	万	千	百	十	元	角	分	千	百	十	万	千	百	十	元	角	分		千	百	十	万	千	百	十	元	角	分	

总分类账

科目名称：主营业务收入

第 33 页

年		凭证		摘要	对应科目	借方										贷方										借或贷	余额										核对
月	日	字	号			千	百	十	万	千	百	十	元	角	分	千	百	十	万	千	百	十	元	角	分		千	百	十	万	千	百	十	元	角	分	

总分类账

第　34　页

科目名称：其他业务收入

年		凭证		摘要	对应科目	借方										贷方										借或贷	余额										核对
月	日	字	号			千	百	十	万	千	百	十	元	角	分	千	百	十	万	千	百	十	元	角	分		千	百	十	万	千	百	十	元	角	分	

总分类账

科目名称：营业外收入

第 35 页

年		凭证		摘要	对应科目	借方										贷方										借或贷	余额										核对
月	日	字	号			千	百	十	万	千	百	十	元	角	分	千	百	十	万	千	百	十	元	角	分		千	百	十	万	千	百	十	元	角	分	

总分类账

科目名称：主营业务成本

第 36 页

年		凭证		摘要	对应科目	借方										贷方										借或贷	余额										核对
月	日	字	号			千	百	十	万	千	百	十	元	角	分	千	百	十	万	千	百	十	元	角	分		千	百	十	万	千	百	十	元	角	分	

总分类账

科目名称：其他业务成本

第 37 页

年		凭证		摘要	对应科目	借方										贷方										借或贷	余额										核对
月	日	字	号			千	百	十	万	千	百	十	元	角	分	千	百	十	万	千	百	十	元	角	分		千	百	十	万	千	百	十	元	角	分	

总分类账

科目名称：税金及附加　　　　第 38 页

年		凭证		摘要	对应科目	借方										贷方										借或贷	余额										核对
月	日	字	号			千	百	十	万	千	百	十	元	角	分	千	百	十	万	千	百	十	元	角	分		千	百	十	万	千	百	十	元	角	分	

总分类账

科目名称：销售费用

第 39 页

年		凭证		摘要	对应科目	借方										贷方										借或贷	余额										核对
月	日	字	号			千	百	十	万	千	百	十	元	角	分	千	百	十	万	千	百	十	元	角	分		千	百	十	万	千	百	十	元	角	分	

总分类账

第　40　页

科目名称：管理费用

年		凭证		摘要	对应科目	借方										贷方										借或贷	余额										核对
月	日	字	号			千	百	十	万	千	百	十	元	角	分	千	百	十	万	千	百	十	元	角	分		千	百	十	万	千	百	十	元	角	分	

总分类账

科目名称：财务费用　　　　　　　　第 41 页

年		凭证		摘要	对应科目	借方										贷方										借或贷	余额										核对
月	日	字	号			千	百	十	万	千	百	十	元	角	分	千	百	十	万	千	百	十	元	角	分		千	百	十	万	千	百	十	元	角	分	

总分类账

科目名称：信用减值损失　　　　第　42　页

年		凭证		摘要	对应科目	借方										贷方										借或贷	余额										核对
月	日	字	号			千	百	十	万	千	百	十	元	角	分	千	百	十	万	千	百	十	元	角	分		千	百	十	万	千	百	十	元	角	分	

总分类账

科目名称：营业外支出　　　　　　　　　　　　第 43 页

年		凭证		摘要	对应科目	借方										贷方										借或贷	余额										核对
月	日	字	号			千	百	十	万	千	百	十	元	角	分	千	百	十	万	千	百	十	元	角	分		千	百	十	万	千	百	十	元	角	分	

总分类账

科目名称：所得税费用　　　　第 44 页

年		凭证		摘要	对应科目	借方										贷方										借或贷	余额										核对
月	日	字	号			千	百	十	万	千	百	十	元	角	分	千	百	十	万	千	百	十	元	角	分		千	百	十	万	千	百	十	元	角	分	

明细分类账

科目名称：　　　　　　　　　　　　　　　　　　　　　　　　　　　　总页______分页______

年		凭证		摘要	对应科目	借方										贷方										借或贷	余额										核对
月	日	字	号			千	百	十	万	千	百	十	元	角	分	千	百	十	万	千	百	十	元	角	分		千	百	十	万	千	百	十	元	角	分	

明细分类账

科目名称：　　　　　　　　　　　　　　　　　　　　　　　　　　总页＿＿＿＿分页＿＿＿＿

年		凭证		摘要	对应科目	借方										贷方										借或贷	余额										核对
月	日	字	号			千	百	十	万	千	百	十	元	角	分	千	百	十	万	千	百	十	元	角	分		千	百	十	万	千	百	十	元	角	分	

明细分类账

科目名称：　　　　　　　　　　　　　　　　　　　　　　　　　　　　总页________ 分页________

年		凭证		摘要	对应科目	借方										贷方										借或贷	余额										核对
月	日	字	号			千	百	十	万	千	百	十	元	角	分	千	百	十	万	千	百	十	元	角	分		千	百	十	万	千	百	十	元	角	分	

明细分类账

科目名称：　　　　　　　　　　　　　　　　　　　　　　　　　　总页＿＿＿＿　分页＿＿＿＿

年		凭证		摘要	对应科目	借方										贷方										借或贷	余额										核对
月	日	字	号			千	百	十	万	千	百	十	元	角	分	千	百	十	万	千	百	十	元	角	分		千	百	十	万	千	百	十	元	角	分	

明细分类账

科目名称：　　　　　　　　　　　　　　　　　　　　　　　　　　　　总页________ 分页________

年		凭证		摘要	对应科目	借方										贷方										借或贷	余额										核对
月	日	字	号			千	百	十	万	千	百	十	元	角	分	千	百	十	万	千	百	十	元	角	分		千	百	十	万	千	百	十	元	角	分	

明细分类账

总页________ 分页________

科目名称：

年		凭证		摘要	对应科目	借方										贷方										借或贷	余额										核对
月	日	字	号			千	百	十	万	千	百	十	元	角	分	千	百	十	万	千	百	十	元	角	分		千	百	十	万	千	百	十	元	角	分	

明细分类账

科目名称：

总页＿＿＿＿分页＿＿＿＿

年		凭证		摘要	对应科目	借方										贷方										借或贷	余额										核对
月	日	字	号			千	百	十	万	千	百	十	元	角	分	千	百	十	万	千	百	十	元	角	分		千	百	十	万	千	百	十	元	角	分	

明细分类账

科目名称：　　　　　　　　　　　　　　　　　　　　　　　　　　总页＿＿＿＿ 分页＿＿＿＿

年		凭证		摘要	对应科目	借方										贷方										借或贷	余额										核对
月	日	字	号			千	百	十	万	千	百	十	元	角	分	千	百	十	万	千	百	十	元	角	分		千	百	十	万	千	百	十	元	角	分	

明细分类账

科目名称：　　　　　　　　　　　　　　　　　　　　　　　　　　　　　　　总页＿＿＿＿＿分页＿＿＿＿＿

年		凭证		摘要	对应科目	借方										贷方										借或贷	余额										核对
月	日	字	号			千	百	十	万	千	百	十	元	角	分	千	百	十	万	千	百	十	元	角	分		千	百	十	万	千	百	十	元	角	分	

明细分类账

总页________ 分页________

科目名称：

年		凭证		摘要	对应科目	借方										贷方										借或贷	余额										核对
月	日	字	号			千	百	十	万	千	百	十	元	角	分	千	百	十	万	千	百	十	元	角	分		千	百	十	万	千	百	十	元	角	分	

明细账分类账

总页 ______ 分页
类别 ______ 编号
规格 ______ 名称
存放地点

一级科目
二级科目

计量单位

年		凭证		摘要	借方												贷方												余额												核对
月	日	字	号		数量	单价	金额										数量	单价	金额										数量	单价	金额										
							千	百	十	万	千	百	十	元	角	分			千	百	十	万	千	百	十	元	角	分			千	百	十	万	千	百	十	元	角	分	

总页 ______ 分页
类别 ______ 编号
规格 ______ 名称
存放地点

明细账分类账

一级科目
二级科目

计量单位

年		凭证		摘要	借方												贷方												余额												核对
					数量	单价	金额										数量	单价	金额										数量	单价	金额										
月	日	字	号				千	百	十	万	千	百	十	元	角	分			千	百	十	万	千	百	十	元	角	分			千	百	十	万	千	百	十	元	角	分	

明细账分类账

一级科目
二级科目

计量单位

总页 ________ 分页
类别 ________ 编号
规格 ________ 名称
存放地点

年		凭证		摘要	借方												贷方												余额												核对
月	日	字	号		数量	单价	金额										数量	单价	金额										数量	单价	金额										
							千	百	十	万	千	百	十	元	角	分			千	百	十	万	千	百	十	元	角	分			千	百	十	万	千	百	十	元	角	分	

明细账分类账

总页 ________ 分页

类别 ________ 编号

规格 ________ 名称

存放地点

一级科目

二级科目

计量单位

年		凭证		摘要	借方												贷方												余额												核对
月	日	字	号		数量	单价	金额										数量	单价	金额										数量	单价	金额										
							千	百	十	万	千	百	十	元	角	分			千	百	十	万	千	百	十	元	角	分			千	百	十	万	千	百	十	元	角	分	

明细账分类账

总页 ______ 分页
类别 ______ 编号
规格 ______ 名称
存放地点

一级科目
二级科目

计量单位

年		凭证		摘要	借方												贷方												余额												核对
月	日	字	号		数量	单价	金额										数量	单价	金额										数量	单价	金额										
							千	百	十	万	千	百	十	元	角	分			千	百	十	万	千	百	十	元	角	分			千	百	十	万	千	百	十	元	角	分	

明细账分类账

一级科目

二级科目

计量单位

总页 ________ 分页

类别 ________ 编号

规格 ________ 名称

存放地点

年		凭证		摘要	借方												贷方												余额												核对
月	日	字	号		数量	单价	金额										数量	单价	金额										数量	单价	金额										
							千	百	十	万	千	百	十	元	角	分			千	百	十	万	千	百	十	元	角	分			千	百	十	万	千	百	十	元	角	分	

明细账分类账

一级科目

二级科目

计量单位

总页 ________ 分页

类别 ________ 编号

规格 ________ 名称

存放地点

年		凭证		摘要	借方												贷方												余额												核对
月	日	字	号		数量	单价	金额										数量	单价	金额										数量	单价	金额										
							千	百	十	万	千	百	十	元	角	分			千	百	十	万	千	百	十	元	角	分			千	百	十	万	千	百	十	元	角	分	

明细账分类账

总页 ______ 分页
类别 ______ 编号
规格 ______ 名称
存放地点

一级科目
二级科目

计量单位

年		凭证		摘要	借方												贷方												余额												核对
					数量	单价	金额										数量	单价	金额										数量	单价	金额										
月	日	字	号				千	百	十	万	千	百	十	元	角	分			千	百	十	万	千	百	十	元	角	分			千	百	十	万	千	百	十	元	角	分	

明细账分类账

一级科目

二级科目

计量单位

总页 ______ 分页

类别 ______ 编号

规格 ______ 名称

存放地点

年		凭证		摘要	借方												贷方												余额												核对
月	日	字	号		数量	单价	金额										数量	单价	金额										数量	单价	金额										
							千	百	十	万	千	百	十	元	角	分			千	百	十	万	千	百	十	元	角	分			千	百	十	万	千	百	十	元	角	分	

明细账分类账

总页 ________ 分页
类别 ________ 编号
规格 ________ 名称
存放地点

一级科目
二级科目

计量单位

年		凭证		摘要	借方												贷方												余额												核对
					数量	单价	金额										数量	单价	金额										数量	单价	金额										
月	日	字	号				千	百	十	万	千	百	十	元	角	分			千	百	十	万	千	百	十	元	角	分			千	百	十	万	千	百	十	元	角	分	

明细分类账

科目名称：　　　　　　　　　　　　　　　　　　　　　　　　　　总页＿＿＿＿分页＿＿＿＿

年		凭证		摘要	借方																																																	贷方							余额	核对
月	日	字	号		万	千	百	十	元	角	分	万	千	百	十	元	角	分	万	千	百	十	元	角	分	万	千	百	十	元	角	分	万	千	百	十	元	角	分	万	千	百	十	元	角	分	万	千	百	十	元	角	分	万	千	百	十	元	角	分		

明细分类账

科目名称：　　　　　　　　　　　　　　　　　　　　　　总页______分页______

年		凭证		摘要	借方																																															贷方							余额	核对
月	日	字	号		万	千	百	十	元	角	分	万	千	百	十	元	角	分	万	千	百	十	元	角	分	万	千	百	十	元	角	分	万	千	百	十	元	角	分	万	千	百	十	元	角	分	万	千	百	十	元	角	分	万	千	百	十	元	角	分		

明细分类账

科目名称：　　　　总页＿＿＿＿分页＿＿＿＿

年		凭证		摘要	借方																																													贷方							余额	核对
月	日	字	号		万	千	百	十	元	角	分	万	千	百	十	元	角	分	万	千	百	十	元	角	分	万	千	百	十	元	角	分	万	千	百	十	元	角	分	万	千	百	十	元	角	分	万	千	百	十	元	角	分	万	千	百	十	元	角	分		

明细分类账

总页______分页______

科目名称：

年		凭证		摘要	借方																																																	贷方							余额	核对
月	日	字	号		万	千	百	十	元	角	分	万	千	百	十	元	角	分	万	千	百	十	元	角	分	万	千	百	十	元	角	分	万	千	百	十	元	角	分	万	千	百	十	元	角	分	万	千	百	十	元	角	分	万	千	百	十	元	角	分		

明细分类账

科目名称：　　　　　　　　　　　　　　　　　　　　总页______ 分页______

年		凭证		摘要	借方							贷方																																																	余额	核对
月	日	字	号		万	千	百	十	元	角	分	万	千	百	十	元	角	分	万	千	百	十	元	角	分	万	千	百	十	元	角	分	万	千	百	十	元	角	分	万	千	百	十	元	角	分	万	千	百	十	元	角	分	万	千	百	十	元	角	分		

明细分类账

总页______ 分页______

科目名称：

年		凭证		摘要	借方							贷方																																													余额	核对
月	日	字	号		万	千	百	十	元	角	分	万	千	百	十	元	角	分	万	千	百	十	元	角	分	万	千	百	十	元	角	分	万	千	百	十	元	角	分	万	千	百	十	元	角	分	万	千	百	十	元	角	分	万	千	百	十	元	角	分		

实训四
试算平衡表的编制

第一部分 实训准备知识

一、试算平衡

试算平衡，是指根据借贷记账法的记账规则和资产与权益的恒等关系，通过对所有账户的发生额和余额的汇总计算和比较，来检查记录是否正确的一种方法。

在借贷记账法下，按照“有借必有贷，借贷必相等”的记账规则记账，就使得根据每一项经济业务所编制的会计分录，借贷两方的发生额必然相等；

在一定时期内，全部账户的借（贷）方本期发生额合计是每一项经济业务会计分录借（贷）发生额的累积。因此，根据等量加等量和相等，将一定时期内（如1个月）反映全部经济业务的所有会计分录，都记入有关账户后，所有账户的借方本期发生额合计数与贷方本期发生额合计数也必然是相等的；借贷记账法下根据账户结构可以看出，若账户余额在借方，表明是企业的资产，账户余额在贷方，则表明是企业的权益，因为“资产=权益”，所以可推出，所有账户的借方余额合计等于所有账户的贷方余额合计。

根据以上得出结论：如果在记账过程中发生差错，就可能使借贷金额出现不平衡。如果借贷不平衡，则不仅账户记录出现错误，还会导致以账户记录为依据而编制的会计报表出现错误。因此，为了检查和验证账户记录是否正确，以便及时找出差错及其原因，并予以更正，就必须定期进行试算平衡。

二、试算平衡的方法

借贷记账法的试算平衡有发生额试算平衡法和余额试算平衡法两种。

（一）发生额试算平衡法

发生额试算平衡法是用来检查全部账户的借贷方发生额是否相等的方法。
其计算公式如下：

全部账户本期借方发生额合计=全部账户本期贷方发生额合计

理论依据：借贷记账法的记账规则，即“有借必有贷，借贷必相等”。

（二）余额试算平衡法

余额试算平衡法是用来检查全部账户的借方期末余额和贷方期末余额合计是否相等的方法。其计算公式如下：

全部账户借方期末（初）余额合计=全部账户贷方期末（初）余额合计

理论依据：财务状况等式，即“资产=负债+所有者权益”

这两种方法通常是在月末结出各个账户的本月发生额和月末余额后，依据上述两式分别编制总分类账户本期发生额试算表和总分类账户期末余额试算表，或合并编制总分类账户的期初、期末余额和本期发生额试算平衡表，来进行试算平衡的。

三、试算平衡表

在实际工作中，试算平衡是通过编制试算平衡表来进行的。试算平衡表通常是在期末结出各账户的本期发生额合计和期末余额后编制的，试算平衡表中一般应设置“期初余额”“本期发生额”和“期末余额”三大栏，每一大栏分设“借方”和“贷方”两小栏。各大栏中的借方合计和贷方合计应该平衡相等，否则，便是记账错误。为了简化表格，试算平衡表也可以只根据各个账户的本期发生额编制，不填列各账户的期初余额和期末余额。试算平衡表的一般格式见表4－1。

表4－1

账户名称	期初余额		本期发生额		期末余额	
	借方	贷方	借方	贷方	借方	贷方
……						
合计						

通过试算平衡表来检查账簿记录是否正确，一般情况下是可行的，但这并不意味着绝对正确，从某种意义上讲，如果借贷不平衡，就可以肯定账户的记录或者是计算有错误，但是如果借贷平衡，我们也不能肯定账户记录没有错误，因为有些错误根本不影响借贷双方的平衡关系。试算平衡表并不意味着日常账户记录完全正确，只是基本正确，因为有些账户记录的错误很难从试算平衡表中发现。不影响账户平衡关系的错误通常有以下几个方面：

（1）一项经济业务在有关账户中全部重记、全部漏记或多记、少计，且金额一致。

（2）某项经济业务记错账户，而方向无误。

（3）某项经济业务记录的应借、应贷账户相互颠倒。

（4）记录某账户的错误金额一多一少，恰好相互抵消。

这些错误需要用其他方法进行查找。

第二部分　实训项目设计

一、实训目的

通过编制试算平衡表的实训，使学生掌握试算平衡表的编制方法。增强学生动手能力、实践能力和应用能力。

二、实训操作要求

根据实训资料编制沈阳跃腾电缆制造有限公司 2022 年 12 月总分类账户发生额及余额试算平衡表。

三、实训资料

沈阳跃腾电缆制造有限公司 2022 年 12 月总分类账户发生额及余额，见上文实训三。

第三部分　模拟实训材料

4-3-1

总分类账户发生额及余额试算平衡表

年　　月

行次	会计科目	期初余额		本期发生额		期末余额	
		借方	贷方	借方	贷方	借方	贷方
1	库存现金						
2	银行存款						
3	应收票据						
4	应收账款						
5	预付账款						
6	其他应收款						
7	坏账准备						
8	在途物资						
9	原材料						
10	库存商品						
11	周转材料						
12	固定资产						
13	累计折旧						
14	在建工程						
15	无形资产						
16	短期借款						
17	应付票据						
18	应付账款						
19	预收账款						
20	应付职工薪酬						
21	应交税费						
22	应付股利						
23	应付利息						
24	其他应付款						
25	长期借款						
26	实收资本						
27	资本公积						
28	盈余公积						
29	本年利润						
30	利润分配						
31	生产成本						
32	制造费用						
33	主营业务收入						
34	其他业务收入						
35	营业外收入						
36	主营业务成本						
37	其他业务成本						
38	税金及附加						
39	销售费用						
40	管理费用						
41	财务费用						
42	信用减值损失						
43	营业外支出						
44	所得税费用						
合计							

4－3－2

总分类账户发生额及余额试算平衡表

年　　月

行次	会计科目	期初余额		本期发生额		期末余额	
		借方	贷方	借方	贷方	借方	贷方
1	库存现金						
2	银行存款						
3	应收票据						
4	应收账款						
5	预付账款						
6	其他应收款						
7	坏账准备						
8	在途物资						
9	原材料						
10	库存商品						
11	周转材料						
12	固定资产						
13	累计折旧						
14	在建工程						
15	无形资产						
16	短期借款						
17	应付票据						
18	应付账款						
19	预收账款						
20	应付职工薪酬						
21	应交税费						
22	应付股利						
23	应付利息						
24	其他应付款						
25	长期借款						
26	实收资本						
27	资本公积						
28	盈余公积						
29	本年利润						
30	利润分配						
31	生产成本						
32	制造费用						
33	主营业务收入						
34	其他业务收入						
35	营业外收入						
36	主营业务成本						
37	其他业务成本						
38	税金及附加						
39	销售费用						
40	管理费用						
41	财务费用						
42	信用减值损失						
43	营业外支出						
44	所得税费用						
合计							

实训五
银行存款余额调节表的编制

第一部分　实训准备知识

一、银行存款的清查

银行存款的清查，与实物和现金的清查方法不同，它是采用与开户银行核对账目的方法进行的，即将本单位“银行存款日记账”的账簿记录与开户银行转来的“银行对账单”逐笔进行核对，来查明银行存款的实有数额。开户银行送来的银行对账单是银行在收付企业单位存款时复写的账页，它完整地记录了企业单位存放在银行的款项的增减变动情况及结存余额，是进行银行存款清查的重要依据。

银行存款的清查一般在月末进行。银行存款清查的要求：第一，检查有关银行存款的经济业务是否已全部登记入账；第二，既要注意对金额的核对，又要注意对银行结算凭证种类的核对；第三，要注意对未达账项的调整；第四，应当编制银行存款余额调节表。如果在核对中发现属于企业方面的记账差错，经确定后企业应立即更正；属于银行方面的记账差错，则应通知银行更正。即使双方均无记账错误，企业的银行存款日记账余额与银行对账单余额也往往不一致，这种不一致一般是由于未达账项造成的。

二、银行存款日记账与银行对账单不一致的原因

核对前，将到财产清查日为止所有银行存款的收、付款业务都登记入账，对发生的错账、漏账应及时查清更正，然后再与银行的对账单逐笔核对。如果二者余额相符，通常说明没有错误；如果二者余额不相符，则可能是企业或银行一方或双方记账过程有错误或者存在未达账项。未达账项，是指企业和银行之间，由于记账时间不一致而发生的一方已经入账，而另一方尚未入账的事项。未达账项一般分为以下四种情况：

（1）企业已收款记账，银行未收款未记账的款项。例如，企业已将收到其他单位的购货支票送存银行并记账，但是，银行尚未办妥转账收款手续而没有记账等。

（2）企业已付款记账，银行未付款未记账的款项。例如，企业开出付款支票，但持票人尚未到银行办理转账手续等。

（3）银行已收款记账，企业未收款未记账的款项。例如委托银行代收货款收账，银行已经办妥收款手续并记账，但是，因收款通知尚未到达企业而使企业没有记账等。

（4）银行已付款记账，企业未付款未记账的款项。例如，银行代企业支付公用事业费，而企业尚未收到付款通知尚未付款记账等。

当发生（1）和（4）两种情况时，企业的银行存款日记账的账面余额将大于银行对账单余额；当发生（2）和（3）两种情况时，企业的银行存款日记账账面余额将小于银行对账单余额。上述任何一种未达账项的存在，都会使企业银行存款日记账的余额与银行开出的对账单的余额不符。所以，在与银行对账时首先应查明是否存在未达账项，如果存在未达账项，就应该编制“银行存款余额调节表”，据以调节双方的账面余额，确定企业银行存款实有数。

三、银行存款清查的步骤

银行存款的清查按以下四个步骤进行：

第一，将本单位银行存款日记账与银行对账单，以结算凭证的种类、号码和金额为依据，逐日逐笔核对。凡双方都有记录的，用铅笔在金额旁打上记号。

第二，找出未达账项（即银行存款日记账和银行对账单中没有打“√”的款项）。

第三，将日记账和对账单的月末余额及找出的未达账项填入“银行存款余额调节表”，并计算出调整后的余额。

第四，将调整平衡的“银行存款余额调节表”，经主管会计签章后，呈报开户银行。

凡有几个银行户头以及开设有外币存款户头的单位，应分别按存款户头开设“银行存款日记账”。每月月底，应分别将各户头的“银行存款日记账”与各户头的“银行对账单”核对，并分别编制各户头的“银行存款余额调节表”。

银行存款余额调节表的编制，是以双方账面余额为基础，各自分别加上对方已收款入账而己方尚未入账的数额，减去对方已付款入账而己方尚未入账的数额。如果调节后余额不符，企业和开户银行双方记账过程可能存在错误，属于开户银行错误，应当即由银行核查更正，属于企业错误，应查明错误所在，区别漏记、重记、错记或串记等情况，分别采用不同的方法进行更正。其计算公式如下：

企业银行存款日记账余额＋银行已收企业未收款的账项－银行已付企业未付款的账项
＝银行对账单的余额＋企业已收银行未收款的账项－企业已付银行未付款的账项

四、银行存款余额调节表的作用

经过银行存款余额调节表调整后的左右两方存款余额已经消除了未达账项的影响，其调整后余额是企业当时实际可以动用的存款数额。需要注意的是，“银行存款余额调节表”只起对账作用，不能作为调节银行存款日记账账面余额的凭证；对于银行已记录、企业未记的未达账项应待有关结算凭证到达后，再据以编制记账凭证予以记录。那么，编制银行存款余额调节表的作用在于：

（1）银行存款余额调节表是一种对账记录或对账工具，不能作为调整账面记录的依据，即不能根据银行存款余额调节表中的未达账项来调整银行存款账面记录，未达账项只有在收到有关凭证后才能进行有关的账务处理。

（2）调节后的余额如果相等，通常说明企业和银行的账面记录一般没有错误，该余额通常为企业可以动用的银行存款实有数。

（3）调节后的余额如果不相等，通常说明本单位及开户银行的一方或双方存在记账错误，需进一步追查，查明原因后采用正确的方法进行更正和处理。

上述银行存款的清查方法也适用于其他货币资金的清查。

第二部分　实训项目设计

一、实训目的

在银行与企业之间，由于凭证的传递时间不同，而导致了双方记账时间不一致，从而产生了未达账项。通过实训，使学生掌握银行存款日记账与银行对账单的核对以及银行存款余额调节表的编制方法。增强学生动手能力、实践能力和应用能力。

二、实训操作要求

根据实训资料将沈阳跃腾电缆制造有限公司 2022 年 10 月银行存款日记账与银行对账单逐笔核对，查找未达账项，并编制该公司 2022 年 10 月 31 日的银行存款余额调节表。

三、实训资料

沈阳跃腾电缆制造有限公司 2022 年 10 月银行存款日记账与开户银行送来的银行对账单见下表。

5－2－1

银行存款日记账

账号

2022年		凭证号数	摘要	结算凭证		对应科目	收入	支出	结余
月	日			种类	号数				
10	1		期初余额						850 000
	8		收到货款	支票	00261	应收账款	150 000		1 000 000
	12		购买材料	支票	00274	原材料		130 000	870 000
	14		销售产品	支票	00324	主营业务收入	300 000		1 170 000
	21		提取现金	支票	00067	库存现金		10 000	1 160 000
	25		销售产品	支票	00128	主营业务收入	200 000		1 360 000
	29		购买设备	支票	00281	固定资产		160 000	1 200 000

5－2－2

银行对账单

账号

2022年		摘要	结算凭证		借方	贷方	结余
月	日		种类	号数			
10	1	期初余额					850 000
	9	存入	支票	00261		150 000	1 000 000
	11	支付	支票	00274	130 000		870 000
	16	存入	支票	00324		300 000	1 170 000
	21	支取	支票	00067	10 000		1 160 000
	26	存入	支票	00128		100 000	1 260 000
	30	支付	支票	00281	40 000		1 220 000

第三部分　模拟实训材料

5－3－1

银行存款余额调节表

单位名称：

年　　月　　日

项目	金额	项目	金额
企业银行存款日记账的余额		银行对账单的余额	
加：银行已收企业未收款项		加：企业已收银行未收款项	
减：银行已付企业未付款项		减：企业已付银行未付款项	
调节后的存款余额		调节后的存款余额	

实训六
会计报表的编制

第一部分　实训准备知识

一、财务报表概述

（一）财务报表的概念和作用

财务报表是企业财务报告的主要部分，是企业向外传递会计信息的主要手段，财务报表是根据日常会计核算资料定期编制的。综合反映企业某一特定日期财务状况和某一会计期间经营成果、现金流量的总结性书面文件。它是企业财务报告的主要部分，是企业向外传递会计信息的主要手段。现在的财务报表是企业的会计人员根据一定时期（例如月、季、年）的会计记录，按照既定的格式和种类编制的系统的报告文件。

财务会计的一个重要职能是向与企业有利害关系的各个方面以及其他相关的机构提供决策有用的信息。决策有用的会计信息主要指企业经营成果、财务状况和资金流转等的信息，这些信息是分别通过损益表、资产负债表和现金流量等财务报表加以反映的。财务报表的重要作用主要有以下几点：

第一，财务报表是与企业有经济利害关系的外部单位和个人了解企业的财务状况和经营成果，并据以作出决策的重要依据。

第二，财务报表是国家经济管理部门进行宏观调控和管理的信息源。

第三，财务报表提供的经济信息是企业内部加强和改善经营管理的重要依据。

（二）财务报表的分类

所谓财务报表，是指综合反映企业某一特定日期资产、负债和所有者权益及其结构情况、某一特定时期经营成果的实现及分配情况和某一特定时期现金流入、现金流出及净增加情况的书面文件。财务报表是会计报告的核心内容。它由主表及相关附表组成，其中主表包括资产负债表、利润表和现金流量表，附表包括资产减值准备明细表、利润分配表等。主表与有关附表之间存在着密切联系，从不同的角度说明企业的财务状况、经营成果和现金流量情况，附表是对主表的进一步补充。财务报表按照不同的标准可以分为不同的类别，比较常见的分类标准及类别有以下五种。

1. 财务报表按其反映的内容，可以分为动态财务报表和静态财务报表

动态财务报表是反映一定时期内经营成果和现金流量的财务报表，比如：利润表反映了企业一定时期内所实现的经营成果，现金流量表反映了企业一定时期内现金的流入、流出及净增加数，因此利润表和现金流量表属于动态财务报表；静态财务报表是指反映企业在一定日期资产和权益总额的财务报表，比如：资产负债表反映了企业某一时点上的资产、负债和所有者权益的情况，因此资产负债表属于静态财务报表。

2. 财务报表按其编报的时间，可以分为月度报表、季度报表、半年度报表和年度报表

月度报表简称为月报，每月编报一次，包括资产负债表和利润表；季度报表简称为季报，每季编报一次，包括资产负债表和利润表；半年度报表简称为半年报，每年6月30日编报一次，包括资产负债表和利润表，但与月报和季报在部分指标上有一定的差异；年度报表简称为年报，每年编报一次，包括资产负债表、利润表和现金流量表，它要求完整、全面地反映企业的财务状况、经营成果和现金流量情况。

3. 财务报表按其编制的单位，可以分为单位报表和汇总报表

单位报表是指企业在自身会计核算的基础上，对账簿记录进行加工而编制的财务报表，以反映企业本身的财务状况、经营成果和现金流量情况。汇总报表是指由总公司或主管部门（系统），根据所属单位报送的财务报表，连同本单位财务报表汇总编制的综合性财务报表，以反映总公司或本部门（系统）财务状况、经营成果和现金流量情况。

4. 财务报表按其编制的范围，可以分为个别财务报表和合并财务报表

个别财务报表是指仅仅反映一个会计主体的财务状况、经营成果和现金流量情况的报表；合并财务报表是将多个具有控股关系的会计主体的财务状况、经营成果和现金流量情况合并编制的财务报表，该报表由母公司进行编制，包括所有控股公司财务报表的数字。

5. 财务报表按其服务的对象，可以分为对内报表和对外报表

对内报表是指为企业内部经营管理服务而编制的不对外公开的财务报表，它不要求统一格式，没有统一指标体系，如成本表就属于对内报表；对外报表是指企业为满足国家宏观经济管理部门、投资者、债权人及其他有关会计信息使用者对会计信息的需求而编制的对外提供服务的财务报表，它要求有统一的报表格式、指标体系和编制时间等，资产负债表、利润表和现金流量表等均属于对外报表。

二、资产负债表

（一）资产负债表的内容与格式

1. 资产负债表的内容

资产负债表是反映企业在某一特定日期的财务状况的会计报表，即反映了某一特定日期关于企业资产、负债、所有者权益及其相互关系的信息。通过资产负债表，可以反映企

业在某一特定日期所拥有或控制的经济资源、所承担的现时义务和所有者对净资产的要求权，帮助财务报表使用者全面了解企业的财务状况、分析企业的偿债能力等情况，从而为其作出经济决策提供依据。

2. 资产负债表的格式

资产负债表一般有表首和正表两部分。其中，表首概括地说明报表名称、编制单位、编制日期、编制编号、货币名称、计量单位等。正表则列示了用以说明企业财务状况的各个项目，它一般有两种格式：报告式资产负债表和账户式资产负债表。报告式资产负债表是上下结构，上半部列示资产，下半部列示负债和所有者权益。具体排列形式又有两种：一是按“资产 = 负债 + 所有者权益”的原理排列；二是按“资产 − 负债 = 所有者权益”的原理排列。账户式资产负债表是左右结构，左边列示资产，右边列示负债和所有者权益，不管采取什么形式，资产各项目的合计等于负债和所有者权益各项目的合计这一等式不变。在我国，资产负债表采用账户式，资产负债表左右双方平衡，即资产总计等于负债和所有者权益总计。

资产负债表应当按照资产、负债和所有者权益三大类别分类列报。资产负债表上资产和负债应当按照流动性分别分为流动资产和非流动资产、流动负债和非流动负债列示。流动性，通常按资产的变现或耗用时间长短或者负债的偿还时间长短来确定。企业应当先列报流动性强的资产或负债，再列报流动性的资产或负债。

（二）资产负债表的编制方法

1. 资产负债表中的“期初数”和“期末数”

企业应当根据上年末资产负债表“期末余额”栏有关项目填列本年度资产负债表“年初余额”栏。如果企业发生了会计政策变更、前期差错更正，应当对“年初余额”栏中的有关项目进行相应调整；如果企业上年度资产负债表规定的项目名称和内容与本年度不一致，应当对上年年末资产负债表相关项目的名称和金额按照本年度的规定进行调整，填入“年初余额”栏。

企业应当根据资产、负债和所有者权益类科目的期末余额填列资产负债表“期末余额”栏，具体包括如下情况：

（1）根据总账科目的余额填列。“以公允价值计量且其变动计入当期损益的金融资产”“工程物资”“固定资产清理”“递延所得税资产”“短期借款”“以公允价值计量且其变动计入当期损益的金融负债”“应付票据”“应交税费”“专项应付款”“预计负债”“递延收益”“递延所得税负债”“实收资本（或股本）”“库存股”“资本公积”“其他综合收益”“专项储备”“盈余公积”等项目，应根据有关总账科目的余额填列。有些项目则应根据几个总账科目的余额计算填列，如“货币资金”项目，需根据“库存现金”“银行存款”“其他货币资金”三个总账科目余额的合计数填列；“其他流动资产”“其他流动负债”项目，应根据有关科目的期末余额分析填列。

其中，有其他综合收益相关业务的企业，应当设置“其他综合收益”科目进行会计处理，该科目应当按照其他综合收益项目的具体内容设置明细科目。企业在对其他综合收益进行会计处理时，应当通过“其他综合收益”科目处理，并与“资本公积”科目相区分。

（2）根据明细账科目的余额计算填列。“开发支出”项目，应根据“研发支出”科目中所属的“资本化支出”明细科目期末余额填列；“应付账款”项目，应根据“应付账款”和“预付账款”科目所属的相关明细科目的期末贷方余额合计数填列；“一年内到期的非流动资产”“一年内到期的非流动负债”项目，应根据有关非流动资产或负债项目的明细科目余额分析填列；“应付职工薪酬”项目，应根据“应付职工薪酬”科目的明细科目期末余额分析填列；“长期借款”“应付债券”项目，应分别根据“长期借款”“应付债券”科目的明细科目余额分析填列；“未分配利润”项目，应根据“利润分配”科目中所属的“未分配利润”明细科目期末余额填列。

（3）根据总账科目和明细账科目的余额分析计算填列。“长期借款”项目，应根据“长期借款”总账科目余额扣除“长期借款”科目所属的明细科目中将在资产负债表日起一年内到期、且企业不能自主地将清偿义务展期的长期借款后的金额计算填列；“长期待摊费用”项目，应根据“长期待摊费用”科目的期末余额减去将于1年内（含1年）摊销的数额后的金额填列；“其他非流动资产”项目，应根据有关科目的期末余额减去将于1年内（含1年）收回数后的金额填列；“其他非流动负债”项目，应根据有关科目的期末余额减去将于1年内（含1年）到期偿还数后的金额填列。

（4）根据有关科目余额减去其备抵科目余额后的净额填列。“可供出售金融资产”“持有至到期投资”“长期股权投资”“在建工程”“商誉”项目，应根据相关科目的期末余额填列，已计提减值准备的，还应扣减相应的减值准备；“固定资产”“无形资产”“投资性房地产”“生产性生物资产”“油气资产”项目，应根据相关科目的期末余额扣减相关的累计折旧（或摊销、折耗）填列，已计提减值准备的，还应扣减相应的减值准备，采用公允价值计量的上述资产，应根据相关科目的期末余额填列；“长期应收款”项目，应根据“长期应收款”科目的期末余额，减去相应的“未实现融资费用”科目和“坏账准备”科目所属相关明细科目期末余额后的金额填列；“长期应付款”项目，应根据“长期应付款”科目的期末余额，减去相应的“未确认融资费用”科目期末余额后的金额填列。

（5）综合运用上述填列方法分析填列。主要包括：“应收票据”“应收利息”“应收股利”“其他应收款”项目，应根据相关科目的期末余额，减去“坏账准备”科目中有关坏账准备期末余额后的金额填列；“应收账款”项目，应根据“应收账款”和“预收账款”科目所属各明细科目的期末借方余额合计数，减去“坏账准备”科目中有关应收账款计提的坏账准备期末余额后的金额填列；“预付款项”项目，应根据“预付账款”和“应付账款”科目所属各明细科目的期末借方余额合计数，减去“坏账准备”科目中有关预付款项计提的坏账准备期末余额后的金额填列；“存货”项目，应根据“材料采购”“原材料”“发出商品”“库存商品”“周转材料”“委托加工物资”“生产成本”“受托代销商品”等科目的期末余额合计，减去“受托代销商品款”“存货跌价准备”科目期末余额后的金额填列，材料采用计划成本核算，库存商品采用计划成本核算。

售价核算的企业，还应按加或减材料成本差异、商品进销差价后的金额填列；“划分为持有待售的资产”“划分为持有待售的负债”项目，应根据相关科目的期末余额分析填列等。

2. 资产负债表项目的填列说明

（1）资产项目的填列说明。

“货币资金”项目，反映企业期末持有的库存现金、银行存款、银行汇票存款、银行本票存款、信用卡存款、信用证保证金存款、外埠存款等的合计数。本项目应根据“库存现金”“银行存款”“其他货币资金”科目期末余额的合计数填列。

“交易性金融资产”项目，反映资产负债表日企业分类为以公允价值计量且其变动计入当期损益的金融资产，以及企业持有的指定为以公允价值计量且其变动计入当期损益的金融资产的期末账面价值。该项目应根据“交易性金融资产”科目的相关明细科目期末余额分析填列。自资产负债表日起超过1年到期且预期持有超过1年的以公允价值计量且其变动计入当期损益的非流动金融资产的期末账面价值，在“其他非流动金融资产”项目反映。

“应收票据”项目，反映资产负债表日以摊余成本计量的、企业因销售商品、提供服务等收到的商业汇票，包括银行承兑汇票和商业承兑汇票。该项目应根据“应收票据”科目的期末余额，减去“坏账准备”科目中相关坏账准备期末余额后的金额分析填列。

“应收账款”项目，反映资产负债表日以摊余成本计量的、企业因销售商品、提供服务等经营活动应收取的款项。该项目应根据“应收账款”科目和“预收账款”科目所属各明细科目期末借方余额合计数，减去“坏账准备”科目中相关坏账准备期末余额后的金额分析填列。

“应收款项融资”项目，反映资产负债表日以公允价值计量且其变动计入其他综合收益的应收票据和应收账款等。

“预付款项”项目，反映企业按照购货合同规定预付给供应单位的款项等。本项目应根据“预付账款”和“应付账款”科目所属各明细科目的期末．借方余额合计数，减去“坏账准备”科目中有关预付账款和应付账款计提的坏账准备期末余额后的净额填列。如“预付账款”科目所属明细科目期末为贷方余额的，应在资产负债表“应付账款”项目内填列。

“其他应收款”项目，应根据“应收利息”“应收股利”和“其他应收款”科目的期末余额合计数，减去“坏账准备”科目中相关坏账准备期末余额后的金额填列。其中的“应收利息”仅反映相关金融工具已到期可收取但于资产负债表日尚未收到的利息。基于实际利率法计提的金融工具的利息应包含在相应金融工具的账面金额中。

“存货”项目，反映企业期末在库、在途和在加工中的各种存货的可变现净值或成本（成本与可变现净值孰低）。本项目应根据“材料采购”“原材料”“库存商品”“周转材料”“委托加工物资”“生产成本”“受托代销商品”“发出商品”等科目的期末余额合计数，减去“受托代销商品款”“存货跌价准备”科目期末余额后的净额填列。材料采用计划成本核算，以及库存商品采用计划成本核算或售价核算的企业，还应按加或减材料成本差异、商品进销差价后的金额填列。

“合同资产”项目，反映企业按照《企业会计准则第14号——收入》（2018）的相关规定，根据本企业履行履约义务与客户付款之间的关系在资产负债表中列示合同资产。该项目应根据“合同资产”科目的相关明细科目期末余额分析填列。

“持有待售资产”项目，反映资产负债表日划分为持有待售类别的非流动资产及划分为持有待售类别的处置组中的流动资产和非流动资产的期末账面价值。该项目应根据“持有待售资产”科目的期末余额，减去“持有待售资产减值准备”科目的期末余额后的金额填列。

“一年内到期的非流动资产”项目，反映企业预计自资产负债表日起1年内变现的非流动资产。本项目应根据有关科目的期末余额分析填列。

“债权投资”项目，反映资产负债表日企业以摊余成本计量的长期债权．投资的期末账面价值。该项目应根据“债权投资”科目的相关明细科目期末余额，减去“债权投资减值准备”科目中相关减值准备的期末余额后的金额分析填列。自资产负债表日起1年内到期的长期债权投资的期末账面价值，在“一年内到期的非流动资产”项目反映。企业购入的以摊余成本计量的1年内到期的债权投资的期末账面价值，在“其他流动资产”项目反映。

“其他债权投资”项目，反映资产负债表日企业分类为以公允价值计量且其变动计入其他综合收益的长期债权投资的期末账面价值。该项目应根据“其他债权投资”科目的相关明细科目期末余额分析填列。自资产负债表日起1年内到期的长期债权投资的期末账面价值，在“一年内到期的非流动资产”项目反映。企业购入的以公允价值计量且其变动计入其他综合收益的1年内到期的债权投资的期末账面价值，在“其他流动资产”项反映。

“长期应收款”项目，反映企业租赁产生的应收款项和采用递延方式分期收款、实质上具有融资性质的销售商品和提供劳务等经营活动产生的应收款项。本项目应根据“长期应收款”科目的期末余额，减去相应的“未实现融资收益”科目和“坏账准备”科目所属相关明细科目期末余额后的金额填列。

“长期股权投资”项目，反映投资方对被投资单位实施控制、重大影响的权益性投资，以对其合营企业的权益性投资。本项目应根据“长期股权投资”科目的期末余额，减去“长期股权投资减值准备”科目的期末余额后的净额填列。

“其他权益工具投资”项目，反映资产负债表日企业指定为以公允价值计量且其变动计入其他综合收益的非交易性权益工具投资的期末账面价值。该项目应根据“其他权益工具投资”科目的期末余额填列。

“固定资产”项目，反映资产负债表日企业固定资产的期末账面价值和企业尚未清理完毕的固定资产清理净损益。该项目应根据“固定资产”科目的期末余额，减去“累计折旧”和“固定资产减值准备”科目的期末余额后的金额，以及“固定资产清理”科目的期末余额填列。

“在建工程”项目，反映资产负债表日企业尚未达到预定可使用状态的在建工程的期末账面价值和企业为在建工程准备的各种物资的期末账面价值。该项目应根据“在建工程”科目的期末余额，减去“在建工程减值准备”科目的期末余额后的金额，以及“工程物资”科目的期末余额，减去“工程物资减值准备”科目的期末余额后的金额填列。

“使用权资产”项目，反映资产负债表日承租人企业持有的使用权资产的期末账面价值。该项目应根据“ 使用权资产”科目的期末余额，减去“使用权资产累计折旧”和“使用权资产减值准备”科目的期末余额后的金额填列。

“无形资产”项目，反映企业持有的专利权、非专利技术、商标权、著作权、土地使用权等无形资产的成本减去累计摊销和减值准备后的净值。本项目应根据“无形资产”科目的期末余额，减去“累计摊销”和“无形资产减值准备”科目期末余额后的净额填列。

“开发支出”项目，反映企业开发无形资产过程中能够资本化形成无形资产成本的支出部分。该项目应当根据“研发支出”科目中所属的“资本化支出”明细科目期末余额填列。

“长期待摊费用”项目，反映企业已经发生但应由本期和以后各期负担的分摊期限在1年以上的各项费用。长期待摊费用中在1年内（含1年）摊销的部分，在资产负债表“一年内到期的非流动资产”项目填列。该项目应根据“长期待摊费用”科目的期末余额，减去将于1年内（含1年）摊销的数额后的金额分析填列。

“递延所得税资产”项目，反映企业根据所得税准则确认的可抵扣暂时性差异产生的所得税资产。该项目应根据“递延所得税资产”科目的期末余额填列。

“其他非流动资产”项目，反映企业除上述非流动资产以外的其他非流动资产。本项目应根据有关科目的期末余额填列。

（2）负债项目的填列说明。

“短期借款”项目，反映企业向银行或其他金融机构等借人的期限在1年以下（含1年）的各种借款。该项目应根据“短期借款”科目的期末余额填列。

“交易性金融负债”项目，反映企业资产负债表日承担的交易性金融负债，以及企业持有的指定为以公允价值计量且其变动计入当期损益的金融负债的期末账面价值。该项目应根据“交易性金融负债”科目的相关明细科目期末余额填列。

“应付票据”项目，反映资产负债表日以摊余成本计量的、企业因购买材料、商品和接受服务等开出、承兑的商业汇票，包括银行承兑汇票和商业承兑汇票。该项目应根据“应付票据”科目的期末余额填列。

“应付账款”项目，反映资产负债表日以摊余成本计量的、企业因购买材料、商品和接受服务等经营活动应支付的款项。该项目应根据“应付账款”和“预付账款”科目所属的相关明细科目的期末贷方余额合计数填列。

“预收款项”项目，应根据“预收账款”和“应收账款”科目所属各明细科目的期末贷方余额合计数填列。如“预收账款”科目所属明细科目期末为借方余额的，应在资产负债表“应收账款”项目内填列。

“合同负债”项目，反映企业按照《企业会计准则第14号——收入》（2018）的相关规定，根据本企业履行履约义务与客户付款之间的关系在资产负债表中列示合同负债。该项目应根据“合同负债”的相关明细科目期末余额分析填列。

“应付职工薪酬”项目，反映企业为获得职工提供的服务或解除劳动关系而给予的各种形式的报酬或补偿。企业提供给职工配偶、子女、受赡养人、已故员工遗属及其他受益人等的福利也属于职工薪酬。职工薪酬主要包括短期薪酬、离职后福利、辞退福利和其他长期职工福利。该项目应根据“应付职工薪酬”科目所属各明细科目的期末贷方余额分析填列。外商投资企业按规定从净利润中提取的职工奖励及福利基金也在本项目列示。

“应交税费”项目，反映企业按照税法规定计算应缴纳的各种税费，包括增值税、消费税、资源税、土地增值税、城市维护建设税、房产税、城镇土地使用税、车船税、教育费附加、企业所得税、矿产资源补偿费等。企业代扣代缴的个人所得税也通过本项目列示。企业所交纳的税金不需要预计应交数的，如印花税、耕地占用税等，不在本项目列示。该项目应根据“应交税费”科目的期末贷方余额填列，如“应交税费”科目期末为借方余额，应以“－”号填列。

“其他应付款”项目，应根据“应付股利”“应付利息”“其他应付款”科目的期末余额合计数填列。其中的“应付利息”仅反映相关金融工具已到期应支付但于资产负债表日尚未支付的利息。基于实际利率法计提的金融工具的利息应包含在相应金融工具的账面余额中。

“持有待售负债”项目，反映资产负债表日处置组中与划分为持有待售类别的资产直接相关的负债的期末账面价值。该项目应根据“持有待售负债”科目的期末余额填列。

“一年内到期的非流动负债”项目，反映企业非流动负债中将于资产负债表日后 1 年内到期部分的金额，如将于 1 年内偿还的长期借款。本项目应根据有关科目的期末余额分析填列。

“长期借款”项目，反映企业向银行或其他金融机构借入的期限在 1 年以上（不含 1 年）的各项借款。本项目应根据“长期借款”科目的期末余额，扣除“长期借款”科目所属的明细科目中将在资产负债表日起 1 年内到期且企业不能自主地将清偿义务展期的长期借款后的金额计算填列。

“应付债券”项目，反映企业为筹集长期资金而发行的债券本金（和利息）。该项目应根据“应付债券”总账科目余额扣除“应付债券”科目所属的明细科目中将在 1 年内到期且企业不能自主的将清偿义务展期的应付债券后的金额计算填列。

“租赁负债”项目，反映资产负债表日承租人企业尚未支付的租赁付款额的期末账面价值。该项目应根据“ 租赁负债”科目的期末余额填列。自资产负债表日起一年内到期应予以清偿的租赁负债的期末账面价值，在“一年内到期的非流动负债”项目反映。

“长期应付款”项目，反映资产负债表日企业除长期借款和应付债券以外的其他各种长期应付款项的期末账面价值。该项目应根据“长期应付款”科目的期末余额，减去相关的“未确认融资费用”科目的期末余额后的金额，以及“专项应付款”科目的期末余额。

“预计负债”项目，反映企业根据或有事项等相关准则确认的各项预计负债，包括对外提供担保、未决诉讼、产品质量保证、重组义务以及固定资产和矿区权益弃置义务等产生的预计负债。该项目应根据“预计负债”科目的期末余额填列。企业按照《企业会计准则第 22 号——金融工具确认和计量》（2018）的相关规定，对贷款承诺等项目计提的损失准备，应当在本项目中填列。

“递延收益”项目，反映尚待确认的收入或收益。该项目核算包括企业根据政府补助准则确认的应在以后期间计入当期损益的政府补助金额、售后租回形成融资租赁的售价与资产账面价值差额等其他递延性收入。本项目应根据“递延收益”科目的期末余额填列。本项目中摊销期限只剩 1 年或不足 1 年的，或预计在 1 年内（含 1 年）进行摊销的部分，不得归类为流动负债，仍在该项目中填列，不转入“一年内到期的非流动负债”项目。

“递延所得税负债”项目，反映企业根据所得税准则确认的应纳税暂时性差异产生的所得税负债。该项目应根据“递延所得税负债”科目的期末余额填列。

“其他非流动负债”项目，反映企业除上述非流动负债以外的其他非流动负债。本项目应根据有关科目的期末余额，减去将于1年内（含1年）到期偿还数后的余额分析填列。非流动负债各项目中将于1年内（含1年）到期的非流动负债，应在“一年内到期的非流动负债”项目内反映。

（3）所有者权益项目的填列说明。

“实收资本（或股本）”项目，反映资产负债日企业各投资者实际投入的资本（或股本）总额。该项目应根据“实收资本（或股本）”科目的期末余额填列。

“其他权益工具”项目，反映资产负债表日企业发行在外的除普通股以外分类为权益工具的金融工具的期末账面价值。对于资产负债表日企业发行的金融工具，分类为金融负债的，应在“应付债券”项目填列，对于优先股和永续债，还应在“应付债券”项目下的“优先股”项目和“永续债”项目分别填列；分类为权益工具的，应在“其他权益工具”项目填列，对于优先股和永续债，还应在“其他权益工具”项目下的“优先股”项目和“永续债”项目分别填列。

“资本公积”项目，反映企业收到的投资者出资超出其在注册资本或股本中所占的份额以及直接计入所有者权益的利得和损失等。该项目应根据“资本公积”科目的期末余额填列。

“其他综合收益”项目，应根据“其他综合收益”科目的期末余额填列。

“专项储备”项目，反映高危行业企业按国家规定提取的安全生产费的期末账面价值。该项目应根据“专项储备”科目的期末余额填列。

“盈余公积”项目，应根据“盈余公积”科目的期末余额填列。

“未分配利润”项目，应根据“本年利润”科目和“利润分配”科目的余额计算填列。未弥补的亏损在本项目内以“-”号填列。

三、利润表

（一）利润表的内容与格式

1. 利润表的内容

利润表属于动态报表，是反映企业在一定会计期间经营成果的报表，主要提供有关企业经营成果方面的信息。通过利润表，可以反映企业一定会计期间的收入实现情况和费用耗费情况；可以反映企业一定会计期间生产经营活动的成果，据以判断资本保值、增值情况。

一般情况下，利润表主要反映以下几方面的内容：构成营业利润的各项要素。从营业收入出发，减去营业成本、税金及附加和销售费用、管理费用、财务费用等项目后得出营业利润；构成利润总额的各项要素。在营业利润的基础上，加上营业外收入、减去营业外支出等后得出；构成净利润的各项要素。在利润总额的基础上，减去所得税费用后得出。

2. 利润表的格式

利润表一般有表首、正表两部分。其中，表首概括地说明报表名称、编制单位、编制日期、报表编号、货币名称、计量单位等；正表反映形成经营成果的各个项目和计算过程。

利润表正表的格式一般有两种：单步式利润表和多步式利润表。单步式利润表是将当期所有的收入列在一起，然后将所有的费用列在一起，两者相减得出当期净损益。多步式利润表是通过对当期收入、费用、支出项目按性质加以归类，按利润形成的主要环节列示一些中间性利润指标，如营业利润、利润总额、净利润，分步计算当期净损益。在我国，利润表一般采用多步式。

（二）利润表项目的填列方法

第一步，以营业收入为基础，减去营业成本、税金及附加、销售费用、管理费用、研发费用、财务费用，加上其他收益、投资收益（或减去投资损失）、净敞口套期收益（或减去净敞口套期损失）、公允价值变动收益（或减去公允价值变动损失）、资产减值损失、信用减值损失、资产处置收益（或减去资产处置损失），计算出营业利润；

第二步，以营业利润为基础，加上营业外收入，减去营业外支出，计算出利润总额；

第三步，以利润总额为基础，减去所得税费用，计算出净利润（或净亏损）；

第四步，以净利润（或净亏损）为基础，计算出每股收益；

第五步，以净利润（或净亏损）和其他综合收益的税后净额，计算出综合收益总额。

（三）利润表主要项目的填列说明

（1）“营业收入”项目，反映企业经营主要业务和其他业务所确认的收入总额。本项目应根据“主营业务收入”和“其他业务收入”科目的发生额分析填列。

（2）“营业成本”项目，反映企业经营主要业务和其他业务所发生的成本总额。本项目应根据“主营业务成本”和“其他业务成本”科目的发生额分析填列。

（3）“税金及附加”项目，反映企业经营业务应负担的消费税、城市维护建设税、资源税、土地增值税、教育费附加、房产税、车船税、城镇土地使用税、印花税等相关税费。本项目应根据“税金及附加”科目的发生额分析填列。

（4）“销售费用”项目，反映企业在销售商品过程中发生的包装费、广告费等费用和为销售本企业商品而专设的销售机构的职工薪酬、业务费等经营费用。本项目应根据“销售费用”科目的发生额分析填列。

（5）“管理费用”项目，反映企业为组织和管理生产经营发生的管理费用。本项目应根据“管理费用”科目的发生额，减去“管理费用”科目下的“研发费用”、自行研发无形资产的“无形资产摊销”明细科目发生额分析填列。

（6）“研发费用”项目，反映企业进行研究与开发过程中发生的费用化支出，以及计入管理费用的自行开发无形资产的摊销。本项目应根据“管理费用”科目下的“研发费用”明细科目的发生额，以及“管理费用”科目下的“无形资产摊销”明细科目的发生额分析填列。

（7）“财务费用”项目：“财务费用”项目下的“利息费用”项目，反映企业为筹集生产经营所需资金等而发生的应予费用化的利息支出。本项目应根据“财务费用”科目的相关明细科目的发生额分析填列。本项目作为“财务费用”项目的其中项，以正数填列。“财务费用”项目下的“利息收入”项目，反映企业按照相关会计准则确认的应冲减财务费用的利息收入。本项目应根据“财务费用”科目的相关明细科目的发生额分析填列。本项目作为“财务费用”项目的其中项，以正数填列。

(8)“其他收益”项目，反映计入其他收益的政府补助，以及其他与日常活动相关且计入其他收益的项目。本项目应根据“其他收益”科目的发生额分析填列。企业作为个人所得税的扣缴义务人，根据《中华人民共和国个人所得税法》收到的扣缴税款手续费，应作为其他与日常活动相关的收益在本项目中填列。

(9)“投资收益”项目，反映企业以各种方式对外投资所取得的收益。本项目应根据“投资收益”科目的发生额分析填列。如为投资损失，以“-”号填列。

(10)“净敞口套期收益”项目，反映净敞口套期下被套期项目累计公允价值变动转入当期损益的金额或现金流量套期储备转入当期损益的金额。本项目应根据“净敞口套期损益”科目的发生额分析填列；如为套期损失，本项目以“-”号填列。

(11)“公允价值变动收益”项目，反映企业应当计入当期损益的资产或负债公允价值变动收益。本项目应根据“公允价值变动损益”科目的发生额分析填列。如为净损失，本项目以“-”号填列。

(12)“信用减值损失”项目，反映企业按照要求计提的各项金融工具信用减值准备所确认的信用损失。本项目应根据“信用减值损失”科目的发生额分析填列。

(13)“资产减值损失”项目，反映企业有关资产发生的减值损失。本项目应根据“资产减值损失”科目的发生额分析填列。

(14)“资产处置收益”项目，反映企业出售划分为持有待售的非流动资产（金融工具、长期股权投资和投资性房地产除外）或处置组（子公司和业务除外）时确认的处置利得或损失，以及处置未划分为持有待售的固定资产、在建工程、生产性生物资产及无形资产而产生的处置利得或损失。非货币性资产交换中换出非流动资产（金融工具、长期股权投资和投资性房地产除外）产生的利得或损失也包括在本项目内。本项目应根据“资产处置损益”科目的发生额分析填列；如为处置损失，以“-”号填列。

(15)“营业利润”项目，反映企业实现的营业利润。如为亏损，以“-”号填列。

(16)“营业外收入”项目，反映企业发生的除营业利润以外的收益，主要包括与企业日常活动无关的政府补助、盘盈利得、捐赠利得（经济实质属于股东对企业的资本性投入的除外）等。本项目应根据“营业外收入”科目的发生额分析填列。

(17)“营业外支出”项目，反映企业发生的除营业利润以外的支出，主要包括公益性捐赠支出、盘亏损失、非常损失、非流动资产毁损报废损失等。本项目应根据“营业外支出”科目的发生额分析填列。

(18)“利润总额”项目，反映企业实现的利润。如为亏损，以“-”号填列。

(19)“所得税费用”项目，反映企业根据所得税准则确认的应从当期利润总额中扣除的所得税费用。本项目应根据“所得税费用”科目的发生额分析填列。

(20)“净利润”项目，反映企业实现的净利润。如为亏损，以“-”号填列。

(21)“其他综合收益的税后净额”项目，反映企业根据企业会计准则规定未在损益中确认的各项利得和损失扣除所得税影响后的净额。

（22）“综合收益总额”项目，反映企业净利润与其他综合收益的税后净额的合计金额。

（23）“每股收益”项目，包括基本每股收益和稀释每股收益两项指标，反映普通股或潜在普通股已公开交易的企业，以及正处在公开发行普通股或潜在普通股过程中的企业的每股收益信息。

第二部分　实训项目设计

一、实训目的

通过实训，使学生了解资产负债表、利润表的格式和内容，了解资产负债表、利润表的编制依据，掌握资产负债表、利润表的编制方法和要求，增强学生动手能力、实践能力和应用能力。

二、实训操作要求

根据实训资料，编制沈阳跃腾电缆制造有限公司 2022 年 12 月 31 日的资产负债表和 2022 年 12 月的利润表。

三、实训资料

（一）沈阳跃腾电缆制造有限公司 2022 年 12 月总分类账户期末余额，见上文实训三

（二）沈阳跃腾电缆制造有限公司 2022 年 12 月明细分类账户期末余额，见上文实训三

（三）沈阳跃腾电缆制造有限公司 2022 年 12 月 31 日总分类账户试算平衡表，见上文实训四

第三部分 模拟实训材料

6-3-1

资 产 负 债 表

会企01表

编制单位: 年 月 日 单位：元

资 产	期末余额	年初余额	负债和所有者权益（或股东权益）	期末余额	年初余额
流动资产：			流动负债：		
货币资金			短期借款		
交易性金融资产			交易性金融负债		
衍生金融资产			衍生金融负债		
应收票据			应付票据		
应收账款			应付账款		
应收款项融资			预收款项		
预付款项			合同负债		
其他应收款			应付职工薪酬		
存货			应交税费		
合同资产			其他应付款		
持有待售资产			持有待售负债		
一年内到期的非流动资产			一年内到期的非流动负债		
其他流动资产			其他流动负债		
流动资产合计			流动负债合计		
非流动资产：			非流动负债：		
债权投资			长期借款		
其他债权投资			应付债券		
长期应收款			其中：优先股		
长期股权投资			永续债		
其他权益工具投资			租赁负债		
其他非流动金融资产			长期应付款		
投资性房地产			预计负债		
固定资产			递延收益		
在建工程			递延所得税负债		
生产性生物资产			其他非流动负债		
油气资产			非流动负债合计		
使用权资产			负债合计		
无形资产			所有者权益（或股东权益）：		
开发支出			实收资本（或股本）		
商誉			其他权益工具		
长期待摊费用			其中：优先股		
递延所得税资产			永续债		
其他非流动资产			资本公积		
非流动资产合计			减：库存股		
			其他综合收益		
			专项储备		
			盈余公积		
			未分配利润		
			所有者权益（或股东权益）合计		
资产总计			负债和所有者权益（或股东权益）总计		

6-3-2

资　产　负　债　表

会企01表

编制单位:　　　　　　　　　　　　年　　月　　日　　　　　　　　　　单位：元

资　产	期末余额	年初余额	负债和所有者权益（或股东权益）	期末余额	年初余额
流动资产：			流动负债：		
货币资金			短期借款		
交易性金融资产			交易性金融负债		
衍生金融资产			衍生金融负债		
应收票据			应付票据		
应收账款			应付账款		
应收款项融资			预收款项		
预付款项			合同负债		
其他应收款			应付职工薪酬		
存货			应交税费		
合同资产			其他应付款		
持有待售资产			持有待售负债		
一年内到期的非流动资产			一年内到期的非流动负债		
其他流动资产			其他流动负债		
流动资产合计			流动负债合计		
非流动资产：			非流动负债：		
债权投资			长期借款		
其他债权投资			应付债券		
长期应收款			其中：优先股		
长期股权投资			永续债		
其他权益工具投资			租赁负债		
其他非流动金融资产			长期应付款		
投资性房地产			预计负债		
固定资产			递延收益		
在建工程			递延所得税负债		
生产性生物资产			其他非流动负债		
油气资产			非流动负债合计		
使用权资产			负债合计		
无形资产			所有者权益（或股东权益）：		
开发支出			实收资本（或股本）		
商誉			其他权益工具		
长期待摊费用			其中：优先股		
递延所得税资产			永续债		
其他非流动资产			资本公积		
非流动资产合计			减：库存股		
			其他综合收益		
			专项储备		
			盈余公积		
			未分配利润		
			所有者权益（或股东权益）合计		
资产总计			负债和所有者权益（或股东权益）总计		

6-3-3

利　润　表

会企02表

编制单位：　　　　　　　　　　　　年　　月　　　　　　　　　　单位：元

项目	本期金额	上期金额
一、营业收入		
减：营业成本		
税金及附加		
销售费用		
管理费用		
研发费用		
财务费用		
其中：利息费用		
利息收入		
加：其他收益		
投资收益（损失以"-"号填列）		
其中：对联营企业和合营企业的投资收益		
以摊余成本计量的金融资产终止确认收益（损失以"-"号填列）		
净敞口套期收益（损失以"-"号填列）		
公允价值变动收益（损失以"-"号填列）		
信用减值损失（损失以"-"号填列）		
资产减值损失（损失以"-"号填列）		
资产处置收益（损失以"-"号填列）		
二、营业利润（亏损以"-"号填列）		
加：营业外收入		
减：营业外支出		
三、利润总额（亏损总额以"-"号填列）		
减：所得税费用		
四、净利润（净亏损以"-"号填列）		
（一）持续经营净利润（净亏损以"-"号填列）		
（二）终止经营净利润（净亏损以"-"号填列）		
五、其他综合收益的税后净额		
六、综合收益总额		
七、每股收益：		
（一）基本每股收益		
（二）稀释每股收益		

6－3－4

利　润　表

会企02表

编制单位：　　　　　　　　　　　　年　　月　　　　　　　　　　　　单位：元

项目	本期金额	上期金额
一、营业收入		
减：营业成本		
税金及附加		
销售费用		
管理费用		
研发费用		
财务费用		
其中：利息费用		
利息收入		
加：其他收益		
投资收益（损失以“－”号填列）		
其中：对联营企业和合营企业的投资收益		
以摊余成本计量的金融资产终止确认收益（损失以“－”号填列）		
净敞口套期收益（损失以“－”号填列）		
公允价值变动收益（损失以“－”号填列）		
信用减值损失（损失以“－”号填列）		
资产减值损失（损失以“－”号填列）		
资产处置收益（损失以“－”号填列）		
二、营业利润（亏损以“－”号填列）		
加：营业外收入		
减：营业外支出		
三、利润总额（亏损总额以“－”号填列）		
减：所得税费用		
四、净利润（净亏损以“－”号填列）		
（一）持续经营净利润（净亏损以“－”号填列）		
（二）终止经营净利润（净亏损以“－”号填列）		
五、其他综合收益的税后净额		
六、综合收益总额		
七、每股收益：		
（一）基本每股收益		
（二）稀释每股收益		

实训七
综合实训

第一部分　实训项目设计

一、实训目的

综合实训是在各单项模拟实训的基础上，按各种会计核算形式进行的系统地、全面地实训，着重训练学生对完整的账务处理程序和会计循环的把握，从而系统、全面、连续、有效地核算和监督企业资金运动的过程和结果，并进一步巩固和提高上篇分项目实训的技能。

二、实训操作要求

（一）填制记账凭证

根据实训资料所列沈阳佳兴汽车零部件有限公司2022年12月经济交易或事项及取得的原始凭证，分别填制收款凭证、付款凭证、转账凭证等专用记账凭证。在登记过账前对已编制的记账凭证进行认真、严格的审核。

（二）建账

（1）根据实训资料所列沈阳佳兴汽车零部件有限公司2022年12月1日“库存现金”“银行存款”账户期初余额，开设库存现金日记账、银行存款日记账。

（2）根据实训资料所列沈阳佳兴汽车零部件有限公司2022年12月1日总分类账户期初余额，开设总分类账户。

（3）根据实训资料所列沈阳佳兴汽车零部件有限公司2022年12月1日“应收账款”“预收账款”“应付账款”“预付账款”“原材料”“库存商品”“生产成本”明细分类账户期初余额，开设明细分类账户。

（三）登记账簿

（1）根据实训资料所列沈阳佳兴汽车零部件有限公司 2022 年 12 月填制的收款凭证和付款凭证，分别登记库存现金日记账、银行存款日记账。

（2）根据实训资料所列沈阳佳兴汽车零部件有限公司 2022 年 12 月填制的专用记账凭证，分别编制该公司 12 月份上旬、中旬与下旬科目汇总表。

（3）根据编制的记账凭证登记总分类账户。

（4）根据实训资料所列沈阳佳兴汽车零部件有限公司 2022 年 12 月经济交易或事项及取得的原始凭证和所填制的记账凭证，逐日逐笔登记“应收账款”“预收账款”“应付账款”“预付账款”“原材料”“库存商品”“生产成本”明细分类账户。

（5）月末，进行对账与结账。

（四）根据实训资料编制沈阳佳兴汽车零部件有限公司 2022 年 12 月总分类账户发生额及余额试算平衡表

（五）根据实训资料，编制沈阳佳兴汽车零部件有限公司 2022 年 12 月 31 日的资产负债表和 2022 年 12 月的利润表

三、实训资料

（一）实训企业基础资料

1. 实训企业基本概况

企业名称：沈阳佳兴汽车零部件有限公司
法人代表：张焱
注册地址：沈阳市浑南区智慧四街 18－2 号
联系电话：024－88015258
开户银行：中国建设银行股份有限公司沈阳浑南支行
开户银行账号：21050138000900000508
统一社会信用代码（纳税人识别号）：92210112MA0XFEU85N
纳税人类型：一般纳税人
经营范围：主要生产并销售生产汽车使用的前桥和后桥
机构设置：行政部、采购部、生产部、销售部、质检部 5 个部门
主要供应商：
（1）沈阳兴达钢材销售公司纳税人识别号：91211015PA0L59W523
注册地址：沈阳市和平区南京南街 186 号
联系电话：024－88012432
开户银行：中国银行南京南街支行
开户银行账号：601367848661
（2）沈阳化星商贸有限公司纳税人识别号：91212705BKPL53D821

注册地址：沈阳市铁西区北二中路59号

联系电话：024－88016371

开户银行：中国工商银行铁西支行

开户银行账号：6232052434820003078

主要客户：

（1）沈阳中旭汽车组件有限公司纳税人识别号：91210472000019848B

注册地址：沈阳市大东区观泉路20号

联系电话：024－66004332

开户银行：中国银行大东支行

开户银行账号：601369868653

（2）沈阳昊琦汽车配件有限公司纳税人识别号：91227D34WPL423D775

注册地址：沈阳市沈河区文化路27号

联系电话：024－55251442

开户银行：中国工商银行文化路支行

开户银行账号：6232078967420004012

2. 实训企业相关职员职务及姓名

财务主管：陈洁

会计：刘硕

出纳：杨丹

稽核：张杰

仓库负责人：赵一萌

仓库保管员：孙峰

3. 实训企业的相关政策

（1）企业遵循的会计准则。公司所编制的财务报告符合现行《企业会计准则》的要求，真实、完整地反映公司的财务状况、经营成果、现金流量和股东权益变动等有关信息。

（2）会计基础。公司以持续经营和权责发生制为会计基础，根据实际发生的交易和事项，按照财政部最新修订的《企业会计准则——基本准则》和其他各项具体准则的规定进行确认和计量，在此基础上编制公司财务报告。

（3）会计期间。自公历1月1日至12月31日止为一个会计年度。

（4）记账本位币。采用人民币为记账本位币。

（5）计量属性公司在进行会计确认与计量过程中主要以历史成本作为计量属性，对特定的交易和事项可以采用可变现净值、重置成本、现值、公允价值作为计量属性。

（6）其他。

①原材料和库存商品的收发和结存按实际成本核算，发出存货的计价方法采用先进先出法。

②周转材料领用时采用五五摊销法进行摊销。

③按照备抵法计提坏账准备，具体采用应收账款余额百分比法计提，计提比例为年末应收账款余额的5%。

④本企业适用的增值税税率为13%，城市维护建设税税率为7%，教育费附加为3%，企业所得税税率为25%。

⑤按职工工资的14%计提福利费，8%计提职工教育经费，2%计提工会经费。

⑥按工资总额的20%、10%、0.5%、1%计提养老保险、医疗保险、工伤保险、失业保险；按12%计提职工住房公积金。

⑦按工资总额的8%、2%、0.5%代扣代缴职工养老保险、医疗保险、失业保险；按12%代扣代缴职工住房公积金。

⑧公司法定盈余公积计提比例为10%，应付给投资者的利润依据股东会决议进行分配。

（二）沈阳佳兴汽车零部件有限公司2022年12月初的相关资料

1. 总分类账户期初余额资料

总分类账户期初余额表

2022年12月1日

单位：元

会计科目	借方	贷方
库存现金	4 880.00	
银行存款	2 591 518.00	
应收账款	1 120 000.00	
应收票据	452 000.00	
预付账款	5 000.00	
其他应收款	32 000.00	
原材料	1 327 500.00	
生产成本	0.00	
库存商品	4 750 000.00	
在建工程	0.00	
固定资产	32 000 000.00	
无形资产	300 000.00	
累计折旧		2 225 000.00
坏账准备		30 000.00
短期借款		1 700 000.00
应付账款		1 030 000.00
应付票据		700 000.00
预收账款		8 680.00
其他应付款		72 000.00
应付股利		500 000.00
应付利息		21 800.00
应交税费		396 610.00
应付职工薪酬		202 200.00

续表

会计科目	借方	贷方
长期借款		900 000.00
实收资本		25 500 000.00
资本公积		500 000.00
盈余公积		1 000 000.00
利润分配		3 047 300.00
本年利润		4 749 308.00
合计	42 582 898.00	42 582 898.00

2. 有关明细账户的期初余额资料

(1)“应收账款”明细账户期初余额

应收账款——中旭汽车　662 000.00

　　　　——昊琦汽车　458 000.00

(2)“应付账款”明细账户期初余额

应付账款——兴达钢材　530 000.00

　　　　——化星商贸　500 000.00

(3)“预付账款”明细账户期初余额

预付账款——鹏达商贸　5 000.00

(4)“预收账款”明细账户期初余额

预收账款——启明汽车　8 680.00

(5)“应交税费”明细账户期初余额

应交税费——未交增值税　360 000.00

　　　　——应交教育费附加　10 800.00

　　　　——应交城市维护建设税　25 200.00

　　　　——应交个人所得税　610.00

(6)“税金及附加”明细账户期初余额

税金及附加——印花税　1 000.00

(7)“原材料”“库存商品”明细账户期初余额见下表

总账账户	明细账户	数量	单位成本（元）	金额（元）
原材料	20×20 方钢	90 吨	6 200.00	558 000.00
	Φ10 圆钢	80 吨	4 700.00	376 000.00
	涂料	19 675 千克	20.00	393 500.00
	合计	—	—	1 327 500.00
库存商品	F52 UKL 后桥	100 000 件	16.50	1 650 000.00
	F49 UKL 前桥	155 000 件	20.00	3 100 000.00
	合计	—	—	4 750 000.00

（三）沈阳佳兴汽车零部件有限公司2022年12月经济交易或事项及相关资料

（1）12月1日，收到投资人李旭的投资，投资总额4 800 000元，投资后注册资本增加至30 000 000元，经协商，李旭投资金额占公司注册资本份额的15%，超过的部分作为资本公积。（原始凭证7－1－1、7－1－2）

（2）12月3日，公司通过单位结算卡提取现金10 000元，以备零星开支。（原始凭证7－2－1）

（3）12月5日，公司从沈阳化星商贸有限公司购买涂料，增值税专用发票上注明的数量为1 500千克，单价20元/千克，金额30 000元，税额3 900元，通过网银转账支付货款，材料尚未验收入库。（原始凭证7－3－1、7－3－2、7－3－3）

（4）12月6日，通过银行转账支付前欠沈阳化星商贸有限公司货款458 000元。（原始凭证7－4－1）

（5）12月7日，向沈阳利通机械设备公司转账支付设备维修费，取得增值税专用发票上注明的金额为500元，税额65元。（原始凭证7－5－1、7－5－2、7－5－3）

（6）12月8日，公司从沈阳兴达钢材销售公司购买规格为Φ10圆钢，增值税专用发票上注明的数量为2吨，单价4 700元/吨，金额9 400元，税额1 222元，公司签发银行承兑汇票支付货款。同时用现金向沈阳亨通物流有限公司支付运输费，取得运输费增值税专用发票上注明的金额600元，税额54元，材料已经验收入库。（原始凭证7－6－1、7－6－2、7－6－3、7－6－4、7－6－5、7－6－6、7－6－7）

（7）12月8日，通过开户行建设银行直接将职工工资划转至职工工资卡中。（原始凭证7－7－1）

（8）12月9日，从开户行建设银行取得流动资金贷款300 000元，期限6个月，年利率6%。（原始凭证7－8－1、7－8－2）

（9）12月10日，公司从沈阳惠文精密科技有限公司购买固定资产G38检具1套，取得增值税专用发票上注明的金额为15 000元，税额1 950元，向沈阳亨通物流有限公司支付上述设备运输费，取得增值税专用发票上注明的金额为1 000元，税额90元，以上款项均通过银行转账支付。（原始凭证7－9－1、7－9－2、7－9－3、7－9－4、7－9－5、7－9－6、7－9－7）

（10）12月11日，收到从沈阳化星商贸有限公司购买的涂料1 500千克，验收入库。（原始凭证7－10－1）

（11）12月11日，支付本月行政部门电话费，取得增值税专用发票上注明的金额500元，税额30元，该款项直接从开户行账户扣转。（原始凭证7－11－1、7－11－2、7－11－3）

（12）12月11日，通过开户行上缴上月未缴增值税、城市维护建设税、教育费附加、印花税，并代扣代缴员工个人所得税。（原始凭证7－12－1、7－12－2、7－12－3、7－12－4）

（13）12月11日，通过开户行上缴公司上月工会经费。（原始凭证7－13－1）

（14）12月12日，收到沈阳中旭汽车组件有限公司的前欠货款257 000元，款项已转入本公司开户行账户。（原始凭证7－14－1）

（15）12月12日转账支付本月职工社会保险和住房公积金。（原始凭证7-15-1、7-15-2、7-15-3、7-15-4）

（16）12月13日，收到沈阳昊琦汽车配件有限公司的前欠货款232 000元，款项已转入本公司开户行账户。（原始凭证7-16-1）

（17）12月14日，通过银行转账支付前欠沈阳兴达钢材销售公司货款523 000元。（原始凭证7-17-1）

（18）12月14日，将现金2 000元存入公司银行账户。（原始凭证7-18-1）

（19）12月14日，向沈阳昊琦汽车配件有限公司销售F52 UKL后桥30 000件，单价20元/件，F49 UKL前桥40 000件，单价25元/件，增值税专用发票上注明的金额1 600 000元，税额208 000元，全部款项尚未收到。（原始凭证7-19-1）

（20）12月15日，公司从沈阳兴达钢材销售公司购买规格为20×20方钢，增值税专用发票上注明的数量为3吨，单价6 200元/吨，金额18 600元，税额2 418元，货款未付。同时用现金向沈阳亨通物流有限公司支付运输费，取得运输费增值税专用发票上注明的金额3 000元，税额270元，材料已经验收入库。（原始凭证7-20-1、7-20-2、7-20-3、7-20-4、7-20-5、7-20-6）

（21）12月16日，收到沈阳昊琦汽车配件有限公司前欠货款1 808 000元，款项已转入本公司开户行账户。（原始凭证7-21-1）

（22）12月16日，公司行政部门报销办公费，购买办公用品包括4个硒鼓和2件打印纸，1个移动硬盘。具体金额详见发票。（原始凭证7-22-1、7-22-2、7-22-3）

（23）12月16日，通过银行转账支付沈阳龙商广告有限公司支付产品广告费，取得增值税专用发票上注明的金额5 000元，税额300元。（原始凭证7-23-1、7-23-2、7-23-3）

（24）12月16日，采购部门李淼到安徽合肥出差考察新供应商，预借差旅费3 500元，出纳人员以现金支付。（原始凭证7-24-1）

（25）12月18日，向沈阳中旭汽车组件有限公司销售F52 UKL后桥20 000件，单价20元/件，F49 UKL前桥40 000件，单价25元/件，增值税专用发票上注明的金额1 400 000元，税额182 000元，收到沈阳中旭汽车组件有限公司签发的一张转账支票，存入本公司开户行账户。（原始凭证7-25-1、7-25-2）

（26）12月18日，企业收到政府发放的自然灾害救助款28 156元，款项已存入公司开户行账户。（原始凭证7-26-1）

（27）12月20日，李淼从安徽合肥出差2天归来，经批准报销差旅费，出差补助50元/天；往返机票2张，票价980元/张，燃油附加费110元/张，机场建设费50元/张；住宿费发票1张，增值税专用发票上注明的金额是600元，税额36元。余款484元退回，现金收讫。（原始凭证7-27-1、7-27-2、7-27-3、7-27-4、7-27-5、7-27-6）

（28）12月20日，生产部门从仓库领用20×20方钢24吨，Φ10圆钢48吨，用于生产F49 UKL前桥和F52 UKL后桥。（原始凭证7-28-1、7-28-2）

（29）12月20日，行政部门孙泓报销业务招待费，取得增值税普通发票上注明的金额900元，税额54元，出纳人员以现金付讫。（原始凭证7-29-1、7-29-2）

（30）12月22日，向安徽维利科技有限公司购买汽车车桥总成装配线1套，取得增值税专用发票上注明的金额500 000元，税额65 000元，由安徽维利科技有限公司垫付运输费给安徽吉安物流公司，取得增值税专用发票注明的金额30 000元，税额2 700元，以上款项均通过银行转账支付给安徽维利科技有限公司。(原始凭证7－30－1、7－30－2、7－30－3、7－30－4、7－30－5)

(31) 12月22日，向职工孙峰支付困难职工生活补助2 000元，以现金支付。(原始凭证7－31－1)

(32) 12月23日，向沈阳骏达工程安装有限公司支付装配线安装费，取得增值税专用发票上注明的金额10 000元，税额900元，款项通过银行转账支付。(原始凭证7－32－1、7－32－2、7－32－3)

(33) 12月23日，上述装配线安装完毕，投入使用。(原始凭证7－33－1)

(34) 12月23日，向沈阳市红十字会捐款10 000元，款项通过银行转账支付。(原始凭证7－34－1、7－34－2)

(35) 12月24日，用转账支票从辽宁神州红旗汽车销售服务有限公司购入全新的红旗轿车1辆，取得增值税专用发票上注明的金额200 000元，税额26 000元，当即验收并投入使用。(原始凭证7－35－1、7－35－2、7－35－3、7－35－4)

(36) 12月25日，向沈阳中旭汽车组件有限公司销售F49 UKL前桥40 000件，单价25元/件，税额130 000元，全部款项尚未收到。(原始凭证7－36－1)

(37) 12月26日，收到沈阳中旭汽车组件有限公司前欠货款1 130 000元，款项已转入本公司开户行账户。(原始凭证7－37－1)

(38) 12月27日，通过银行转账支付沈阳水务集团有限公司本月水费，取得增值税专用发票上注明的金额2 000元，税额180元。(原始凭证7－38－1、7－38－2、7－38－3、7－38－4)

(39) 12月27日，通过银行转账支付国网辽宁省电力有限公司沈阳供电公司本月电费，取得增值税专用发票上注明的金额30 000元，税额3 900元。(原始凭证7－39－1、7－39－2、7－39－3、7－39－4)

(40) 12月28日，向沈阳泰和劳保用品有限公司购买劳动手套、工作鞋和面罩，手套100副，单价5元/副，工作鞋20双，单价50元/双，面罩10个，单价40元/个，取得增值税专用发票上注明的金额1 900元，税额247元，款项已转账支付。(原始凭证7－40－1、7－40－2、7－40－3)

(41) 12月28日，车间领用涂料6 510千克，其中生产F49 UKL前桥领用3 599千克，生产F52 UKL后桥领用2 711千克，车间一般耗用200千克。(原始凭证7－41－1)

(42) 12月29日，生产部门领用劳动保护用品，手套90副，工作鞋11双，面罩10个，详见福利用品分配表。(原始凭证7－42－1、7－42－2)

(43) 12月31日，计提本月固定资产折旧费48 000元，其中车间计提固定资产折旧费23 000元，行政部门计提折旧20 000元，质检部门计提折旧2 000元，采购部门计提折旧1 000元，销售部门计提折旧2 000元。(原始凭证7－43－1)

(44) 12月31日，计提应由本月负担的借款利息费用1 500元。(原始凭证7－44－1)

(45) 12月31日，分配本月职工工资总额120 000元，详见职工工资结算汇总表。(原始凭证7－45－1)

（46）12月31日，按职工工资的14%计提福利费，8%计提职工教育经费，2%计提工会经费。（原始凭证7-46-1）

（47）12月31日，根据工资汇总表，按工资总额的20%、10%、1%、0.5%、1%计提养老保险、医疗保险、生育保险、工伤保险、失业保险；按12%计提职工住房公积金。（原始凭证7-47-1）

（48）12月31日，根据工资汇总表，按工资总额的8%、2%、0.5%代扣代缴职工养老保险、医疗保险、失业保险；按12%代扣代缴职工住房公积金。代扣代缴职工个人所得税610元。（原始凭证7-48-1）

（49）12月31日，按产品生产工时比例，分配结转本月制造费用。（F49 UKL前桥占用机器工时数2 000个，F52 UKL后桥占用机器工时数3 000个）（原始凭证7-49-1、7-49-2）

（50）12月31日，计算并结转本月生产完毕的产成品F49 UKL前桥和F52 UKL后桥，验收入库，根据产品成本计算单结转其实际生产成本。（本月投产产品全部生产完毕，其中F49 UKL前桥20 000件，F52 UKL后桥18 000件）（原始凭证7-50-1、7-50-2）

（51）12月31日，根据本月销售情况，计算并结转本月产品的销售成本。（原始凭证7-51-1）

（52）12月31日，按本月应缴纳的增值税额计算本月应缴纳的城市维护建设税和教育费附加，税率分别为7%和3%。（原始凭证7-52-1）

（53）12月31日，按照应收账款余额的5%计提坏账准备金。（原始凭证7-53-1）

（54）12月31日，向大连安达汽车零部件有限公司销售多余的涂料500千克，单价24元/千克，增值税专用发票上注明的金额12 000元，税额1 560元，款项已转入本公司开户行账户。涂料的单位成本20元/千克。（原始凭证7-54-1、7-54-2、7-54-3）

（55）12月31日，结转本月收入类账户发生额至“本年利润”。（原始凭证7-55-1）

（56）12月31日，结转本月费用类账户发生额至“本年利润”。（原始凭证7-56-1）

（57）12月31日，公司按照25%的税率计算全年的所得税，并予以结转（假定没有发生纳税调整事项，本年1—11月“本年利润”为4 749 308元）。（原始凭证7-57-1）

（58）12月31日，公司按照董事会的决议，按全年净利润的10%提取法定盈余公积金。（假定盈余公积计提于年末进行）（原始凭证7-58-1）

（59）12月31日，公司董事会决定分配给股东现金股利200 000元。（假定利润分配于年末进行）具体方案见公司利润分配方案。（原始凭证7-59-1）

（60）12月31日，公司年末结转本年净利润。

（61）12月31日，将“利润分配”各明细账户余额转入“利润分配——未分配利润”明细分类账户。

（四）沈阳佳兴汽车零部件有限公司2022年12月以上经济交易或事项取得的原始凭证如下（假定所有原始凭证必备印章、签名均已具备，原始凭证经审核无误）

7－1－1

中国建设银行 China Construction Bank

中国建设银行单位客户专用回单

币别：人民币　　2022年12月1日　　流水号：2104300410NCPR4N456

付款人	全　称	李旭	收款人	全　称	沈阳佳兴汽车零部件有限公司
	账　号	6210810730005321245		账　号	21050138000900000508
	开户行	中国建设银行沈阳浑南支行		开户行	中国建设银行沈阳浑南支行
金　额	（大写）人民币肆佰捌拾万元整				（小写）¥4,800,000.00
凭证种类	电子转账凭证		凭证号码		104322112408
结算方式	转账		用　途		投资款
			打印柜员：210432801003 打印机构：建行沈阳浑南支行 打印卡号：6232510820235802		

打印时间：2022-12-01 10:30:02　　交易柜员：　　交易机构：2104331

（贷方回单）（收款人回单）

本回单可通过建行对公自助设备或建行网站校验真伪

中国建设银行 电子回单 专用章

7－1－2

投资协议书

经双方协商，李旭以货币资金4 800 000元向沈阳佳兴汽车零部件有限公司投资。李旭将按4 500 000元的资本额享有表决权，股份比例为15%。

投资人签字 李旭

2022 年 12 月 1 日

沈阳佳兴汽车零部件有限公司

法人代表 张

2022 年 12 月 1 日

7－2－1

中国建设银行 China Construction Bank

中国建设银行单位客户专用回单

币别：人民币　　2022年12月3日　　流水号：2104300410NCPR4N305

付款人	全　称	沈阳佳兴汽车零部件有限公司	收款人	全　称	沈阳佳兴汽车零部件有限公司
	账　号	21050138000900000508		账　号	21050138000900000508
	开户行	中国建设银行沈阳浑南支行		开户行	中国建设银行沈阳浑南支行
金　额	（大写）人民币壹万元整				（小写）¥10,000.00
凭证种类			凭证号码		104322112409
结算方式	提现		用　途		备用金
			打印柜员：210432801003 打印机构：建行沈阳浑南支行 打印卡号：6232510820235802		

打印时间：2022-12-03 10:00:02　　交易柜员：　　交易机构：2104331

（借方回单）（付款人回单）

本回单可通过建行对公自助设备或建行网站校验真伪

中国建设银行 电子回单 专用章

7－3－1

辽宁增值税专用发票

2100215356　　№18950411

发票联

开票日期：2022年12月05日

购买方	名　　称：沈阳佳兴汽车零部件有限公司 纳税人识别号：92210112MA0XFEU85N 地 址、电 话：沈阳市浑南区智慧四街18-2号024-88015258 开户行及电话：中国建设银行沈阳浑南支行21050138000900000508				密码区	<2/14/>3<0/>-2<419318/424>9 6178-441329/*43-6123404>**- 213/31<*5<0*>1/1-+551+31-16 026<3312889111469914/53>2>19		
货物或应税劳务、服务名称	规格型号	单位	数量	单价	金额	税率	税额	
*涂料*涂料		千克	1500	20	30000.00	13%	3900.00	
合　　计					¥30000.00		¥3900.00	
价税合计（大写）	⊗叁万叁仟玖佰元整				（小写）¥33900.00			
销售方	名　　称：沈阳化星商贸有限公司 纳税人识别号：91212705BKPL53D821 地 址、电 话：沈阳市铁西区北二中路59号024-88016371 开户行及电话：中国工商银行沈阳铁西支行6232052434820003078				备注			

收款人：张杨　　复核：韩旭　　开票人：王月　　销售方：（章）

税总货劳函[2021]280号北京印钞有限公司

第三联：发票联 购买方记账凭证

7－3－2

辽宁增值税专用发票

2100215356　　№18950411

抵扣联

开票日期：2022年12月05日

购买方	名　　称：沈阳佳兴汽车零部件有限公司 纳税人识别号：92210112MA0XFEU85N 地 址、电 话：沈阳市浑南区智慧四街18-2号024-88015258 开户行及电话：中国建设银行沈阳浑南支行21050138000900000508				密码区	<2/14/>3<0/>-2<419318/424>9 6178-441329/*43-6123404>**- 213/31<*5<0*>1/1-+551+31-16 026<3312889111469914/53>2>19		
货物或应税劳务、服务名称	规格型号	单位	数量	单价	金额	税率	税额	
*涂料*涂料		千克	1500	20	30000.00	13%	3900.00	
合　　计					¥30000.00		¥3900.00	
价税合计（大写）	⊗叁万叁仟玖佰元整				（小写）¥33900.00			
销售方	名　　称：沈阳化星商贸有限公司 纳税人识别号：91212705BKPL53D821 地 址、电 话：沈阳市铁西区北二中路59号024-88016371 开户行及电话：中国工商银行沈阳铁西支行6232052434820003078				备注			

收款人：张杨　　复核：韩旭　　开票人：王月　　销售方：（章）

税总货劳函[2021]280号北京印钞有限公司

第二联：抵扣联 购买方扣税凭证

7－3－3

中国建设银行 China Construction Bank

中国建设银行单位客户专用回单

币别：人民币　　2022年12月05日　　流水号：2104300410NCPR4N305

付款人	全　称	沈阳佳兴汽车零部件有限公司	收款人	全　称	沈阳化星商贸有限公司
	账　号	21050138000900000508		账　号	6232052434820003078
	开户行	中国建设银行沈阳浑南支行		开户行	中国工商银行沈阳铁西支行
金　额		（大写）人民币叁万叁仟玖佰元整　　（小写）¥33,900.00			
凭证种类		电子转账凭证	凭证号码		104322112410
结算方式		转账	用　途		货款
			打印柜员：210432801003 打印机构：建行沈阳浑南支行 打印卡号：6232510820235802		

（借方回单）（付款人回单）

本回单可通过建行对公自助设备或建行网站校验真伪

打印时间：2022-12-05 13:00:02　　交易柜员：　　交易机构：2104331

（印章：中国建设银行 电子回单专用章）

7－4－1

中国建设银行 China Construction Bank

中国建设银行单位客户专用回单

币别：人民币　　2022年12月06日　　流水号：2104300410NCPR6N402

付款人	全　称	沈阳佳兴汽车零部件有限公司	收款人	全　称	沈阳化星商贸有限公司
	账　号	21050138000900000508		账　号	6232052434820003078
	开户行	中国建设银行沈阳浑南支行		开户行	中国工商银行沈阳铁西支行
金　额		（大写）人民币肆拾伍万捌仟元整　　（小写）¥ 458,000.00			
凭证种类		电子转账凭证	凭证号码		104322112420
结算方式		转账	用　途		货款
			打印柜员：210432801003 打印机构：建行沈阳浑南支行 打印卡号：6232510820235802		

（借方回单）（付款人回单）

本回单可通过建行对公自助设备或建行网站校验真伪

打印时间：2022-12-06 14:09:02　　交易柜员：　　交易机构：2104331

（印章：中国建设银行 电子回单专用章）

7－5－1

辽宁增值税专用发票

№18950904

21002510167

开票日期：2022年12月07日

发票联

购买方	名　　称：沈阳佳兴汽车零部件有限公司 纳税人识别号：92210112MA0XFEU85N 地　址、电　话：沈阳市浑南区智慧四街18-2号024-88015258 开户行及电话：中国建设银行沈阳浑南支行21050138000900000508				密码区	<6/29/>3<0/>-2<322319/323>6 3189-369326/*43-6542303>**- 312/51<*5<0*>1/1-+431+51-12 023<3326416264685516/32>2>21			
货物或应税劳务、服务名称	规格型号	单位	数量	单价	金额	税率	税额		
*劳务*设备维修费			1	500	500.00	13%	65.00		
合　计					¥500.00		¥65.00		
价税合计（大写）	⊗伍佰陆拾伍元整				（小写）¥565.00				
销售方	名　　称：沈阳利通机械设备有限公司 纳税人识别号：91210105061432405A 地　址、电　话：沈阳市大东区东北大马路38号024-88023418 开户行及电话：中国工商银行沈阳吉祥支行6232043862320002029				备注				

收款人：王一　　复核：刘云　　开票人：杨红　　销售方：（章）

（印章：沈阳利通机械设备有限公司 91210105061432405A 发票专用章）

税总货劳函[2021]280号北京印钞有限公司

第三联：发票联　购买方记账凭证

7－5－2

辽宁增值税专用发票

№18950904

21002510167

开票日期：2022年12月07日

抵扣联

购买方	名　　称：沈阳佳兴汽车零部件有限公司 纳税人识别号：92210112MA0XFEU85N 地　址、电　话：沈阳市浑南区智慧四街18-2号024-88015258 开户行及电话：中国建设银行沈阳浑南支行21050138000900000508				密码区	<6/29/>3<0/>-2<322319/323>6 3189-369326/*43-6542303>**- 312/51<*5<0*>1/1-+431+51-12 023<3326416264685516/32>2>21			
货物或应税劳务、服务名称	规格型号	单位	数量	单价	金额	税率	税额		
*劳务*设备维修费			1	500	500.00	13%	65.00		
合　计					¥500.00		¥65.00		
价税合计（大写）	⊗伍佰陆拾伍元整				（小写）¥565.00				
销售方	名　　称：沈阳利通机械设备有限公司 纳税人识别号：91210105061432405A 地　址、电　话：沈阳市大东区东北大马路38号024-88023418 开户行及电话：中国工商银行沈阳吉祥支行6232043862320002029				备注				

收款人：王一　　复核：刘云　　开票人：杨红　　销售方：（章）

（印章：沈阳利通机械设备有限公司 91210105061432405A 发票专用章）

税总货劳函[2021]280号北京印钞有限公司

第二联：抵扣联　购买方扣税凭证

7－5－3

中国建设银行 China Construction Bank

中国建设银行单位客户专用回单

币别：人民币　　2022年12月07日　　流水号：2104300410NCPR4N805

付款人	全　称	沈阳佳兴汽车零部件有限公司	收款人	全　称	沈阳利通机械设备有限公司
	账　号	21050138000900000508		账　号	6232043862320002029
	开户行	中国建设银行沈阳浑南支行		开户行	中国工商银行沈阳吉祥支行
金　额	（大写）人民币伍佰陆拾伍元整			（小写）¥565.00	
凭证种类	电子转账凭证		凭证号码	104322112410	
结算方式	转账		用　途	设备维修费	
			打印柜员：210432801003 打印机构：建行沈阳浑南支行 打印卡号：6232510820235802		

（借方回单）（付款人回单）

本回单可通过建行对公自助设备或建行网站校验真伪

中国建设银行 电子回单 专用章

打印时间：2022-12-07 13:00:02　　交易柜员：　　交易机构：2104331

7－6－1

辽宁增值税专用发票

发票联

全国统一发票监制章 辽宁 国家税务总局监制

21004500278　　№18950403

开票日期：2022年12月08日

购买方	名　　称：沈阳佳兴汽车零部件有限公司 纳税人识别号：92210112MA0XFEU85N 地址、电话：沈阳市浑南区智慧四街18-2号024-88015258 开户行及电话：中国建设银行沈阳浑南支行21050138000900000508				密码区	<5/19/>3<0/>-2<622318/424>3 5123-661329/*43-3218404>**- 516/61<*5<0*>1/1-+441+31-19 026<4416321864682216/41>6>52	
货物或应税劳务、服务名称	规格型号	单位	数量	单价	金额	税率	税额
*黑色金属冶炼压延品*圆钢	Φ10	吨	2	4700	9400.00	13%	1222.00
合　计					¥9400.00		¥1222.00
价税合计（大写）	⊗壹万零陆佰贰拾贰元整					（小写）¥10622.00	
销售方	名　　称：沈阳兴达钢材销售公司 纳税人识别号：91211015PA0L59W523 地址、电话：沈阳市和平区南京南街186号024-88012432 开户行及电话：中国银行沈阳南京南街支行601367848661				备注		

收款人：王琪　　复核：刘贺　　开票人：李平　　销售方：（章）

沈阳兴达钢材销售公司 91211015PA0L59W523 发票专用章

第三联：发票联 购买方记账凭证

税总货劳函[2021]280号北京印钞有限公司

7－6－2

辽宁增值税专用发票

№18950403

抵扣联

21004500278

开票日期：2022年12月08日

购买方	名　　称：沈阳佳兴汽车零部件有限公司 纳税人识别号：92210112MA0XFEU85N 地 址、电 话：沈阳市浑南区智慧四街18-2号024-88015258 开户行及电话：中国建设银行沈阳浑南支行21050138000900000508			密码区	<5/19/>3<0/>-2<622318/424>3 5123-661329/*43-3218404>**- 516/61<*5<0*>1/1-+441+31-19 026<4416321864682216/41>6>52		
货物或应税劳务、服务名称	规格型号	单位	数量	单价	金额	税率	税额
*黑色金属冶炼压延品*圆钢	Φ10	吨	2	4700	9400.00	13%	1222.00
合　　计					¥9400.00		¥1222.00
价税合计（大写）	⊗壹万零陆佰贰拾贰元整				（小写）¥10622.00		
销售方	名　　称：沈阳兴达钢材销售公司 纳税人识别号：91211015PA0L59W523 地 址、电 话：沈阳市和平区南京南街186号024-88012432 开户行及电话：中国银行沈阳南京南街支行601367848661			备注			

收款人：王琪　　复核：刘贺　　开票人：李平　　销售方：（章）

第二联：抵扣联　购买方扣税凭证

税总货劳函[2021]280号北京印钞有限公司

7－6－3

中国票据交易系统

电 子 银 行 承 兑 汇 票

出票日期　2022-12-08　　　票据状态　持票

汇票到期日　2023-06-08　　票据号码　1 105221008000 20211208 66654282 6

出票人	全　称	沈阳佳兴汽车零部件有限公司	收款人	全　称	沈阳兴达钢材销售公司
	账　号	21050138000900000508		账　号	601367848661
	开户银行	中国建设银行股份有限公司沈阳浑南支行		开户银行	中国银行沈阳南京南街支行
出票金额	人民币（大写）	壹万零陆佰贰拾贰元整		亿千百十万千百十元角分	¥1062200
承兑人信息	全　称	中国建设银行股份有限公司沈阳浑南支行		开户行行号	105221008000
	账　号	21050138000900000508		开户行名称	中国建设银行股份有限公司沈阳浑南支行
能否转让	可转让				

7－6－4

辽宁增值税专用发票

No14353522

21004500298

发票联

开票日期：2022年12月08日

购买方	名称：沈阳佳兴汽车零部件有限公司 纳税人识别号：92210112MA0XFEU85N 地址、电话：沈阳市浑南区智慧四街18-2号024-88015258 开户行及电话：中国建设银行沈阳浑南支行21050138000900000508	密码区：<5/19/>3<0/>-2<622318/424>3 5123-661329/*43-3218404>**- 516/61<*5<0*>1/1-+441+31-19 026<4416321864682216/41>6>52

货物或应税劳务、服务名称	规格型号	单位	数量	单价	金额	税率	税额
*运输服务*运输费			1	600	600.00	9%	54.00
合计					¥600.00		¥54.00
价税合计（大写）	⊗陆佰伍拾肆元整				（小写）¥654.00		

销售方	名称：沈阳亨通物流有限公司 纳税人识别号：91210103MA0741401A 地址、电话：沈阳市苏家屯区南京南街1118号024-88612781 开户行及电话：中国银行股份有限公司沈阳中山支行292158063451	备注

收款人：赵佳　复核：王华　开票人：王松　销售方：（章）

第三联：发票联 购买方记账凭证

税总货劳函[2021]280号北京印钞有限公司

（印章：全国统一发票监制章 辽宁 国家税务总局监制）（印章：沈阳亨通物流有限公司 91210103MA0741401A 发票专用章）

7－6－5

辽宁增值税专用发票

No14353522

21004500298

抵扣联

开票日期：2022年12月08日

购买方	名称：沈阳佳兴汽车零部件有限公司 纳税人识别号：92210112MA0XFEU85N 地址、电话：沈阳市浑南区智慧四街18-2号024-88015258 开户行及电话：中国建设银行沈阳浑南支行21050138000900000508	密码区：<5/19/>3<0/>-2<622318/424>3 5123-661329/*43-3218404>**- 516/61<*5<0*>1/1-+441+31-19 026<4416321864682216/41>6>52

货物或应税劳务、服务名称	规格型号	单位	数量	单价	金额	税率	税额
*运输服务*运输费			1	600	600.00	9%	54.00
合计					¥600.00		¥54.00
价税合计（大写）	⊗陆佰伍拾肆元整				（小写）¥654.00		

销售方	名称：沈阳亨通物流有限公司 纳税人识别号：91210103MA0741401A 地址、电话：沈阳市苏家屯区南京南街1118号024-88612781 开户行及电话：中国银行股份有限公司沈阳中山支行292158063451	备注

收款人：赵佳　复核：王华　开票人：王松　销售方：（章）

第二联：抵扣联 购买方扣税凭证

税总货劳函[2021]280号北京印钞有限公司

（印章：全国统一发票监制章 辽宁 国家税务总局监制）（印章：沈阳亨通物流有限公司 91210103MA0741401A 发票专用章）

7－6－6

入　库　单

No. 221201

供货单位：沈阳兴达钢材销售公司　　2022年12月8日

编号	品名	规格	单位	数量	单价	金额	备注
1	圆钢	Φ10	吨	2	5,000.00	10,000.00	
合计						10,000.00	

仓库主管：赵一萌　记账：刘硕　保管：孙峰　制单：李淼

7－6－7

收　款　收　据

2022年12月08日

交款单位或姓名	沈阳佳兴汽车零部件有限公司	
款项来源	运输费	
金额	人民币（大写）	陆佰伍拾肆元整

收款单位财务章（沈阳亨通物流有限公司 91210103MA0741401A 财务专用章）　收款人 邓正超　交款人 杨丹

7－7－1

中国建设银行 China Construction Bank

中国建设银行单位客户专用回单

币别：人民币　2022年12月8日　流水号：2104300410NCPR4N312

付款人	全称	沈阳佳兴汽车零部件有限公司	收款人	全称	批量账务集中处理
	账号	21050138000900000508		账号	CN000210AP0111P22070111021725678
	开户行	中国建设银行沈阳浑南支行		开户行	
金额		（大写）人民币玖万贰仟叁佰玖拾元整			（小写）¥92,390.00
凭证种类		电子转账凭证	凭证号码		104322112411
结算方式		转账	用途		工资
			打印柜员：210432801003 打印机构：建行沈阳浑南支行 打印卡号：6232510820235802		

打印时间：2022-12-08 15:00:02　交易柜员：　交易机构：2104331

（借方回单）（付款人回单）

本回单可通过建行对公自助设备或建行网站校验真伪

（中国建设银行 电子回单专用章）

7－8－1

中国建设银行 China Construction Bank

中国建设银行单位客户专用回单

币别：人民币　　2022年12月09日　　流水号：2104300410NCPR5N325

付款人	全　称	中国建设银行沈阳浑南支行	收款人	全　称	沈阳佳兴汽车零部件有限公司
	账　号	21050138000900000790		账　号	21050138000900000508
	开户行	中国建设银行沈阳浑南支行		开户行	中国建设银行沈阳浑南支行
金　额	（大写）人民币叁拾万元整			（小写）¥300,000.00	
凭证种类	电子转账凭证		凭证号码	104322112412	
结算方式	转账		用　途	流动资金贷款	
			打印柜员：210432801003 打印机构：建行沈阳浑南支行 打印卡号：6232510820235802		

（中国建设银行 电子回单 专用章）

打印时间：2022-12-09 14:15:02　　交易柜员：　　交易机构：2104331

（贷方回单）（收款人回单）

本回单可通过建行对公自助设备或建行网站校验真伪

7－8－2

中国建设银行 China Construction Bank

公司贷款借据

日期：2022年12月09日　　00541713

借款人名称	沈阳佳兴汽车零部件有限公司	贷款还款账号	21050138000900000508
贷款利率	☑固定利率6%　□浮动利率　遇贷款市场报价利率（LPR）调整，于一下时间点使用最新一期贷款市场报价利率（LPR） □贷款市场报价利率（LPR）调整日的下一年度的1月1日起适用 □贷款市场报价利率（LPR）调整后的第一个与相应提款日对应的周年日起适用 □贷款市场报价利率（LPR）调整后的下一个季度的第一天起适用 □贷款市场报价利率（LPR）调整后的下一个月的第一天起适用 □贷款市场报价利率（LPR）调整的次日起适用 □其他： □利率为以____年____月____日发布的____年期贷款市场报价利率（LPR）____%为定价基准 □加/□减____个基点（其中1基点=0.01个百分点）；□上浮/□下浮____% □利率为以____个月LIBOR____%□加/□减____个基点 注：以上贷款年化利率均采用单利方法计算		
币种及借款金额（大写）	人民币叁拾万元整	十亿千百十万千百十元角分	¥ 3 0 0 0 0 0 0 0
贷款期限	自2022年12月9日至2023年6月9日	借款用途	生产周转
结息方式	□按季度结息，结息日为每季末月20日； ☑按月结息，结息日为每月20日； □利随本清 □付息日为每月与放款日相对应的日期；□其他：	备注：	
借款人意见： 根据 DK2360425 号《 公司借款合同 》（以下简称“借款合同”），我司向贷款人提出不可撤销的提款申请，请贷款人按照借款合同规定简洁款划入如下借款人指定账户： 户名： 沈阳佳兴汽车零部件有限公司 账号： 21050138000900000508 开户行： 中国建设银行沈阳浑南支行 本借据为借款合同的组成部分，借款划入上述制定账户时，贷款人即履行了借款合同的方可义务，借款人保证将按照借款合同履行各项义务。 （沈阳佳兴汽车零部件有限公司 92210112MA0XFEU85N）（印 张炎） （借款人预留印鉴）		银行意见： 同意 客户经理意见： 同意 业务部门负责人意见： 同意 （中国建设银行股份有限公司 2021.12.09 业务专用章 (9)）	

第三联　贷款发放后退回借款人

7－9－1

辽宁增值税专用发票

№18000238

2100587782

发票联

开票日期：2022年12月10日

税总货劳函[2021]280号北京印钞有限公司

购买方	名　　称：沈阳佳兴汽车零部件有限公司 纳税人识别号：92210112MA0XFEU85N 地址、电话：沈阳市浑南区智慧四街18-2号024-88015258 开户行及电话：中国建设银行沈阳浑南支行21050138000900000508			密码区	<5/19/>3<0/>-2<622318/424>3 5123-661329/*43-3218404>**- 516/61<*5<0*>1/1-+441+31-19 026<4416321864682216/41>6>52		
货物或应税劳务、服务名称	规格型号	单位	数量	单价	金额	税率	税额
*模具*G38检具		套	1	15000	15000.00	13%	1950.00
合　　计					¥15000.00		¥1950.00
价税合计（大写）	⊗壹万陆仟玖佰伍拾元整				（小写）¥16950.00		
销售方	名　　称：沈阳惠文精密科技有限公司 纳税人识别号：91210109MA5AH2PQ63 地址、电话：沈阳市沈北新区正坤路8号024-81089936 开户行及电话：招商银行沈北支行124904160888457			备注			

收款人：刘佳　　复核：王玲　　开票人：林帆　　销售方：（章）

第三联：发票联　购买方记账凭证

7－9－2

辽宁增值税专用发票

№18000238

2100587782

抵扣联

开票日期：2022年12月10日

税总货劳函[2021]280号北京印钞有限公司

购买方	名　　称：沈阳佳兴汽车零部件有限公司 纳税人识别号：92210112MA0XFEU85N 地址、电话：沈阳市浑南区智慧四街18-2号024-88015258 开户行及电话：中国建设银行沈阳浑南支行21050138000900000508			密码区	<5/19/>3<0/>-2<622318/424>3 5123-661329/*43-3218404>**- 516/61<*5<0*>1/1-+441+31-19 026<4416321864682216/41>6>52		
货物或应税劳务、服务名称	规格型号	单位	数量	单价	金额	税率	税额
*模具*G38检具		套	1	15000	15000.00	13%	1950.00
合　　计					¥15000.00		¥1950.00
价税合计（大写）	⊗壹万陆仟玖佰伍拾元整				（小写）¥16950.00		
销售方	名　　称：沈阳惠文精密科技有限公司 纳税人识别号：91210109MA5AH2PQ63 地址、电话：沈阳市沈北新区正坤路8号024-81089936 开户行及电话：招商银行沈北支行124904160888457			备注			

收款人：刘佳　　复核：王玲　　开票人：林帆　　销售方：（章）

第二联：抵扣联　购买方扣税凭证

7－9－3

辽宁增值税专用发票

发票联

2100587789

№10209130

开票日期：2022年12月10日

购买方	名　　称：沈阳佳兴汽车零部件有限公司 纳税人识别号：92210112MA0XFEU85N 地 址、电 话：沈阳市浑南区智慧四街18-2号024-88015258 开户行及电话：中国建设银行沈阳浑南支行21050138000900000508	密码区	<5/19/>3<0/>-2<622318/424>3 5123-661329/*43-3218404>**- 516/61<*5<0*>1/1-+441+31-19 026<4416321864682216/41>6>52

货物或应税劳务、服务名称	规格型号	单位	数量	单价	金额	税率	税额
*运输服务*运输费			1	600	1000.00	9%	90.00
合　　计					¥1000.00		¥90.00
价税合计（大写）	⊗壹仟零玖拾元整				（小写）¥1090.00		

销售方	名　　称：沈阳亨通物流有限公司 纳税人识别号：91210103MA0741401A 地 址、电 话：沈阳市苏家屯区南京南街1118号024-88612781 开户行及电话：中国银行股份有限公司沈阳中山支行292158063451	备注	

收款人：赵佳　　复核：王华　　开票人：王松　　销售方：（章）

第三联：发票联　购买方记账凭证

税总货劳函[2021]280号北京印钞有限公司

7－9－4

辽宁增值税专用发票

抵扣联

2100587789

№10209130

开票日期：2022年12月10日

购买方	名　　称：沈阳佳兴汽车零部件有限公司 纳税人识别号：92210112MA0XFEU85N 地 址、电 话：沈阳市浑南区智慧四街18-2号024-88015258 开户行及电话：中国建设银行沈阳浑南支行21050138000900000508	密码区	<5/19/>3<0/>-2<622318/424>3 5123-661329/*43-3218404>**- 516/61<*5<0*>1/1-+441+31-19 026<4416321864682216/41>6>52

货物或应税劳务、服务名称	规格型号	单位	数量	单价	金额	税率	税额
*运输服务*运输费			1	600	1000.00	9%	90.00
合　　计					¥1000.00		¥90.00
价税合计（大写）	⊗壹仟零玖拾元整				（小写）¥1090.00		

销售方	名　　称：沈阳亨通物流有限公司 纳税人识别号：91210103MA0741401A 地 址、电 话：沈阳市苏家屯区南京南街1118号024-88612781 开户行及电话：中国银行股份有限公司沈阳中山支行292158063451	备注	

收款人：赵佳　　复核：王华　　开票人：王松　　销售方：（章）

第二联：抵扣联　购买方扣税凭证

税总货劳函[2021]280号北京印钞有限公司

7－9－5

中国建设银行单位客户专用回单

中国建设银行 China Construction Bank

币别：人民币　　2022年12月10日　　流水号：2104300410NCPR5N336

付款人	全　称	沈阳佳兴汽车零部件有限公司	收款人	全　称	沈阳惠文精密科技有限公司
	账　号	21050138000900000508		账　号	124904160888457
	开户行	中国建设银行沈阳浑南支行		开户行	招商银行沈北支行
金　额	（大写）人民币壹万陆仟玖佰伍拾元整				（小写）¥16,950.00
凭证种类	电子转账凭证		凭证号码	104322112413	
结算方式	转账		用　途	货款	
			打印柜员：210432801003 打印机构：建行沈阳浑南支行 打印卡号：6232510820235802		

中国建设银行 电子回单 专用章

打印时间：2022-12-10 13:08:02　　交易柜员：　　交易机构：2104331

（借方回单）（付款人回单）

本回单可通过建行对公自助设备或建行网站校验真伪

7－9－6

中国建设银行单位客户专用回单

中国建设银行 China Construction Bank

币别：人民币　　2022年12月10日　　流水号：2104300410NCPR5N337

付款人	全　称	沈阳佳兴汽车零部件有限公司	收款人	全　称	沈阳亨通物流有限公司
	账　号	21050138000900000508		账　号	292158063451
	开户行	中国建设银行沈阳浑南支行		开户行	中国银行股份有限公司沈阳中山支行
金　额	（大写）人民币壹仟零玖拾元整				（小写）¥1,090.00
凭证种类	电子转账凭证		凭证号码	104322112414	
结算方式	转账		用　途	物流款	
			打印柜员：210432801003 打印机构：建行沈阳浑南支行 打印卡号：6232510820235802		

中国建设银行 电子回单 专用章

打印时间：2022-12-10 13:08:02　　交易柜员：　　交易机构：2104331

（借方回单）（付款人回单）

本回单可通过建行对公自助设备或建行网站校验真伪

7－9－7

固定资产交接（验收）单

2022年12月10日

编号	名称	规格	型号	计量单位	数量	制造单位		备注
JQ002	G38检具			套	1	沈阳惠文精密科技有限公司		
总价	买价	安装费	运杂费	包装费	其他	原值	预计年限	净残值率
	15000.00	0.00	1000.00	0.00	0.00	16000.00	5年	0%
用途	生产		使用部门		生产部		已提折旧	0.00
验收意见		合格			验收人签章		董家兴	

财务主管：陈洁　　制单：刘硕　　复核：张杰

7－10－1

入　　库　　单

No. 221202

供货单位：沈阳化星商贸有限公司　　2022年12月11日

编　号	品　　名	规　　格	单　位	数　　量	单　　价	金　　额	备　注
1	涂料		千克	1500	20.00	30,000.00	
合			计			30,000.00	

仓库主管：赵一萌　　记账：刘硕　　保管：孙峰　　制单：李淼

7－11－1

辽宁增值税专用发票

2100563597　　№18051639

发票联

开票日期：2022年12月11日

购买方	名　　称：沈阳佳兴汽车零部件有限公司 纳税人识别号：92210112MA0XFEU85N 地 址、电 话：沈阳市浑南区智慧四街18-2号024-88015258 开户行及电话：中国建设银行沈阳浑南支行21050138000900000508	密码区	<5/19/>3<0/>-2<622318/424>3 5123-661329/*43-3218404>**- 516/61<*5<0*>1/1-+441+31-19 026<4416321864682216/41>6>52

货物或应税劳务、服务名称	规格型号	单位	数量	单价	金额	税率	税额
*电信服务*通信费			1	500	500.00	6%	30.00
合　　计					¥500.00		¥30.00
价税合计（大写）	⊗伍佰叁拾元整				（小写）¥530.00		

销售方	名　　称：中国移动通信集团辽宁有限公司沈阳分公司 纳税人识别号：91210103715752158B 地 址、电 话：沈阳市沈河区十一纬路138号024-66881321 开户行及电话：中信银行沈阳和平支行7222210182600043408	备注	

收款人：王军　　复核：王丹　　开票人：周军　　销售方：（章）

第三联：发票联　购买方记账凭证

税总货劳函[2021]280号北京印钞有限公司

7-11-2

辽宁增值税专用发票

抵扣联

№18051639

2100563597

开票日期：2022年12月11日

购买方	名　　称：沈阳佳兴汽车零部件有限公司 纳税人识别号：92210112MA0XFEU85N 地址、电话：沈阳市浑南区智慧四街18-2号024-88015258 开户行及电话：中国建设银行沈阳浑南支行21050138000900000508			密码区	<5/19/>3<0/>-2<622318/424>3 5123-661329/*43-3218404>**- 516/61<*5<0*>1/1-+441+31-19 026<4416321864682216/41>6>52		
货物或应税劳务、服务名称	规格型号	单位	数量	单价	金额	税率	税额
*电信服务*通信费			1	500	500.00	6%	30.00
合　　计					¥500.00		¥30.00
价税合计（大写）	⊗伍佰叁拾元整				（小写）¥530.00		
销售方	名　　称：中国移动通信集团辽宁有限公司沈阳分公司 纳税人识别号：91210103715752158B 地址、电话：沈阳市沈河区十一纬路138号024-66881321 开户行及电话：中信银行沈阳和平支行7222210182600043408			备注			

收款人：王军　　复核：王丹　　开票人：周军　　销售方：（章）

税总货劳函[2021]280号北京印钞有限公司

第二联：抵扣联　购买方扣税凭证

7-11-3

中国建设银行 China Construction Bank

中国建设银行单位客户专用回单

币别：人民币　　2022年12月11日　　流水号：2104300410NCPR5N343

付款人	全　称	沈阳佳兴汽车零部件有限公司	收款人	全　称	中国移动通信集团辽宁有限公司沈阳分公司
	账　号	21050138000900000508		账　号	7222210182600043408
	开户行	中国建设银行沈阳浑南支行		开户行	中信银行沈阳和平支行
金　额	（大写）人民币伍佰叁拾元整			（小写）¥530.00	
凭证种类	电子转账凭证		凭证号码	104322112414	
结算方式	转账		用　途	电话费	
			打印柜员：210432801003 打印机构：建行沈阳浑南支行 打印卡号：6232510820235802		

打印时间：2022-12-11 13:38:02　　交易柜员：　　交易机构：2104331

（借方回单）（付款人回单）

本回单可通过建行对公自助设备或建行网站校验真伪

7－12－1

中　华　人　民　共　和　国
税　收　完　税　证　明

NO. 361055190377701006

填发日期　2022年12月11日　　税务机关：国家税务总局沈阳市浑南区税务局

纳税人识别号	92210112MA0XFEU85N		纳税人名称	沈阳佳兴汽车零部件有限公司	
原凭证号	税种	品目名称	税款所属的期间	入（退）库日期	实缴（退）金额
361056190377711006	增值税	制造业	2022-11-01至2022-11-30	2022-12-11	360000.00
金额合计	（大写）叁拾陆万元整				¥360,000.00
税务机关（盖章）	填票人 自助办税终端	备注：一般申报 正税			

收据联　交纳税人作完税证明

第 1 次打印　　妥善保管

7－12－2

中　华　人　民　共　和　国
税　收　完　税　证　明

NO. 361055190377701007

填发日期　2022年12月11日　　税务机关：国家税务总局沈阳市浑南区税务局

纳税人识别号	92210112MA0XFEU85N		纳税人名称	沈阳佳兴汽车零部件有限公司	
原凭证号	税种	品目名称	税款所属的期间	入（退）库日期	实缴（退）金额
361056190377711007	城市维护建设税	市区	2022-11-01至2022-11-30	2022-12-11	25200.00
361056190377711007	教育费附加	增值税教育费附加	2022-11-01至2022-11-30	2022-12-11	10800.00
361056190377711007	印花税	经济合同	2022-11-01至2022-11-30	2022-12-11	1000.00
361056190377711007	个人所得税	工资薪金所得	2022-11-01至2022-11-30	2022-12-11	610.00
金额合计	（大写）叁万柒仟陆佰壹拾元整				¥37,610.00
税务机关（盖章）	填票人 自助办税终端	备注：一般申报 正税			

收据联　交纳税人作完税证明

第 1 次打印　　妥善保管

7－12－3

转账日期：2022年12月11日　　凭证字号：30012021121106299088

纳税人全称及
纳税人识别号（信用代码）：　沈阳佳兴汽车零部件有限公司　92210112MA0XFEU85N

付款人全称：沈阳佳兴汽车零部件有限公司
付款人账号：21050138000900000508
付款人开户银行：中国建设银行沈阳浑南支行
小写（合计）金额：¥360,000.00
大写（合计）金额：人民币叁拾陆万元整

咨询（投诉）电话：12366
征收机关名称（委托方）：国家税务总局沈阳市浑南区税务局
收款国库（银行）名称：国家金库沈阳市浑南区支库(代理)
缴款书交易流水号：2021121116051812700009588521051
税票号码：421016220700355640

税（费）种名称	所属时期	实缴金额
增值税	20221101-20221130	360000.00

7－12－4

转账日期：2022年12月11日　　　　　　　　　　凭证字号：30012021121106299089

纳税人全称及
纳税人识别号（信用代码）：　沈阳佳兴汽车零部件有限公司
92210112MA0XFEU85N

付款人全称：沈阳佳兴汽车零部件有限公司
付款人账号：21050138000900000508
付款人开户银行：中国建设银行沈阳浑南支行
小写（合计）金额：¥37,610.00
大写（合计）金额：人民币叁万柒仟陆佰壹拾元整

咨询（投诉）电话：12366
征收机关名称（委托方）：国家税务总局沈阳市浑南区税务局
收款国库（银行）名称：国家金库沈阳市浑南区支库(代理)
缴款书交易流水号：20211211160518127000009588521052
税票号码：421016220700355641

税（费）种名称	所属时期	实缴金额
城市维护建设税	20221101-20221130	25200.00
教育费附加	20221101-20221130	10800.00
印花税	20221101-20221130	1000.00
个人所得税	20221101-20221130	610.00

7－13－1

中国建设银行
China Construction Bank

中国建设银行单位客户专用回单

币别：人民币　　　　2022年12月11日　　　　流水号：2104300410NCPR6N352

付款人	全　称	沈阳佳兴汽车零部件有限公司	收款人	全　称	沈阳佳兴汽车零部件有限公司工会委员会
	账　号	21050138000900000508		账　号	21050138000901353678
	开户行	中国建设银行沈阳浑南支行		开户行	中国建设银行沈阳浑南支行
金　额	（大写）人民币贰仟肆佰元整			（小写）¥ 2,400.00	
凭证种类	电子转账凭证		凭证号码	104322112415	
结算方式	转账		用　途	工会经费	
			打印柜员：210432801003 打印机构：建行沈阳浑南支行 打印卡号：6232510820235802		

中国建设银行
电子回单
专用章

打印时间：2022-12-11 14:08:02　　　交易柜员：　　　交易机构：2104331

（借方回单）（付款人回单）

本回单可通过建行对公自助设备或建行网站校验真伪

7－14－1

中国建设银行
China Construction Bank

中国建设银行单位客户专用回单

币别：人民币　　2022年12月12日　　流水号：2104300410NCPR6N364

付款人	全　称	沈阳中旭汽车组件有限公司	收款人	全　称	沈阳佳兴汽车零部件有限公司
	账　号	601369868653		账　号	21050138000900000508
	开户行	中国银行大东支行		开户行	中国建设银行沈阳浑南支行
金　额		（大写）人民币贰拾伍万柒仟元整			（小写）¥257,000.00
凭证种类		电子转账凭证	凭证号码		104322112416
结算方式		转账	用　途		货款
			打印柜员：210432801003 打印机构：建行沈阳浑南支行 打印卡号：6232510820235802		

（贷方回单）（收款人回单）

中国建设银行 电子回单专用章

打印时间：2022-12-12 13:18:02　　交易柜员：　　交易机构：2104331

本回单可通过建行对公自助设备或建行网站校验真伪

7－15－1

沈阳市城镇职工医疗保险职工个人缴费申报核定单

费款所属期2022年12月

单位名称：沈阳佳兴汽车零部件有限公司　　单位税号　92210112MA0XFEU85N

单位编号	21010000000000654689			社会统一信息用代码		92210112MA0XFEU85N		职工缴费基数总额	120000.00
缴纳大额救助人数（在职）			0人	缴纳大额救助人数（退休）		0人		单位应申报最低基数总额	
基金征集项目			缴费比例	缴费金额		补缴金额		合计	
基本医疗（生育）保险	单位		11%	单位最低申报金额	13200.00	单位最低申报金额	0.00	单位最低申报合计金额	13200.00
	个人		2%	个人缴费金额	2400.00	个人缴费金额	0.00	个人合计金额	2400.00
大额补助	单位	在职	—	0.00		0.00		0.00	
		退休	—	0.00					
	个人	在职	—	0.00		0.00		0.00	
		退休	—	0.00					
本期最低申报金额小计			15600.00	医疗(生育)缴费上浮基金		0.00		待转基金	
欠缴金额				本期免征金额		0.00		欠缴起始月份	
其中：大额欠缴金额（退休）				本期退休账户扣缴大额金额		0.00		欠费终止月份	
最低申报总额			15600.00	大写：人民币壹万伍仟陆佰元整					
附列项目	在职人数：		20人	退休人数：0人					

注：1、依据《沈阳市人民政府关于明确和规范社会保险费政教工作的通知》要求，用人单位的社会保险费，由用人单位向税务部门申报缴纳；用人单位的单位缴费部分由用人单位依据社会保险相关规定据实计算。

2、参保单位不得低于个人缴费申报核定单最低申报总额进行申报缴费。（与个人清欠单分开缴纳不得混缴）

经办人：自动推送（网上经办）　　打印时间：

沈阳智慧医保App二维码　　微信公众服务平台二维码

7－15－2

转账日期：2022年12月12日　　　　凭证字号：30012021121206268904

纳税人全称及
纳税人识别号（信用代码）：沈阳佳兴汽车零部件有限公司
92210112MA0XFEU85N

付款人全称：沈阳佳兴汽车零部件有限公司
付款人账号：21050138000900000508
付款人开户银行：中国建设银行沈阳浑南支行
小写（合计）金额：¥51,600.00
大写（合计）金额：人民币伍万壹仟陆佰元整

咨询（投诉）电话：12366
征收机关名称（委托方）：国家税务总局沈阳市浑南区税务局
收款国库（银行）名称：国家金库沈阳市浑南区支库(代理)
缴款书交易流水号：20211212160518127000009588521085
税票号码：421016220700355678

税（费）种名称	所属时期	实缴金额
基本医疗保险费	20221201-20221231	15600.00
企业职工基本养老保险费	20221201-20221231	33600.00
工伤保险费	20221201-20221231	600.00
失业保险费	20221201-20221231	1800.00

7－15－3

沈阳住房公积金缴交书

2022年12月12日　　　　缴存登记号：2022121278334

<table>
<tr><td>单位名称</td><td colspan="12">沈阳佳兴汽车零部件有限公司</td></tr>
<tr><td>单位账号</td><td>21027646904</td><td colspan="3">开户银行</td><td colspan="8">中国建设银行沈阳浑南支行</td></tr>
<tr><td>缴存期间</td><td>2022年12月至2022年12月</td><td>月数</td><td colspan="3">1</td><td colspan="3">人数</td><td colspan="4">20人</td></tr>
<tr><td rowspan="2">人民币
（大写）</td><td rowspan="2" colspan="2">贰万捌仟捌佰元整</td><td>千</td><td>百</td><td>十</td><td>万</td><td>千</td><td>百</td><td>十</td><td>元</td><td>角</td><td>分</td></tr>
<tr><td></td><td></td><td>¥</td><td>2</td><td>8</td><td>8</td><td>0</td><td>0</td><td>0</td><td>0</td></tr>
<tr><td>缴存方式</td><td>网银转账</td><td>缴存类型</td><td colspan="10">汇缴</td></tr>
</table>

收款单位名称：沈阳市住房公积金管理中心
收款账号：210013969010590000009
开户银行：建设银行沈阳城内支行
缴存登记号：2022121278334

注：缴存方式选择网银转账交款的，在网银备注上注明缴存登记号；缴存方式选择支票的，在进账单上注明缴存登记号；缴存方式选择先进的，在现金缴款单上注明缴存登记号；并请于2个工作日内将款项转入“收款单位”的账户。

客户识别码：LN21000009172107906　　流水号：178568　　打印时间：2022-12-12

7－15－4

中国建设银行 China Construction Bank

中国建设银行单位客户专用回单

币别：人民币　　2022年12月12日　　流水号：2104300410NCPR6N379

付款人	全　称	沈阳佳兴汽车零部件有限公司	收款人	全　称	沈阳市住房公积金管理中心
	账　号	21050138000900000508		账　号	21001396901059000009
	开户行	中国建设银行沈阳浑南支行		开户行	建设银行沈阳城内支行
金　额		（大写）人民币贰万捌仟捌佰元整			（小写）¥ 28,800.00
凭证种类		电子转账凭证	凭证号码		104322112417
结算方式		转账	用　途		住房公积金
			打印柜员：210432801003 打印机构：建行沈阳浑南支行 打印卡号：6232510820235802		

（借方回单）（付款人回单）

本回单可通过建行对公自助设备或建行网站校验真伪

中国建设银行 电子回单 专用章

打印时间：2022-12-12 13:20:02　　交易柜员：　　交易机构：2104331

7－16－1

中国建设银行 China Construction Bank

中国建设银行单位客户专用回单

币别：人民币　　2022年12月13日　　流水号：2104300410NCPR6N386

付款人	全　称	沈阳昊琦汽车配件有限公司	收款人	全　称	沈阳佳兴汽车零部件有限公司
	账　号	6232078967420004012		账　号	21050138000900000508
	开户行	中国工商银行文化路支行		开户行	中国建设银行沈阳浑南支行
金　额		（大写）人民币贰拾叁万贰仟元整			（小写）¥232,000.00
凭证种类		电子转账凭证	凭证号码		104322112418
结算方式		转账	用　途		货款
			打印柜员：210432801003 打印机构：建行沈阳浑南支行 打印卡号：6232510820235802		

（贷方回单）（收款人回单）

本回单可通过建行对公自助设备或建行网站校验真伪

中国建设银行 电子回单 专用章

打印时间：2022-12-13 15:08:02　　交易柜员：　　交易机构：2104331

7-17-1

中国建设银行 China Construction Bank

中国建设银行单位客户专用回单

币别：人民币 2022年12月14日 流水号：2104300410NCPR6N395

付款人	全 称	沈阳佳兴汽车零部件有限公司	收款人	全 称	沈阳兴达钢材销售公司
	账 号	21050138000900000508		账 号	601367848661
	开户行	中国建设银行沈阳浑南支行		开户行	中国银行南京南街支行
金 额		（大写）人民币伍拾贰万叁仟元整			（小写）¥ 523,000.00
凭证种类		电子转账凭证	凭证号码		104322112419
结算方式		转账	用 途		货款
			打印柜员：210432801003 打印机构：建行沈阳浑南支行 打印卡号：6232510820235802		

打印时间：2022-12-14 15:00:02 交易柜员： 交易机构：2104331

（借方回单）（付款人回单）

本回单可通过建行对公自助设备或建行网站校验真伪

（印章：中国建设银行 电子回单专用章）

7-18-1

中国建设银行 China Construction Bank

现金交款单

02598352

币种：☑人民币☐ 2022年12月14日 流水号：1030021021593414763044356

单位填写	收款单位	沈阳佳兴汽车零部件有限公司	交款人	杨丹											
	账 号	21050138000900000508	款项来源	营业款											
	金 额（大写）贰仟元整			亿	千	百	十	万	千	百	十	元	角	分	
									¥	2	0	0	0	0	0
银行确认栏	交易日期：20221214 币种：人民币元 组件流水号：4420000350N4PY9J5E3 收款单位：沈阳佳兴汽车零部件有限公司 账(卡)号:21050138000900000508 金额： ¥2,000.00 交款人：杨丹 款项来源：营业款 现金回单（无银行打印记录及银行签章此单无效）														

主管： 授权： 复核： 经办： 18128066

第二联 客户留存

（印章：中国建设银行股份有限公司 2022.12.14 业务专用章 (9)）

7－19－1

辽宁增值税专用发票

№14350435

2100563054

此联不得报销、扣税凭证使用

开票日期：2022年12月28日

购买方	名　　称：沈阳昊琦汽车配件有限公司 纳税人识别号：91227D34WPL423D775 地 址、电 话：沈阳市沈河区文化路27号024-55251442 开户行及电话：中国工商银行沈阳文化路支行6232078967420004012	密码区	<2/23/>8<0/>-2<399332/535>2 3994-163416/*43-5369302>**- 312/31<*3<0*>1/1-+526+26-32 042<322863293296911 5/87>4>32

货物或应税劳务、服务名称	规格型号	单位	数量	单价	金额	税率	税额
*交通运输设备*后桥	F52 UKL	件	30000	20	600000.00	13%	78000.00
*交通运输设备*前桥	F49 UKL	件	40000	25	1000000.00	13%	130000.00
合　计					¥1600000.00		¥208000.00
价税合计（大写）	⊗壹佰捌拾万零捌仟元整				（小写）¥1808000.00		

销售方	名　　称：沈阳佳兴汽车零部件有限公司 纳税人识别号：92210112MA0XFEU85N 地 址、电 话：沈阳市浑南区智慧四街18-2号024-88015258 开户行及电话：中国建设银行沈阳浑南支行21050138000900000508	备注	

收款人：杨丹　复核：张杰　开票人：刘硕　销售方：（章）

税总货劳函[2021]280号北京印钞有限公司

第一联：记账联　销售方记账凭证

7－20－1

辽宁增值税专用发票

№18054356

2100563065

发票联

开票日期：2022年12月15日

购买方	名　　称：沈阳佳兴汽车零部件有限公司 纳税人识别号：92210112MA0XFEU85N 地 址、电 话：沈阳市浑南区智慧四街18-2号024-88015258 开户行及电话：中国建设银行沈阳浑南支行21050138000900000508	密码区	<5/19/>3<0/>-2<622318/424>3 5123-661329/*43-3218404>**- 516/61<*5<0*>1/1-+441+31-19 026<4416321864682216/41>6>52

货物或应税劳务、服务名称	规格型号	单位	数量	单价	金额	税率	税额
*黑色金属冶炼压延品*方钢	20×20	吨	3	6200	18600.00	13%	2418.00
合　计					¥18600.00		¥2418.00
价税合计（大写）	⊗贰万壹仟零壹拾捌元整				（小写）¥21018.00		

销售方	名　　称：沈阳兴达钢材销售公司 纳税人识别号：91211015PA0L59W523 地 址、电 话：沈阳市和平区南京南街186号024-88012432 开户行及电话：中国银行沈阳南京南街支行601367848661	备注	

收款人：王琪　复核：刘贺　开票人：李平　销售方：（章）

税总货劳函[2021]280号北京印钞有限公司

第三联：发票联　购买方记账凭证

7－20－2

辽宁增值税专用发票

№18054356

2100563065

开票日期：2022年12月15日

抵扣联

购买方	名称：沈阳佳兴汽车零部件有限公司 纳税人识别号：92210112MA0XFEU85N 地址、电话：沈阳市浑南区智慧四街18-2号024-88015258 开户行及电话：中国建设银行沈阳浑南支行21050138000900000508			密码区	<5/19/>3<0/>-2<622318/424>3 5123-661329/*43-3218404>**- 516/61<*5<0*>1/1-+441+31-19 026<4416321864682216/41>6>52		
货物或应税劳务、服务名称	规格型号	单位	数量	单价	金额	税率	税额
*黑色金属冶炼压延品*方钢	20×20	吨	3	6200	18600.00	13%	2418.00
合计					¥18600.00		¥2418.00
价税合计（大写）	⊗贰万壹仟零壹拾捌元整				（小写）¥21018.00		
销售方	名称：沈阳兴达钢材销售公司 纳税人识别号：91211015PA0L59W523 地址、电话：沈阳市和平区南京南街186号024-88012432 开户行及电话：中国银行沈阳南京南街支行601367848661			备注			

收款人：王琪　复核：刘贺　开票人：李平　销售方：（章）沈阳兴达钢材销售公司 91211015PA0L59W523 发票专用章

第二联：抵扣联 购买方扣税凭证

税总货劳函[2021]280号北京印钞有限公司

7－20－3

辽宁增值税专用发票

№18854536

2100563043

开票日期：2022年12月15日

发票联

购买方	名称：沈阳佳兴汽车零部件有限公司 纳税人识别号：92210112MA0XFEU85N 地址、电话：沈阳市浑南区智慧四街18-2号024-88015258 开户行及电话：中国建设银行沈阳浑南支行21050138000900000508			密码区	<5/19/>3<0/>-2<622318/424>3 5123-661329/*43-3218404>**- 516/61<*5<0*>1/1-+441+31-19 026<4416321864682216/41>6>52		
货物或应税劳务、服务名称	规格型号	单位	数量	单价	金额	税率	税额
*运输服务*运输费			1	3000	3000.00	9%	270.00
合计					¥3000.00		¥270.00
价税合计（大写）	⊗叁仟贰佰柒拾元整				（小写）¥3270.00		
销售方	名称：沈阳亨通物流有限公司 纳税人识别号：91210103MA0741401A 地址、电话：沈阳市苏家屯区南京南街1118号024-88612781 开户行及电话：中国银行股份有限公司沈阳中山支行292158063451			备注			

收款人：赵佳　复核：王华　开票人：王松　销售方：（章）沈阳亨通物流有限公司 91210103MA0741401A 发票专用章

第三联：发票联 购买方记账凭证

税总货劳函[2021]280号北京印钞有限公司

7－20－4

辽宁增值税专用发票

№18854536

2100563043

抵扣联

开票日期：2022年12月15日

（全国统一发票监制章 辽宁 国家税务总局监制）

购买方	
名　　称：	沈阳佳兴汽车零部件有限公司
纳税人识别号：	92210112MA0XFEU85N
地 址、电 话：	沈阳市浑南区智慧四街18-2号024-88015258
开户行及电话：	中国建设银行沈阳浑南支行21050138000900000508

密码区：
<5/19/>3<0/>-2<622318/424>3
5123-661329/*43-3218404>**-
516/61<*5<0*>1/1-+441+31-19
026<44163218646822216/41>6>52

货物或应税劳务、服务名称	规格型号	单位	数量	单价	金额	税率	税额
*运输服务*运输费			1	3000	3000.00	9%	270.00
合　计					¥3000.00		¥270.00
价税合计（大写）	⊗叁仟贰佰柒拾元整				（小写）¥3270.00		

销售方	
名　　称：	沈阳亨通物流有限公司
纳税人识别号：	91210103MA0741401A
地 址、电 话：	沈阳市苏家屯区南京南街1118号024-88612781
开户行及电话：	中国银行股份有限公司沈阳中山支行292158063451

备注：

收款人：赵佳　复核：王华　开票人：王松　销售方：（章）（沈阳亨通物流有限公司 91210103MA0741401A 发票专用章）

第二联：抵扣联　购买方扣税凭证

税总货劳函［2021］280号北京印钞有限公司

7－20－5

收　款　收　据

2022年12月15日

交款单位或姓名		沈阳佳兴汽车零部件有限公司
款项来源		运输费
金额	人民币（大写）	叁仟贰佰柒拾元整

收款单位财务章（沈阳亨通物流有限公司 91210103MA0741401A 财务专用章）　收款人 邓正超　交款人 杨丹

7－20－6

入　库　单

No. 221203

供货单位：沈阳兴达钢材销售公司　　2022年12月15日

编号	品名	规格	单位	数量	单价	金额	备注
1	方钢	20×20	吨	3	7,200.00	21,600.00	
合计						21,600.00	

仓库主管：赵一萌　记账：刘硕　保管：孙峰　制单：李淼

7－21－1

中国建设银行 China Construction Bank

中国建设银行单位客户专用回单

币别：人民币　　2022年12月16日　　流水号：2104300410NCPR7N413

付款人	全　称	沈阳昊琦汽车配件有限公司	收款人	全　称	沈阳佳兴汽车零部件有限公司
	账　号	6232078967420004012		账　号	21050138000900000508
	开户行	中国工商银行文化路支行		开户行	中国建设银行沈阳浑南支行
金　额	（大写）人民币壹佰捌拾万零捌仟元整				（小写）¥1,808,000.00
凭证种类	电子转账凭证		凭证号码		104322112421
结算方式	转账		用　途		货款
			打印柜员：210432801003 打印机构：建行沈阳浑南支行 打印卡号：6232510820235802		

（贷方回单）（收款人回单）

本回单可通过建行对公自助设备或建行网站校验真伪

中国建设银行 电子回单 专用章

打印时间：2022-12-16 15:28:02　　交易柜员：　　交易机构：2104331

7－22－1

辽宁增值税专用发票

№18155143

发票联

2100563489　　开票日期：2022年12月16日

购买方	名　　称：沈阳佳兴汽车零部件有限公司 纳税人识别号：92210112MA0XFEU85N 地 址、电 话：沈阳市浑南区智慧四街18-2号024-88015258 开户行及电话：中国建设银行沈阳浑南支行21050138000900000508				密码区	<3/62/>9<0/>-2<488332/636>2 3326-152432/*43-6390606>**- 421/51<*5<0*>1/1-+728+47-36 045<544321378468166/87>6>90	
货物或应税劳务、服务名称	规格型号	单位	数量	单价	金额	税率	税额
*计算机配套产品*适用惠普1108硒鼓	C388A/X	个	4	50	200.00	13%	26.00
*纸制品*打印纸		件	2	150	300.00	13%	39.00
*计算机外部设备*希捷(Seagate)移动硬盘4TB	STKZ4000403	个	1	700	700.00	13%	91.00
合　　计					¥1200.00		¥156.00
价税合计（大写）	⊗壹仟叁佰伍拾陆元整				（小写）¥1356.00		
销售方	名　　称：沈阳月昇科技有限公司 纳税人识别号：91160109MA020NTJ25 地 址、电 话：辽宁省沈阳市浑南区浑南二路6-39号024-31675854 开户行及电话：中国光大银行沈阳沈河支行75690188000319688				备注		

收款人：王陆　　复核：李思　　开票人：王梅　　销售方：（章）

沈阳月昇科技有限公司 91160109MA020NTJ25 发票专用章

第三联：发票联　购买方记账凭证

税总货劳函[2021]280号北京印钞有限公司

7－22－2

辽宁增值税专用发票

2100563489　　　　抵扣联　　　　№18155143

开票日期：2022年12月16日

购买方	名　　称：沈阳佳兴汽车零部件有限公司 纳税人识别号：92210112MA0XFEU85N 地 址、电 话：沈阳市浑南区智慧四街18-2号024-88015258 开户行及电话：中国建设银行沈阳浑南支行21050138000900000508	密码区	<3/62/>9<0/>-2<488332/636>2 3326-152432/*43-6390606>**- 421/51<*5<0*>1/1-+728+47-36 045<544321378468166/87>6>90

货物或应税劳务、服务名称	规格型号	单位	数量	单价	金额	税率	税额
*计算机配套产品*适用惠普1108硒鼓	C388A/X	个	4	50	200.00	13%	26.00
*纸制品*打印纸		件	2	150	300.00	13%	39.00
*计算机外部设备*希捷(Seagate)移动硬盘4TB	STKZ4000403	个	1	700	700.00	13%	91.00
合　计					¥1200.00		¥156.00
价税合计（大写）	⊗壹仟叁佰伍拾陆元整				（小写）¥1356.00		

销售方	名　　称：沈阳月昇科技有限公司 纳税人识别号：91160109MA020NTJ25 地 址、电 话：辽宁省沈阳市浑南区浑南二路6-39号024-31675854 开户行及电话：中国光大银行沈阳沈河支行75690188000319688	备注	

收款人：王陆　　复核：李思　　开票人：王梅　　销售方：（章）沈阳月昇科技有限公司 91160109MA020NTJ25 发票专用章

税总货劳函[2021]280号北京印钞有限公司

第二联：抵扣联　购买方扣税凭证

7－22－3

费　用　报　销　单

部门：行政部　　　　报销日期　2022年12月16日　　　　附件 1 张

费用项目	摘要	金额		
办公费	硒鼓	226.00	部门负责人(签章)	赵鑫
办公费	打印纸	339.00	审查意见	同意
办公费	移动硬盘4TB	791.00	报销人(签章)	孙泓
报销金额合计	¥1356.00			
金额(大写)	拾⊗万 壹 仟 叁 佰 伍 拾 陆 元 零 角 零 分			

主管 陈洁　　复核 张杰　　出纳 杨丹

7－23－1

辽宁增值税专用发票

No18104526

发票联

2100563456

开票日期：2022年12月16日

购买方	名　　称：沈阳佳兴汽车零部件有限公司 纳税人识别号：92210112MA0XFEU85N 地 址、电 话：沈阳市浑南区智慧四街18-2号024-88015258 开户行及电话：中国建设银行沈阳浑南支行21050138000900000508	密码区	<3/62/>9<0/>-2<488332/636>2 3326-152432/*43-6390606>**- 421/51<*5<0*>1/1-+728+47-36 045<544321378468166/87>6>90

货物或应税劳务、服务名称	规格型号	单位	数量	单价	金额	税率	税额
*广告代理服务*广告费			1	5000	5000.00	6%	300.00
合　　计					¥5000.00		¥300.00
价税合计（大写）	⊗伍仟叁佰元整				（小写）¥5300.00		

销售方	名　　称：沈阳龙商广告有限公司 纳税人识别号：91210104MAPYUC709X 地 址、电 话：沈阳市皇姑区崇山中路23号024-66763432 开户行及电话：中国工商银行皇姑支行6232053963430005038	备注	

收款人：张翼　　复核：刘杰　　开票人：赵敏　　销售方：（章）

第三联：发票联 购买方记账凭证

税总货劳函[2021]280号北京印钞有限公司

7－23－2

辽宁增值税专用发票

No18104526

抵扣联

2100563456

开票日期：2022年12月16日

购买方	名　　称：沈阳佳兴汽车零部件有限公司 纳税人识别号：92210112MA0XFEU85N 地 址、电 话：沈阳市浑南区智慧四街18-2号024-88015258 开户行及电话：中国建设银行沈阳浑南支行21050138000900000508	密码区	<3/62/>9<0/>-2<488332/636>2 3326-152432/*43-6390606>**- 421/51<*5<0*>1/1-+728+47-36 045<544321378468166/87>6>90

货物或应税劳务、服务名称	规格型号	单位	数量	单价	金额	税率	税额
*广告代理服务*广告费			1	5000	5000.00	6%	300.00
合　　计					¥5000.00		¥300.00
价税合计（大写）	⊗伍仟叁佰元整				（小写）¥5300.00		

销售方	名　　称：沈阳龙商广告有限公司 纳税人识别号：91210104MAPYUC709X 地 址、电 话：沈阳市皇姑区崇山中路23号024-66763432 开户行及电话：中国工商银行皇姑支行6232053963430005038	备注	

收款人：张翼　　复核：刘杰　　开票人：赵敏　　销售方：（章）

第二联：抵扣联 购买方扣税凭证

税总货劳函[2021]280号北京印钞有限公司

7－23－3

中国建设银行 China Construction Bank

中国建设银行单位客户专用回单

币别：人民币　　2022年12月16日　　流水号：2104300410NCPR7N422

付款人	全　称	沈阳佳兴汽车零部件有限公司	收款人	全　称	沈阳龙商广告有限公司
	账　号	21050138000900000508		账　号	6232053963430005038
	开户行	中国建设银行沈阳浑南支行		开户行	中国工商银行皇姑支行
金　额		（大写）人民币伍仟叁佰元整			（小写）¥ 5,300.00
凭证种类		电子转账凭证	凭证号码		104322112422
结算方式		转账	用　途		广告费
			打印柜员：210432801003 打印机构：建行沈阳浑南支行 打印卡号：6232510820235802		

（中国建设银行 电子回单 专用章）

打印时间：2022-12-16 15:19:02　　交易柜员：　　交易机构：2104331

（借方回单）（付款人回单）

本回单可通过建行对公自助设备或建行网站校验真伪

7－24－1

借款单

2022年12月16日

借款单位：李淼	
借款理由：安徽合肥出差 考察供应商	
借款金额：人民币（大写）叁仟伍佰元整　¥3500.00	
本部门负责人意见：同意	借款人签字：李淼
会计主管审批：陈洁	付款方式：现金　　出纳：杨丹

7－25－1

辽宁增值税专用发票

№36068978

21005636590

此联不作报销、扣税凭证使用

开票日期：2022年12月18日

购买方			密码区
	名称：	沈阳中旭汽车组件有限公司	<9/23/>9<0/>-2<366332/737>2
	纳税人识别号：	91210472000019848B	2556-146432/*43-5290305>**-
	地址、电话：	沈阳市大东区观泉路20号024-66004332	621/31<*5<0*>1/1-+329+47-35
	开户行及账号：	中国银行沈阳大东支行601369868653	045<3226625917631465/87>2>12

货物或应税劳务、服务名称	规格型号	单位	数量	单价	金额	税率	税额
*交通运输设备*后桥	F52 UKL	件	20000	20	400000.00	13%	52000.00
*交通运输设备*前桥	F49 UKL	件	40000	25	1000000.00	13%	130000.00
合计					¥1400000.00		¥182000.00
价税合计（大写）	⊗壹佰伍拾捌万贰仟元整				（小写）¥1582000.00		

销售方			备注
	名称：	沈阳佳兴汽车零部件有限公司	
	纳税人识别号：	92210112MA0XFEU85N	
	地址、电话：	沈阳市浑南区智慧四街18-2号024-88015258	
	开户行及账号：	中国建设银行沈阳浑南支行21050138000900000508	

收款人：杨丹　复核：张杰　开票人：刘硕　销售方：（章）

沈阳佳兴汽车零部件有限公司 92210112MA0XFEU85N 发票专用章

税总货劳函[2021]280号北京印钞有限公司

第一联：记账联 销售方记账凭证

7－25－2

中国建设银行 China Construction Bank 进账单（回单）

2022年12月18日

出票人			收款人		
	全称	沈阳中旭汽车组件有限公司		全称	沈阳佳兴汽车零部件有限公司
	账号	601369868653		账号	21050138000900000508
	开户银行	中国银行沈阳大东支行		开户银行	中国建设银行沈阳浑南支行

金额	人民币（大写）	壹佰伍拾捌万贰仟元整	亿	千	百	十	万	千	百	十	元	角	分
				¥	1	5	8	2	0	0	0	0	0

票据种类	转账支票	票据张数	1
票据号码	07755578		

复核　记账

中国建设银行 电子回单专用章

开户银行签章

此联是开户银行交给持（出）票人的回单

7－26－1

中国建设银行 China Construction Bank

中国建设银行单位客户专用回单

币别：人民币　　　　2022年12月16日　　　　流水号：2104300410NCPR7N431

付款人	全　称	沈阳市财政局	收款人	全　称	沈阳佳兴汽车零部件有限公司
	账　号	21056906359498650761		账　号	21050138000900000508
	开户行	中国建设银行沈阳和平支行		开户行	中国建设银行沈阳浑南支行
金　额		（大写）人民币贰万捌仟壹佰伍拾陆元整			（小写）¥28,156.00
凭证种类		电子转账凭证	凭证号码		104322112423
结算方式		转账	用　途		自然灾害救助款
			打印柜员：210432801003 打印机构：建行沈阳浑南支行 打印卡号：6232510820235802		

（贷方回单）（收款人回单）

本回单可通过建行对公自助设备或建行网站校验真伪

打印时间：2022-12-16 14:16:02　　　　交易柜员：　　　　交易机构：2104331

（印章：中国建设银行 电子回单专用章）

7－27－1

差旅费报销单

部门 采购部　　　　2022年12月20日

出差人			李淼						出差事由		供应商考察					
出发				到达				交通工具	交通费		出差补贴		其他费用			合计
月	日	时	地点	月	日	时	地点		单据张数	金额	天数	金额	项目	单据张数	金额	
12	18	9	沈阳	12	18	12	合肥	飞机	1	1140.00			住宿费	1	636.00	1776.00
12	19	15	合肥	12	19	18	沈阳	飞机	1	1140.00	2	100.00	市内车费			1240.00
													通讯费			
													办公用品费			
													不买卧铺补贴			
													其他			
合计										2280.00		100.00			636.00	3016.00
报销总额	人民币（大写）	叁仟零壹拾陆元整							预借旅费	¥3,500.00			补领不足			
													归还多余	¥484.00		

附件 3 张

主管 陈洁　　审核 刘硕　　出纳 杨丹　　领款人 李淼

7 －27 －2

航空运输电子客票行程单
ITINERARY/RECEIPT OF E-TICKET FOR AIR TRANSPORT

印刷序号：SERIAL NUMBER 1346121430 3

旅客姓名 NAME OF PASSENGER	有效身份证件号码IDNO.	签注ENDORSEMENTS RESTRICTIONS (CARBON)
李淼	410701197506125913	

	承运人 CARRIER	航班号 FLIGHT	座位等级 CLASS	日期 DATE	时间 TIME	客票级别/客票类别 FARE BASIS	客票生效日期 NOT VALID BEFORE	有效截止日期 NOT VALID AFTER	免费行李 ALLOW
自FORM 沈阳 至TO 安徽	国航	EU2713	K	2022-12-18	09:00	L			20K
至TO									
至TO									
至TO									

票价FARE	民航发展基金CIVIL AVIATION DEVELOPMENT FUND	燃油附加费FUEL SURCHARARGE	其他税费OTHER TAXES	合计TOTAL
CNY 980.00	CNY 50.00	CNY 110.00		CNY 1140.00

电子客票号码 E-TICKET NO 9992131992467　验证码 1631 CK　提示信息 INFORMATION　保险费 INSURANCE

销售单位代码 AGENT CODE　填开单位 ISSUED BY 中国国际航空股份有限公司　填开日期 DATE OF ISSUE 2022-12-18

付款凭证 RECEIPT　手写无效 INVALID IN HANDWRITING

7 －27 －3

航空运输电子客票行程单
ITINERARY/RECEIPT OF E-TICKET FOR AIR TRANSPORT

印刷序号：SERIAL NUMBER 1346121430 3

旅客姓名 NAME OF PASSENGER	有效身份证件号码IDNO.	签注ENDORSEMENTS RESTRICTIONS (CARBON)
李淼	410701197506125913	

	承运人 CARRIER	航班号 FLIGHT	座位等级 CLASS	日期 DATE	时间 TIME	客票级别/客票类别 FARE BASIS	客票生效日期 NOT VALID BEFORE	有效截止日期 NOT VALID AFTER	免费行李 ALLOW
自FORM 安徽 至TO 沈阳	国航	ZH9710	K	2022-12-19	15:00	L			20K
至TO									
至TO									
至TO									

票价FARE	民航发展基金CIVIL AVIATION DEVELOPMENT FUND	燃油附加费FUEL SURCHARARGE	其他税费OTHER TAXES	合计TOTAL
CNY 980.00	CNY 50.00	CNY 110.00		CNY 1140.00

电子客票号码 E-TICKET NO 9992131992467　验证码 1631 CK　提示信息 INFORMATION　保险费 INSURANCE

销售单位代码 AGENT CODE　填开单位 ISSUED BY 中国国际航空股份有限公司　填开日期 DATE OF ISSUE 2022-12-19

付款凭证 RECEIPT　手写无效 INVALID IN HANDWRITING

7 －27 －4

辽宁增值税专用发票　№18054355

发票联

21005636489　　开票日期：2022年12月19日

购买方	
名　　称：	沈阳佳兴汽车零部件有限公司
纳税人识别号：	92210112MA0XFEU85N
地址、电话：	沈阳市浑南区智慧四街18-2号024-88015258
开户行及电话：	中国建设银行沈阳浑南支行21050138000900000508

密码区：
<8/16/>8<0/>-2<366219/121>4
2196-621532/*43-3209303>**-
526/51<*5<0*>1/1-+129+47-61
032<6321383264682145/62>6>23

货物或应税劳务、服务名称	规格型号	单位	数量	单价	金额	税率	税额
*住宿服务*住宿费			1	600	600.00	6%	36.00
合　　计					¥600.00		¥36.00
价税合计（大写）	⊗陆佰叁拾陆元整				（小写）¥636.00		

销售方	
名　　称：	合肥明豪大酒店有限责任公司
纳税人识别号：	91340100693263572J
地址、电话：	安徽省合肥市经济技术开发区繁华大道15号0551-65893258
开户行及电话：	中国工商银行合肥繁华大道支行1491043321830003026

备注：

收款人：王月　复核：李平　开票人：张扬　销售方：（章）

第三联：发票联　购买方记账凭证

税总货劳函[2021]280号北京印钞有限公司

7－27－5

辽宁增值税专用发票

抵扣联

21005636489　　№18054355　　开票日期：2022年12月19日

购买方		密码区
名　　称：	沈阳佳兴汽车零部件有限公司	<8/16/>8<0/>-2<366219/121>4
纳税人识别号：	92210112MA0XFEU85N	2196-621532/*43-3209303>**-
地 址、电 话：	沈阳市浑南区智慧四街18-2号024-88015258	526/51<*5<0*>1/1-+129+47-61
开户行及电话：	中国建设银行沈阳浑南支行21050138000900000508	032<6321383264682145/62>6>23

货物或应税劳务、服务名称	规格型号	单位	数量	单价	金额	税率	税额
*住宿服务*住宿费			1	600	600.00	6%	36.00
合　　计					¥600.00		¥36.00
价税合计（大写）	⊗陆佰叁拾陆元整				（小写）¥636.00		

销售方		备注
名　　称：	合肥明豪大酒店有限责任公司	
纳税人识别号：	91340100693263572J	
地 址、电 话：	安徽省合肥市经济技术开发区繁华大道15号0551-65893258	
开户行及电话：	中国工商银行合肥繁华大道支行1491043321830003026	

收款人：王月　　复核：李平　　开票人：张扬　　销售方：（章）

（合肥明豪大酒店有限责任公司 91340100693263572J 发票专用章）

税总货劳函[2021]280号北京印钞有限公司

第二联：抵扣联 购买方扣税凭证

7－27－6

收　款　收　据

2022年12月20日

交款单位或姓名	李淼
款项来源	报销差旅费
金额	人民币（大写）　肆佰捌拾肆元整

收款单位财务章（沈阳佳兴汽车零部件有限公司 92210112MA0XFEU85N 财务专用章）　　收款人 杨丹　　交款人 李淼

7－28－1

领　　料　　单

领料单位：生产部　　编号：221201

用　　途：F49UKL前桥　　2022年12月20日　　仓库：01

材料类别	材料编号	材料名称	规格	计量单位	数量		单价	金额
					请领	实发		
原材料	001	方钢	20×20	吨	15	15	7200.00	108000.00
原材料	002	圆钢	Φ10	吨	30	30	5000.00	150000.00
合计					45	45	—	258000.00

记账 刘硕　　发料 孙峰　　领料单位负责人 周岩　　领料 董家兴

7－28－2

领　　　料　　　单

领料单位：生产部　　　　　　　　　　　　　　　　编号：221202

用　　途：F52UKL后桥　　　　2022年12月20日　　　　仓库：01

材料类别	材料编号	材料名称	规格	计量单位	数量		单价	金额
					请领	实发		
原材料	001	方钢	20×20	吨	9	9	7200.00	64800.00
原材料	002	圆钢	Φ10	吨	18	18	5000.00	90000.00
合计					27	27	—	154800.00

记账 刘硕　　发料 孙峰　　领料单位负责人 周岩　　领料 董家兴

7－29－1

辽宁增值税电子普通发票

发票代码：21002200111
发票号码：1534994
开票日期：2022年12月20日
校 验 码：46413 94060 24587 56903

机器编号：661626860366

购买方	名　　称：沈阳佳兴汽车零部件有限公司 纳税人识别号：92210112MA0XFEU85N 地 址、电 话：沈阳市浑南区智慧四街18-2号024-88015258 开户行及电话：中国建设银行沈阳浑南支行21050138000900000508	密码区	<5/83/>9<0/>-2<488332/636>2 5664-152432/*43-6390606>**- 421/51<*5<0*>1/1-+728+47-36 045<544538326468166/87>6>90

货物或应税劳务、服务名称	规格型号	单位	数量	单价	金额	税率	税额
*餐饮服务*餐饮服务			1	900	900.00	6%	54.00
合　　计					¥900.00		¥54.00
价税合计（大写）	⊗玖佰伍拾肆元整				（小写）¥954.00		

销售方	名　　称：沈阳飞鸟日式料理店 纳税人识别号：92210102MA10PR1W24 地 址、电 话：辽宁省沈阳市和平区长白北路200号024-81631253 开户行及电话：中国工商银行沈阳青年大街支行3301002109200025357	备注	

收款人：郎娜　　复核：郝晶　　开票人：宋飞　　销售方：（章）

7－29－2

费 用 报 销 单

部门：行政部　　报销日期 2022 年 12 月 20 日　　附件 1 张

费 用 项 目	摘要	金 额	部门负责人(签章)	赵鑫
业务招待费	餐饮费	954.00		
			审查意见	同意
			报销人(签章)	孙泓
报销金额合计	¥954.00			
金额(大写)	拾 万 ⊗ 仟 玖 佰 伍 拾 肆 元 零 角 零 分			

主管 陈洁　　复核 张杰　　出纳 杨丹

7－30－1

安徽增值税专用发票

21005636489　　№00603634

发票联

开票日期：2022年12月22日

购买方	名称：沈阳佳兴汽车零部件有限公司 纳税人识别号：92210112MA0XFEU85N 地址、电话：沈阳市浑南区智慧四街18-2号024-88015258 开户行及电话：中国建设银行沈阳浑南支行21050138000900000508			密码区	<2/18/>8<0/>-2<366223/323>3 5287-152432/*43-6390303>**- 421/51<*5<0*>1/1-+629+47-35 034<5226383264681632/87>6>13		
货物或应税劳务、服务名称	规格型号	单位	数量	单价	金额	税率	税额
*交通运输设备*车桥总成装配线		套	1	500000	500000.00	13%	65000.00
合计					¥500000.00		¥65000.00
价税合计（大写）	⊗伍拾陆万伍仟元整				（小写）¥565000.00		
销售方	名称：安徽维利科技有限公司 纳税人识别号：91340100666225583W 地址、电话：安徽省合肥市经济技术开发区汤口路9号0551-63683225 开户行及电话：中国建设银行合肥紫云路支行34001868507230011260			备注			

收款人：刘翠　　复核：王岩　　开票人：赵蕊　　销售方：（章）安徽维利科技有限公司 91340100666225583W 发票专用章

第三联：发票联 购买方记账凭证

税总货劳函[2021]280号北京印钞有限公司

7－30－2

安徽增值税专用发票

全国统一发票监制章 安徽 国家税务总局监制

抵扣联

21005636489　　№00603634　　开票日期：2022年12月22日

购买方	名称：沈阳佳兴汽车零部件有限公司 纳税人识别号：92210112MA0XFEU85N 地址、电话：沈阳市浑南区智慧四街18-2号024-88015258 开户行及电话：中国建设银行沈阳浑南支行21050138000900000508			密码区	<2/18/>8<0/>-2<366223/323>3 5287-152432/*43-6390303>**- 421/51<*5<0*>1/1-+629+47-35 034<5226383264681632/87>6>13		
货物或应税劳务、服务名称	规格型号	单位	数量	单价	金额	税率	税额
*交通运输设备*车桥总成装配线		套	1	500000	500000.00	13%	65000.00
合计					¥500000.00		¥65000.00
价税合计（大写）	⊗伍拾陆万伍仟元整				（小写）¥565000.00		
销售方	名称：安徽维利科技有限公司 纳税人识别号：91340100666225583W 地址、电话：安徽省合肥市经济技术开发区汤口路9号0551-63683225 开户行及电话：中国建设银行合肥紫云路支行34001868507230011260			备注			

收款人：刘翠　　复核：王岩　　开票人：赵蕊　　销售方：（章）

安徽维利科技有限公司 91340100666225583W 发票专用章

第二联：抵扣联　购买方扣税凭证

税总货劳函[2021]280号北京印钞有限公司

7－30－3

安徽增值税专用发票

全国统一发票监制章 安徽 国家税务总局监制

发票联

21005636548　　№00604533　　开票日期：2022年12月22日

购买方	名称：沈阳佳兴汽车零部件有限公司 纳税人识别号：92210112MA0XFEU85N 地址、电话：沈阳市浑南区智慧四街18-2号024-88015258 开户行及电话：中国建设银行沈阳浑南支行21050138000900000508			密码区	<2/18/>8<0/>-2<366223/323>3 5287-152432/*43-6390303>**- 421/51<*5<0*>1/1-+629+47-35 034<5226383264681632/87>6>13		
货物或应税劳务、服务名称	规格型号	单位	数量	单价	金额	税率	税额
*运输服务*运输费			1	30000	30000.00	9%	2700.00
合计					¥30000.00		¥2700.00
价税合计（大写）	⊗叁万贰仟柒佰元整				（小写）¥32700.00		
销售方	名称：安徽吉安物流公司 纳税人识别号：91340723667945603K 地址、电话：安徽省合肥市濉溪路258号南国A段0551-6818885 开户行及电话：徽商银行合肥三里街支行1022201631000745623			备注			

收款人：万方　　复核：刘泓　　开票人：赵怡　　销售方：（章）

安徽吉安物流公司 91340723667945603K 发票专用章

第三联：发票联　购买方记账凭证

税总货劳函[2021]280号北京印钞有限公司

7－30－4

安徽增值税专用发票

21005636548

抵扣联

№00604533

开票日期：2022年12月22日

购买方	名称：沈阳佳兴汽车零部件有限公司 纳税人识别号：92210112MA0XFEU85N 地址、电话：沈阳市浑南区智慧四街18-2号024-88015258 开户行及电话：中国建设银行沈阳浑南支行21050138000900000508				密码区	<2/18/>8<0/>-2<366223/323>3 5287-152432/*43-6390303>**- 421/51<*5<0*>1/1-+629+47-35 034<5226383264681632/87>6>13		
货物或应税劳务、服务名称	规格型号	单位	数量	单价	金额	税率	税额	
*运输服务*运输费			1	30000	30000.00	9%	2700.00	
合计					¥30000.00		¥2700.00	
价税合计（大写）	⊗叁万贰仟柒佰元整					（小写）¥32700.00		
销售方	名称：安徽吉安物流公司 纳税人识别号：91340723667945603K 地址、电话：安徽省合肥市濉溪路258号南国A段0551-6818885 开户行及电话：徽商银行合肥三里街支行1022201631000745623				备注			

收款人：万方　　复核：刘泓　　开票人：赵怡　　销售方：（章）

第二联：抵扣联　购买方扣税凭证

税总货劳函[2021]280号北京印钞有限公司

7－30－5

中国建设银行单位客户专用回单

中国建设银行 China Construction Bank

币别：人民币　　2022年12月22日　　流水号：2104300410NCPR7N825

付款人	全称	沈阳佳兴汽车零部件有限公司	收款人	全称	安徽维利科技有限公司
	账号	21050138000900000508		账号	34001868507230011260
	开户行	中国建设银行沈阳浑南支行		开户行	中国建设银行合肥紫云路支行
金额	（大写）人民币伍拾玖万柒仟柒佰元整				（小写）¥597,700.00
凭证种类	电子转账凭证		凭证号码	104322112537	
结算方式	转账		用途	货款	
			打印柜员：210432801003 打印机构：建行沈阳浑南支行 打印卡号：6232510820235802		

打印时间：2022-12-22 15:19:02　　交易柜员：　　交易机构：2104331

（借方回单）（付款人回单）

本回单可通过建行对公自助设备或建行网站校验真伪

7－31－1

职工生活困难补助申请表

部门	质检部	姓名	孙峰	本人工资收入	3000.00	家庭其他成员收入	1200.00
补助原因	家人生病造成家庭生活一时困难					补助性质	临时补助
						申请金额	2000.00
部门意见	建议补助贰仟元整 赵鑫 2022年12月22日	工会意见	同意 张炎 2022年12月22日	代收据	今收到困难补助人民币贰仟元整 孙峰 2022年12月22日		

7－32－1

辽宁增值税专用发票

№00189978

21005636364　　　发票联　　　开票日期：2022年12月23日

购买方	名称：沈阳佳兴汽车零部件有限公司 纳税人识别号：92210112MA0XFEU85N 地址、电话：沈阳市浑南区智慧四街18-2号024-88015258 开户行及电话：中国建设银行沈阳浑南支行21050138000900000508				密码区	<2/12/>9<0/>-2<388223/323>2 3267-152432/*43-6390505>**- 123/51<*5<0*>1/1-+728+47-35 034<4334383264681632/87>6>23		
货物或应税劳务、服务名称	规格型号	单位	数量	单价	金额	税率	税额	
*建筑服务*装配线安装费			1	10000	10000.00	9%	900.00	
合计								
价税合计（大写）	⊗壹万零玖佰元整				（小写）¥10900.00			
销售方	名称：沈阳骏达工程安装有限公司 纳税人识别号：9121010072583290XE 地址、电话：沈阳市大东区联合路175甲号024-88093542 开户行及电话：中国建设银行沈阳沈海支行21051460008022500336				备注			

收款人：周宇　　复核：刘元　　开票人：徐璐　　销售方：（章）

沈阳骏达工程安装有限公司 9121010072583290XE 发票专用章

税总货劳函[2021]280号北京印钞有限公司

第三联：发票联　购买方记账凭证

7－32－2

辽宁增值税专用发票

№00189978

21005636364

抵扣联

开票日期：2022年12月23日

购买方	名　　称：沈阳佳兴汽车零部件有限公司 纳税人识别号：92210112MA0XFEU85N 地址、电话：沈阳市浑南区智慧四街18-2号024-88015258 开户行及电话：中国建设银行沈阳浑南支行21050138000900000508				密码区	<2/12/>9<0/>-2<388223/323>2 3267-152432/*43-6390505>**- 123/51<*5<0*>1/1-+728+47-35 034<4334383264681632/87>6>23		
货物或应税劳务、服务名称	规格型号	单位	数量	单价	金额	税率	税额	
*建筑服务*装配线安装费			1	10000	10000.00	9%	900.00	
合　　计								
价税合计（大写）	⊗壹万零玖佰元整				（小写）¥10900.00			
销售方	名　　称：沈阳骏达工程安装有限公司 纳税人识别号：9121010072583290XE 地址、电话：沈阳市大东区联合路175甲号024-88093542 开户行及电话：中国建设银行沈阳沈海支行21051460008022500336				备注			

收款人：周宇　　复核：刘元　　开票人：徐璐　　销售方：（章）

税总货劳函[2021]280号北京印钞有限公司

第二联：抵扣联　购买方扣税凭证

7－32－3

中国建设银行 China Construction Bank

中国建设银行单位客户专用回单

币别：人民币　　2022年12月23日　　流水号：2104300410NCPR7N843

付款人	全　称	沈阳佳兴汽车零部件有限公司	收款人	全　称	沈阳骏达工程安装有限公司
	账　号	21050138000900000508		账　号	21051460008022500336
	开户行	中国建设银行沈阳浑南支行		开户行	中国建设银行沈阳沈海支行
金　额	（大写）人民币壹万零玖佰元整			（小写）¥10,900.00	
凭证种类	电子转账凭证		凭证号码	104322112933	
结算方式	转账		用　途	付装配线安装费	
			打印柜员：210432801003 打印机构：建行沈阳浑南支行 打印卡号：6232510820235802		

打印时间：2022-12-23 15:19:02　　交易柜员：　　交易机构：2104331

（借方回单）（付款人回单）

本回单可通过建行对公自助设备或建行网站校验真伪

7－33－1

固定资产交接（验收）单

2022年12月23日

编号	名称	规格	型号	计量单位	数量	制造单位		备注
JQ003	车桥总成装配线			套	1	安徽维利科技有限公司		
总价	买价	安装费	运杂费	包装费	其他	原值	预计年限	净残值率
	500000.00	10000.00	30000.00	0.00	0.00	540000.00	10年	0%
用途	生产		使用部门		生产部		已提折旧	0.00
验收意见		合格		验收人签章			董家兴	

财务主管：陈洁　　制单：刘硕　　复核：张杰

7－34－1

公益事业捐赠统一票据

UNIFIED INVOICE OF DONATION FOR PUBLICWELFARE

（财政部监制 辽宁省 票据监制章）

捐赠人：沈阳佳兴汽车零部件有限公司　　2022年12月23日　　No1100058961

捐赠项目 For purpose	实物（外币）种类 Material objects（Currency）	数量 Amount	金额 Total amount
公益性捐赠收入	人民币		10,000.00
金额合计（小写）In Figures 10,000.00			
金额合计（大写）In words 壹万元整			

第二联 收据

接受单位（盖章） Receiver's Seal　（沈阳市红十字会 13210100508207424K 财务专用章）

复核人：张勇 Verified by　　开票人：安生 Handing Person

感谢您对公益事业的支持！Thank you for support of public welfare!

7－34－2

中国建设银行 China Construction Bank

中国建设银行单位客户专用回单

币别：人民币　　2022年12月23日　　流水号：2104300410NCPR7N448

付款人			收款人		
付款人	全　称	沈阳佳兴汽车零部件有限公司	收款人	全　称	沈阳市红十字会
	账　号	210501380009000000508		账　号	21050139424569006937
	开户行	中国建设银行沈阳浑南支行		开户行	中国建设银行沈阳浑南支行
金　额	（大写）人民币壹万元整				（小写）¥10,000.00
凭证种类	电子转账凭证		凭证号码	104322112424	
结算方式	转账		用　途	捐赠费	
			打印柜员：210432801003 打印机构：建行沈阳浑南支行 打印卡号：6232510820235802		

（中国建设银行 电子回单专用章）

打印时间：2022-12-23 10:36:02　　交易柜员：　　交易机构：2104331

（借方回单）（付款人回单）

本回单可通过建行对公自助设备或建行网站校验真伪

7 − 35 − 1

21005636899

辽宁增值税专用发票

全国统一发票监制章 辽宁 国家税务总局监制

发票联

№08567321

开票日期：2022年12月24日

购买方	名　　称：沈阳佳兴汽车零部件有限公司 纳税人识别号：92210112MA0XFEU85N 地 址、电 话：沈阳市浑南区智慧四街18-2号024-88015258 开户行及电话：中国建设银行沈阳浑南支行21050138000900000508			密码区	<5/23/>8<0/>-2<366549/323>6 4318-152432/*43-5380303>**- 318/51<*5<0*>1/1-+421+47-31 056<4889383264684321/65>6>13		
货物或应税劳务、服务名称	规格型号	单位	数量	单价	金额	税率	税额
*机动车*轿车	红旗E-HS3	辆	1	200000	200000.00	13%	26000.00
合　　计					¥200000.00		¥26000.00
价税合计（大写）	⊗贰拾贰万陆仟元整				（小写）¥226000.00		
销售方	名　　称：辽宁神州红旗汽车销售服务有限公司 纳税人识别号：91210103MA102YLPX6 地 址、电 话：沈阳市铁西区北二中路39号024-25518321 开户行及电话：中国工商银行沈阳北二路支行6232052325920005083			备注			

收款人：孙宇　　复核：王颖　　开票人：胡佳　　销售方：（章）

辽宁神州红旗汽车销售服务有限公司 91210103MA102YLPX6 发票专用章

税总货劳函[2021]280号北京印钞有限公司

第三联：发票联 购买方记账凭证

---

7 − 35 − 2

21005636899

辽宁增值税专用发票

全国统一发票监制章 辽宁 国家税务总局监制

抵扣联

№08567321

开票日期：2022年12月24日

购买方	名　　称：沈阳佳兴汽车零部件有限公司 纳税人识别号：92210112MA0XFEU85N 地 址、电 话：沈阳市浑南区智慧四街18-2号024-88015258 开户行及电话：中国建设银行沈阳浑南支行21050138000900000508			密码区	<5/23/>8<0/>-2<366549/323>6 4318-152432/*43-5380303>**- 318/51<*5<0*>1/1-+421+47-31 056<4889383264684321/65>6>13		
货物或应税劳务、服务名称	规格型号	单位	数量	单价	金额	税率	税额
*机动车*轿车	红旗E-HS3	辆	1	200000	200000.00	13%	26000.00
合　　计					¥200000.00		¥26000.00
价税合计（大写）	⊗贰拾贰万陆仟元整				（小写）¥226000.00		
销售方	名　　称：辽宁神州红旗汽车销售服务有限公司 纳税人识别号：91210103MA102YLPX6 地 址、电 话：沈阳市铁西区北二中路39号024-25518321 开户行及电话：中国工商银行沈阳北二路支行6232052325920005083			备注			

收款人：孙宇　　复核：王颖　　开票人：胡佳　　销售方：（章）

辽宁神州红旗汽车销售服务有限公司 91210103MA102YLPX6 发票专用章

税总货劳函[2021]280号北京印钞有限公司

第二联：抵扣联 购买方扣税凭证

7－35－3

中国建设银行
转账支票存根
105021
046879

沈阳中钞证券印制公司.2020年印制

附加信息

出票日期　2022年12月24日

收款人：辽宁神州红旗汽车销售服务有限公司	
金额：¥226000.00	
用途：车辆款	

单位主管 陈洁　会计 刘硕

（印章：沈阳佳兴汽车零部件有限公司 92210112MA0XFEU85N 财务专用章）

7－35－4

固定资产交接（验收）单

2022年12月24日

编号	名称	规格	型号	计量单位	数量	制造单位		备注
YS002	红旗轿车		红旗E-HS3	辆	1	中国一汽		
总价	买价	安装费	运杂费	包装费	其他	原值	预计年限	净残值率
	200000.00	0.00	0.00	0.00	0.00	200000.00	4年	0%
用途	经营管理		使用部门		行政部		已提折旧	0.00
验收意见		合格			验收人签章		赵鑫	

财务主管：陈洁　　制单：刘硕　　复核：张杰

7－36－1

辽宁增值税专用发票　№36068978

21005638032

此联不作报销、扣税凭证使用　　开票日期：2022年12月25日

（印章：国统一发票监制 国家税务总局监制）

购买方	名　　称：沈阳中旭汽车组件有限公司 纳税人识别号：91210472000019848B 地 址、电 话：沈阳市大东区观泉路20号024-66004332 开户行及账号：中国银行沈阳大东支行601369868653				密码区	<9/23/>9<0/>-2<366332/737>2 2556-146432/*43-5290305>**- 621/31<*5<0*>1/1-+329+47-35 045<3226625917631465/87>2>12	
货物或应税劳务、服务名称	规格型号	单位	数量	单价	金额	税率	税额
*交通运输设备*前桥	F49UKL	件	40000	25	1000000.00	13%	130000.00
合　　计					¥1000000.00		¥130000.00
价税合计（大写）	⊗壹佰壹拾叁万元整				（小写）¥1130000.00		
销售方	名　　称：沈阳佳兴汽车零部件有限公司 纳税人识别号：92210112MA0XFEU85N 地 址、电 话：沈阳市浑南区智慧四街18-2号024-88015258 开户行及账号：中国建设银行沈阳浑南支行21050138000900000508				备注		

收款人：杨丹　　复核：张杰　　开票人：刘硕　　销售方：（章）

（印章：沈阳佳兴汽车零部件有限公司 92210112MA0XFEU85N 发票专用章）

第一联：记账联　销售方记账凭证

税总货劳函[2021]280号北京印钞有限公司

7－37－1

中国建设银行 China Construction Bank

中国建设银行单位客户专用回单

币别：人民币　　2022年12月26日　　流水号：2104300410NCPR7H453

付款人	全　称	沈阳中旭汽车组件有限公司	收款人	全　称	沈阳佳兴汽车零部件有限公司
	账　号	601369868653		账　号	21050138000900000508
	开户行	中国银行沈阳大东支行		开户行	中国建设银行沈阳浑南支行
金　额	（大写）人民币壹佰壹拾叁万元整			（小写）¥1,130,000.00	
凭证种类	电子转账凭证		凭证号码	104322112425	
结算方式	转账		用　途	货款	
			打印柜员：210432801003 打印机构：建行沈阳浑南支行 打印卡号：6232510820235802		

打印时间：2022-12-26 14:36:02　　交易柜员：　　交易机构：2104331

（贷方回单）（收款人回单）

本回单可通过建行对公自助设备或建行网站校验真伪

中国建设银行 电子回单 专用章

7－38－1

辽宁增值税专用发票

21005636654　　№00352408

发票联

开票日期：2022年12月27日

购买方	名　　称：沈阳佳兴汽车零部件有限公司 纳税人识别号：92210112MA0XFEU85N 地 址、电 话：沈阳市浑南区智慧四街18-2号024-88015258 开户行及账号：中国建设银行沈阳浑南支行21050138000900000508				密码区	<6/83/>9<0/>-2<488332/636>2 5786-152432/*43-6390606>**- 421/51<*5<0*>1/1-+728+47-36 045<5445383264681632/87>6>78	
货物或应税劳务、服务名称	规格型号	单位	数量	单价	金额	税率	税额
*水冰雪*水		吨	540	3.7037	2000.00	9%	180.00
合　计					¥2000.00		¥180.00
价税合计（大写）	⊗贰仟壹佰捌拾元整				（小写）¥2180.00		
销售方	名　　称：沈阳浑南水务集团有限公司 纳税人识别号：91210112558866865B 地 址、电 话：沈阳市浑南新区新隆街8号024-24699953 开户行及账号：中国建设银行沈阳浑南支行21050139420100000006				备注		

收款人：胡蕊　　复核：李强　　开票人：姜琳　　销售方：（章）

沈阳浑南水务集团有限公司 91210112558866865B 发票专用章

第三联：发票联 购买方记账凭证

税总货劳函[2021]280号北京印钞有限公司

7－38－2

辽宁增值税专用发票

№00352408

抵扣联

21005636654

开票日期：2022年12月27日

购买方	名称：	沈阳佳兴汽车零部件有限公司	密码区	<6/83/>9<0/>-2<488332/636>2
	纳税人识别号：	92210112MA0XFEU85N		5786-152432/*43-6390606>**-
	地址、电话：	沈阳市浑南区智慧四街18-2号024-88015258		421/51<*5<0*>1/1-+728+47-36
	开户行及电话：	中国建设银行沈阳浑南支行21050138000900000508		045<5445383264681632/87>6>78

货物或应税劳务、服务名称	规格型号	单位	数量	单价	金额	税率	税额
*水冰雪*水		吨	540	3.7037	2000.00	9%	180.00
合计					¥2000.00		¥180.00
价税合计（大写）	⊗贰仟壹佰捌拾元整				（小写）¥2180.00		

销售方	名称：	沈阳浑南水务集团有限公司	备注	
	纳税人识别号：	91210112558866865B		
	地址、电话：	沈阳市浑南新区新隆街8号024-24699953		
	开户行及电话：	中国建设银行沈阳浑南支行21050139420100000006		

收款人：胡蕊　复核：李强　开票人：姜琳　销售方：（章）

第二联：抵扣联　购买方扣税凭证

税总货劳函[2021]280号北京印钞有限公司

7－38－3

中国建设银行 China Construction Bank

中国建设银行单位客户专用回单

币别：人民币　2022年12月27日　流水号：2104300410NCPR7H465

付款人	全称	沈阳佳兴汽车零部件有限公司	收款人	全称	沈阳浑南水务集团有限公司
	账号	21050138000900000508		账号	21050139420100000006
	开户行	中国建设银行沈阳浑南支行		开户行	中国建设银行沈阳浑南支行
金额	（大写）人民币贰仟壹佰捌拾元整				（小写）¥2,180.00
凭证种类	电子转账凭证		凭证号码	104322112426	
结算方式	转账		用途	支付水费	
			打印柜员：210432801003 打印机构：建行沈阳浑南支行 打印卡号：6232510820235802		

打印时间：2022-12-27 15:36:00　交易柜员：　交易机构：2104331

（借方回单）（付款人回单）

本回单可通过建行对公自助设备或建行网站校验真伪

7－38－4

水费分配表

2022年12月27日

部门	用水量（吨）	水单价（元）	金额（元）
行政部	108.000108	3.7037	400.00
采购部	54.000054	3.7037	200.00
生产部	270.00027	3.7037	1000.00
销售部	54.000054	3.7037	200.00
质检部	54.000054	3.7037	200.00
合计	540.00054	—	2000.00

7－39－1

辽宁增值税专用发票

发票联

21005636692　　№03491249

开票日期：2022年12月27日

购买方	名称：沈阳佳兴汽车零部件有限公司 纳税人识别号：92210112MA0XFEU85N 地址、电话：沈阳市浑南区智慧四街18-2号024-88015258 开户行及电话：中国建设银行沈阳浑南支行21050138000900000508				密码区	<3/83/>9<0/>-2<466332/636>2 4636-152432/*43-6390606>**- 421/51<*5<0*>1/1-+728+47-36 045<5445383264681632/87>6>24	
货物或应税劳务、服务名称	规格型号	单位	数量	单价	金额	税率	税额
*供电*电	380V	kwh	49365	0.607718	30000.00	13%	3900.00
合计							
价税合计（大写）	⊗叁万叁仟玖佰元整				（小写）¥33900.00		
销售方	名称：国网辽宁省电力有限公司沈阳供电公司 纳税人识别号：91210102X05820176E 地址、电话：沈阳市和平区八经街94号024-23157248 开户行及电话：中国工商银行沈阳和平支行6232612201000108532				备注		

收款人：崔小佳　　复核：王梅梅　　开票人：徐君　　销售方：（章）

国网辽宁省电力有限公司沈阳供电公司 91210102X05820176E 发票专用章

全国统一发票监制章 辽宁 国家税务总局监制

税总货劳函[2021]280号北京印钞有限公司

第三联：发票联 购买方记账凭证

7－39－2

辽宁增值税专用发票

№03491249

抵扣联

21005636692

开票日期：2022年12月27日

购买方	名　　称：沈阳佳兴汽车零部件有限公司 纳税人识别号：92210112MA0XFEU85N 地址、电话：沈阳市浑南区智慧四街18-2号024-88015258 开户行及电话：中国建设银行沈阳浑南支行21050138000900000508	密码区	<3/83/>9<0/>-2<466332/636>2 4636-152432/*43-6390606>**- 421/51<*5<0*>1/1-+728+47-36 045<5445383264681632/87>6>24

货物或应税劳务、服务名称	规格型号	单位	数量	单价	金额	税率	税额
*供电*电	380V	kwh	49365	0.607718	30000.00	13%	3900.00
合　　计							
价税合计（大写）	⊗叁万叁仟玖佰元整				（小写）¥33900.00		

销售方	名　　称：国网辽宁省电力有限公司沈阳供电公司 纳税人识别号：91210102X05820176E 地址、电话：沈阳市和平区八经街94号024-23157248 开户行及电话：中国工商银行沈阳和平支行6232612201000108532	备注	

收款人：崔小佳　　复核：王梅梅　　开票人：徐君　　销售方：（章）

第二联：抵扣联　购买方扣税凭证

税总货劳函[2021]280号北京印钞有限公司

7－39－3

中国建设银行 China Construction Bank

中国建设银行单位客户专用回单

币别：人民币　　2022年12月27日　　流水号：2104300410NCPR7H478

付款人	全　称	沈阳佳兴汽车零部件有限公司	收款人	全　称	国网辽宁省电力有限公司沈阳供电公司
	账　号	21050138000900000508		账　号	6232612201000108532
	开户行	中国建设银行沈阳浑南支行		开户行	中国工商银行沈阳和平支行
金　额		（大写）人民币叁万叁仟玖佰元整			（小写）¥33,900.00
凭证种类		电子转账凭证	凭证号码		104322112427
结算方式		转账	用　途		支付电费
			打印柜员：210432801003 打印机构：建行沈阳浑南支行 打印卡号：6232510820235802		

（借方回单）（付款人回单）

本回单可通过建行对公自助设备或建行网站校验真伪

打印时间：2022-12-27 15:42:00　　交易柜员：　　交易机构：2104331

7－39－4

电 费 分 配 表

2022年12月27日

部门	用电量（kwh）	电单价（元）	金额（元）
行政部	3291.000102	0.607718	2000.00
采购部	1645.500051	0.607718	1000.00
生产部	39492.00122	0.607718	24000.00
销售部	1645.500051	0.607718	1000.00
质检部	3291.000102	0.607718	2000.00
合计	49365.00153	—	30000.00

7－40－1

辽宁增值税专用发票

发票联

21005636653

№18957653

开票日期：2022年12月28日

购买方	名　　称：沈阳佳兴汽车零部件有限公司 纳税人识别号：92210112MA0XFEU85N 地 址、电 话：沈阳市浑南区智慧四街18-2号024-88015258 开户行及账号：中国建设银行沈阳浑南支行21050138000900000508	密码区：<5/2+/>3<0/>-2<154222/323>8 4418-621321/*43-1456204>**- 148/51<*6<0*>1/1-+318+48-23 037<3662542313252991/32>2>62

货物或应税劳务、服务名称	规格型号	单位	数量	单价	金额	税率	税额
*纺织产品*劳动手套		副	100	5	500.00	13%	65.00
*鞋*工作鞋		双	20	50	1000.00	13%	130.00
*纺织产品*面罩		个	10	40	400.00	13%	52.00
合　计					¥1900.00		¥247.00
价税合计（大写）	⊗贰仟壹佰肆拾柒元整				（小写）¥2147.00		

销售方	名　　称：沈阳泰和劳保用品有限公司 纳税人识别号：91210102453468630A 地 址、电 话：沈阳市沈河区千德路2号024-88312182 开户行及账号：中国工商银行沈阳广宜支行6232051224810002062	备注

收款人：　　复核：　　开票人：　　销售方：（章）

税总货劳函[2021]280号北京印钞有限公司

第三联：发票联　购买方记账凭证

7－40－2

辽宁增值税专用发票

№18957653

抵扣联

21005636653

开票日期：2022年12月28日

购买方	名　　称：沈阳佳兴汽车零部件有限公司 纳税人识别号：92210112MA0XFEU85N 地 址、电 话：沈阳市浑南区智慧四街18-2号024-88015258 开户行及电话：中国建设银行沈阳浑南支行21050138000900000508	密码区	<5/2+/>3<0/>-2<154222/323>8 4418-621321/*43-1456204>**- 148/51<*6<0*>1/1-+318+48-23 037<3662542313252991/32>2>62

货物或应税劳务、服务名称	规格型号	单位	数量	单价	金额	税率	税额
*纺织产品*劳动手套		副	100	5	500.00	13%	65.00
*鞋*工作鞋		双	20	50	1000.00	13%	130.00
*纺织产品*面罩		个	10	40	400.00	13%	52.00
合　计					¥1900.00		¥247.00
价税合计（大写）	⊗贰仟壹佰肆拾柒元整				（小写）¥2147.00		

销售方	名　　称：沈阳泰和劳保用品有限公司 纳税人识别号：91210102453468630A 地 址、电 话：沈阳市沈河区千德路2号024-88312182 开户行及电话：中国工商银行沈阳广宜支行6232051224810002062	备注	

收款人：　　复核：　　开票人：　　销售方：

税总货劳函[2021]280号北京印钞有限公司

第二联：抵扣联　购买方扣税凭证

7－40－3

中国建设银行 China Construction Bank

中国建设银行单位客户专用回单

币别：人民币　　2022年12月28日　　流水号：2104300410NCPR7H484

付款人	全　称	沈阳佳兴汽车零部件有限公司	收款人	全　称	沈阳泰和劳保用品有限公司
	账　号	21050138000900000508		账　号	6232051224810002062
	开户行	中国建设银行沈阳浑南支行		开户行	中国工商银行沈阳广宜支行
金　额	（大写）人民币贰仟壹佰肆拾柒元整			（小写）¥2,147.00	
凭证种类	电子转账凭证		凭证号码	104322112428	
结算方式	转账		用　途	付劳保用品款	
			打印柜员：210432801003 打印机构：建行沈阳浑南支行 打印卡号：6232510820235802		

（借方回单）（付款人回单）

本回单可通过建行对公自助设备或建行网站校验真伪

打印时间：2022-12-28 15:43:03　　交易柜员：　　交易机构：2104331

7－41－1

领　　料　　单

领料单位：生产部

编号：221203

2022年12月28日

仓库：01

材料类别	材料编号	材料名称	规格	计量单位	数量		单价	金额	用途
					请领	实发			
原材料	003	涂料		千克	3599	3599	20.00	71980.00	前桥
原材料	003	涂料		千克	2711	2711	20.00	54220.00	后桥
原材料	003	涂料		千克	200	200	20.00	4000.00	一般耗用
合计					6510	6510	20.00	130200.00	—

记账 张杰　　发料　　领料单位负责人　　领料

7－42－1

领　　料　　单

领料单位：生产部

编号：221204

2022年12月29日

仓库：01

材料类别	材料编号	材料名称	规格	计量单位	数量		单价	金额	用途
					请领	实发			
劳保用品	004	面罩		个	4	4	40.00	160.00	后桥
劳保用品	005	鞋		双	4	4	50.00	200.00	后桥
劳保用品	006	手套		副	40	40	5.00	200.00	后桥
劳保用品	004	面罩		个	5	5	40.00	200.00	前桥
劳保用品	005	鞋		双	5	5	50.00	250.00	前桥
劳保用品	006	手套		副	38	38	5.00	190.00	前桥
合计					96	96	—	1200.00	—

记账 张杰　　发料　　领料单位负责人　　领料

7－42－2

领　　　料　　　单

领料单位：　质检部

编号：221205

仓库：01

2022年12月29日

材料类别	材料编号	材料名称	规格	计量单位	数量		单价	金额	用途
					请领	实发			
劳保用品	004	面罩		个	1	1	40.00	40.00	一般耗用
劳保用品	005	鞋		双	2	2	50.00	100.00	一般耗用
劳保用品	006	手套		副	12	12	5.00	60.00	一般耗用
合计					15	15	—	200	—

记账 张杰　　发料　　领料单位负责人　　领料

7－43－1

固　定　资　产　折　旧　计　提　表

2022年12月31日

会计科目	固定资产项目	使用部门	月折旧额
制造费用	房屋建筑物	生产车间	15000.00
	机器设备		8000.00
制造费用	机器设备	质检部门	2000.00
管理费用	房屋建筑物	行政部门	15000.00
	办公设备		5000.00
管理费用	房屋建筑物	采购部门	600.00
	办公设备		400.00
销售费用	房屋建筑物	销售部门	1500.00
	办公设备		500.00
合计			**48000.00**

会计主管：　　审核：张杰　　制表：张杰

7－44－1

费　　用　　计　　提　　表

2022年12月31日

费用项目	计提依据	借款利率	计提金额（元）
借款利息	300000.00	6%	1500.00
合计			1500.00

会计主管：　　审核：张杰　　制表：张杰

7－45－1

工资汇总表

2022年12月31日

部门	类别	基本工资	岗位工资	绩效工资	交通补贴	应发合计
行政部		25,000.00	3,000.00	1,800.00	200.00	30,000.00
采购部		11,600.00	2,000.00	1,200.00	200.00	15,000.00
生产部	车间管理人员	8,000.00	1,000.00	900.00	100.00	10,000.00
	前桥生产工人	15,000.00	3,000.00	1,800.00	200.00	20,000.00
	后桥生产工人	15,000.00	3,000.00	1,800.00	200.00	20,000.00
销售部		11,600.00	2,000.00	1,200.00	200.00	15,000.00
质检部		8,000.00	1,000.00	900.00	100.00	10,000.00
合计		94,200.00	15,000.00	9,600.00	1,200.00	120,000.00

会计主管：　　　审核：张杰　　　制表：张杰

7－46－1

职工福利费、职工教育经费、工会经费计提表

2022年12月31日

部门	类别	工资基数	职工福利费（14%）	职工教育经费（8%）	工会经费（2%）	合计
行政部		30,000.00				
采购部		15,000.00				
生产部	车间管理人员	10,000.00				
	前桥生产工人	20,000.00				
	后桥生产工人	20,000.00				
销售部		15,000.00				
质检部		10,000.00				
合计		120,000.00				

会计主管：　　　审核：张杰　　　制表：张杰

7－47－1

职工五险一金计提表

2022年12月31日

部门	类别	工资基数	养老保险费（20%）	医疗保险费（10%）	生育保险费（1%）	工伤保险费（0.5%）	失业保险费（1%）	住房公积金（12%）	合计
行政部		30,000.00							
采购部		15,000.00							
生产部	车间管理人员	10,000.00							
	前桥生产工人	20,000.00							
	后桥生产工人	20,000.00							
销售部		15,000.00							
质检部		10,000.00							
合计		120,000.00							

会计主管：　　　审核：　　　制表：张杰

7－48－1

实　发　工　资　汇　总　表

2022年12月31日

部门	类别	应发合计	代扣代缴养老保险（8%）	代扣代缴医疗保险（2%）	代扣代缴失业保险（0.5%）	代扣代缴公积金（12%）	扣款合计	税前应发	个人所得税	税后应发
行政部									100.00	
采购部									200.00	
生产部	车间管理人员								100.00	
	前桥生产工人								0.00	
	后桥生产工人								0.00	
销售部									150.00	
质检部									60.00	
合计										

会计主管：　　审核：张杰　　制表：张杰

7－49－1

制　造　费　用　汇　总　表

2022年12月31日

部门	原材料	劳保费	水电费	工资	折旧费	合计
生产部						
质检部						
合计						

会计主管：　　审核：张杰　　制表：张杰

7－49－2

制　造　费　用　分　配　表

2022年12月31日

产品名称	生产工时（小时）	分配率	分配金额
F49 UKL前桥	2000		
F52 UKL后桥	3000		
合计	5000		

会计主管：　　审核：张杰　　制表：张杰

7－50－1

产 品 成 本 计 算 单

2022年12月31日

产品名称：F49 UKL前桥　　产量：　　单位：元

项目	直接材料	直接人工	制造费用	合计
期初在产品成本				
本月发生的生产成本				
生产成本合计				
产成品成本				
单位成本				
期末在产品成本				

会计主管：　　审核：　　制表：

7－50－2

产 品 成 本 计 算 单

2022年12月31日

产品名称：F52 UKL后桥　　产量：　　单位：元

项目	直接材料	直接人工	制造费用	合计
期初在产品成本				
本月发生的生产成本				
生产成本合计				
产成品成本				
单位成本				
期末在产品成本				

会计主管：　　审核：　　制表：

7－51－1

销售商品成本计算表

2022年12月31日

品名	规格	单位	销售数量	单位成本	销售成本
F49 UKL前桥					
F52 UKL后桥					
合计					

会计主管：陈洁　　审核：张杰　　制表：刘硕

7－52－1

应交税费计算表

2022年12月31日　　单位：元

税目	增值税计税金额	税（费）率	应缴税（费）额
城市维护建设税	411962.00	7%	
教育费附加	411962.00	3%	
合计			

会计主管：陈洁　　审核：张杰　　制表：刘硕

7－53－1

坏账准备计算表

2022年12月31日　　单位：元

“应收账款”账户期末余额	提取坏账准备比例（%）	坏账准备应有贷方余额	坏账准备期初余额	坏账准备本期提取数

会计主管：陈洁　　审核：张杰　　制表：刘硕

7－54－1

辽宁增值税专用发票

№14359543

2100563709

此联不作报销、扣税凭证使用

开票日期：2022年12月31日

税总货劳函[2021]280号北京印钞有限公司

购买方	名称：大连安达汽车零部件有限公司 纳税人识别号：91210200243191365Q 地址、电话：辽宁省大连市甘井子区红旗村0411-84286734 开户行及账号：中国工商银行大连友好广场支行3400203409300205471			密码区	<9/23/>9<0/>-2<366332/737>2 2556-146432/*43-5290305>**- 621/31<*5<0*>1/1-+329+47-35 045<3226625917631465/87>2>12		
货物或应税劳务、服务名称	规格型号	单位	数量	单价	金额	税率	税额
*涂料*涂料		千克	500	24	12000.00	13%	1560.00
合计					¥12000.00		¥1560.00
价税合计（大写）	⊗壹万叁仟伍佰陆拾元整				（小写）¥13560.00		
销售方	名称：沈阳佳兴汽车零部件有限公司 纳税人识别号：92210112MA0XFEU85N 地址、电话：沈阳市浑南区智慧四街18-2号024-88015258 开户行及账号：中国建设银行沈阳浑南支行21050138000900000508			备注			

收款人：杨丹　复核：张杰　开票人：刘硕　销售方：（章）

第一联：记账联　销售方记账凭证

（印章：沈阳佳兴汽车零部件有限公司 92210112MA0XFEU85N 发票专用章）

7－54－2

领　　料　　单

领料单位：生产部　　　　　　　　　　　　编号：221206

用　　途：销售　　　2022年12月31日　　　仓库：01

材料类别	材料编号	材料名称	规格	计量单位	数量		单价	金额
					请领	实发		
原材料	003	涂料		千克	500	500	20.00	10000.00
合计					500	500	—	10000.00

记账 刘硕　　发料 孙峰　　领料单位负责人 周岩　　领料 董家兴

7－54－3

中国建设银行
China Construction Bank

中国建设银行单位客户专用回单

币别：人民币　　2022年12月31日　　流水号：2104300410NCPR7H893

付款人	全　称	大连安达汽车零部件有限公司	收款人	全　称	沈阳佳兴汽车零部件有限公司
	账　号	3400203409300205471		账　号	21050138000900000508
	开户行	中国工商银行大连友好广场支行		开户行	中国建设银行沈阳浑南支行
金　额	（大写）人民币壹万叁仟伍佰陆拾元整			（小写）¥13,560.00	
凭证种类	电子转账凭证		凭证号码	104322112425	
结算方式	转账		用　途	货款	
			打印柜员：210432801003 打印机构：建行沈阳浑南支行 打印卡号：6232510820235802		

中国建设银行 电子回单专用章

打印时间：2022-12-31 14:36:02　　交易柜员：　　交易机构：2104331

（贷方回单）（收款人回单）

本回单可通过建行对公自助设备或建行网站校验真伪

7－55－1

收入类账户发生额表

2022年12月31日

收入类账户名称	贷方发生额
合计	

会计主管：陈洁　　审核：张杰　　制表：刘硕

7－56－1

费用类账户发生额表

2022年12月31日

费用类账户名称	借方发生额
合计	

会计主管：陈洁　　审核：张杰　　制表：刘硕

7－57－1

所得税计算表

2022年12月31日　　单位：元

应纳税所得额	税率（%）	应纳税额

会计主管：陈洁　　审核：张杰　　制表：刘硕

7－58－1

盈余公积计算表

2022年12月31日　　单位：元

项目	计提依据	计提比例(%)	计提金额
合计			

会计主管：陈洁　　审核：张杰　　制表：刘硕

7－59－1

利润分配方案

沈阳佳兴汽车零部件有限公司于2022年12月31日召开了第四次董事会，对本年利润分配方案做出如下决议。

根据本年度公司实现利润情况，考虑公司今后发展需要，决定将本公司可供分配的利润向投资者分配，金额为200 000元。

沈阳佳兴汽车零部件有限公司董事会

2022年12月31日

第二部分　模拟实训材料

7－1－1

收 款 凭 证

借方科目：　　　　　　　　年　　月　　日　　　　　　　　字第　　　号

摘要	贷方科目		金额										记账符号
	总账科目	明细科目	千	百	十	万	千	百	十	元	角	分	
合计													

附原始凭证　　张

财务主管：　　　　记账：　　　　审核：　　　　出纳：　　　　制单：

7－2－1

付 款 凭 证

贷方科目：　　　　　　　　年　　月　　日　　　　　　　　字第　　　号

摘要	借方科目		金额										记账符号
	总账科目	明细科目	千	百	十	万	千	百	十	元	角	分	
合计													

附原始凭证　　张

财务主管：　　　　记账：　　　　审核：　　　　出纳：　　　　制单：

7－3－1

付款凭证

贷方科目：　　　　　　　　　　　　年　　月　　日　　　　　　　　字第　　　号

摘要	借方科目		金额										记账符号
	总账科目	明细科目	千	百	十	万	千	百	十	元	角	分	
合计													

附原始凭证　　张

财务主管：　　　　记账：　　　　审核：　　　　出纳：　　　　制单：

7－4－1

付款凭证

贷方科目：　　　　　　　　　　　　年　　月　　日　　　　　　　　字第　　　号

摘要	借方科目		金额										记账符号
	总账科目	明细科目	千	百	十	万	千	百	十	元	角	分	
合计													

附原始凭证　　张

财务主管：　　　　记账：　　　　审核：　　　　出纳：　　　　制单：

7－5－1

付 款 凭 证

贷方科目：　　　　　　年　月　日　　　　字第　　号

摘要	借方科目		金额										记账符号
	总账科目	明细科目	千	百	十	万	千	百	十	元	角	分	
合计													

附原始凭证　张

财务主管：　记账：　审核：　出纳：　制单：

7－6－1

付 款 凭 证

贷方科目：　　　　　　年　月　日　　　　字第　　号

摘要	借方科目		金额										记账符号
	总账科目	明细科目	千	百	十	万	千	百	十	元	角	分	
合计													

附原始凭证　张

财务主管：　记账：　审核：　出纳：　制单：

7－6－2

转账凭证

年　月　日　　　　　　　　字第　　号

摘要	总账科目	明细科目	借方金额										贷方金额										记账符号
			千	百	十	万	千	百	十	元	角	分	千	百	十	万	千	百	十	元	角	分	
合计																							

附原始凭证　张

财务主管：　　记账：　　审核：　　制单：

7－7－1

付款凭证

贷方科目：　　年　月　日　　字第　　号

摘要	借方科目		金额										记账符号
	总账科目	明细科目	千	百	十	万	千	百	十	元	角	分	
合计													

附原始凭证　张

财务主管：　　记账：　　审核：　　出纳：　　制单：

7－8－1

收 款 凭 证

借方科目：　　　　　　　　　　年　　月　　日　　　　　　　　字第　　　号

<table>
<tr><td rowspan="3">摘要</td><td colspan="2">贷方科目</td><td colspan="10">金额</td><td rowspan="3">记账符号</td></tr>
<tr><td rowspan="2">总账科目</td><td rowspan="2">明细科目</td><td>千</td><td>百</td><td>十</td><td>万</td><td>千</td><td>百</td><td>十</td><td>元</td><td>角</td><td>分</td></tr>
<tr><td></td><td></td><td></td><td></td><td></td><td></td><td></td><td></td><td></td><td></td></tr>
<tr><td></td><td></td><td></td><td></td><td></td><td></td><td></td><td></td><td></td><td></td><td></td><td></td><td></td><td></td></tr>
<tr><td></td><td></td><td></td><td></td><td></td><td></td><td></td><td></td><td></td><td></td><td></td><td></td><td></td><td></td></tr>
<tr><td></td><td></td><td></td><td></td><td></td><td></td><td></td><td></td><td></td><td></td><td></td><td></td><td></td><td></td></tr>
<tr><td></td><td></td><td></td><td></td><td></td><td></td><td></td><td></td><td></td><td></td><td></td><td></td><td></td><td></td></tr>
<tr><td></td><td></td><td></td><td></td><td></td><td></td><td></td><td></td><td></td><td></td><td></td><td></td><td></td><td></td></tr>
<tr><td></td><td></td><td></td><td></td><td></td><td></td><td></td><td></td><td></td><td></td><td></td><td></td><td></td><td></td></tr>
<tr><td colspan="3">合计</td><td></td><td></td><td></td><td></td><td></td><td></td><td></td><td></td><td></td><td></td><td></td></tr>
</table>

附原始凭证　　张

财务主管：　　　　记账：　　　　审核：　　　　出纳：　　　　制单：

7－9－1

付 款 凭 证

贷方科目：　　　　　　　　　　年　　月　　日　　　　　　　　字第　　　号

<table>
<tr><td rowspan="3">摘要</td><td colspan="2">借方科目</td><td colspan="10">金额</td><td rowspan="3">记账符号</td></tr>
<tr><td rowspan="2">总账科目</td><td rowspan="2">明细科目</td><td>千</td><td>百</td><td>十</td><td>万</td><td>千</td><td>百</td><td>十</td><td>元</td><td>角</td><td>分</td></tr>
<tr><td></td><td></td><td></td><td></td><td></td><td></td><td></td><td></td><td></td><td></td></tr>
<tr><td></td><td></td><td></td><td></td><td></td><td></td><td></td><td></td><td></td><td></td><td></td><td></td><td></td><td></td></tr>
<tr><td></td><td></td><td></td><td></td><td></td><td></td><td></td><td></td><td></td><td></td><td></td><td></td><td></td><td></td></tr>
<tr><td></td><td></td><td></td><td></td><td></td><td></td><td></td><td></td><td></td><td></td><td></td><td></td><td></td><td></td></tr>
<tr><td></td><td></td><td></td><td></td><td></td><td></td><td></td><td></td><td></td><td></td><td></td><td></td><td></td><td></td></tr>
<tr><td></td><td></td><td></td><td></td><td></td><td></td><td></td><td></td><td></td><td></td><td></td><td></td><td></td><td></td></tr>
<tr><td></td><td></td><td></td><td></td><td></td><td></td><td></td><td></td><td></td><td></td><td></td><td></td><td></td><td></td></tr>
<tr><td colspan="3">合计</td><td></td><td></td><td></td><td></td><td></td><td></td><td></td><td></td><td></td><td></td><td></td></tr>
</table>

附原始凭证　　张

财务主管：　　　　记账：　　　　审核：　　　　出纳：　　　　制单：

7－10－1

转账凭证

年 月 日 字第 号

摘要	总账科目	明细科目	借方金额										贷方金额										记账符号
			千	百	十	万	千	百	十	元	角	分	千	百	十	万	千	百	十	元	角	分	
合计																							

附原始凭证 张

财务主管： 记账： 审核： 制单：

7－11－1

付款凭证

贷方科目： 年 月 日 字第 号

摘要	借方科目		金额										记账符号
	总账科目	明细科目	千	百	十	万	千	百	十	元	角	分	
合计													

附原始凭证 张

财务主管： 记账： 审核： 出纳： 制单：

7－12－1

付 款 凭 证

贷方科目：　　　　　　　　　　　　　　年　　月　　日　　　　　　　字第　　号

摘要	借方科目		金额										记账符号
	总账科目	明细科目	千	百	十	万	千	百	十	元	角	分	
合计													

附原始凭证　　张

财务主管：　　　记账：　　　审核：　　　出纳：　　　制单：

7－13－1

付 款 凭 证

贷方科目：　　　　　　　　　　　　　　年　　月　　日　　　　　　　字第　　号

摘要	借方科目		金额										记账符号
	总账科目	明细科目	千	百	十	万	千	百	十	元	角	分	
合计													

附原始凭证　　张

财务主管：　　　记账：　　　审核：　　　出纳：　　　制单：

7－14－1

付 款 凭 证

贷方科目：　　　　　　　　　　　　　年　　月　　日　　　　　　　　字第　　　号

摘要	借方科目		金额										记账符号
	总账科目	明细科目	千	百	十	万	千	百	十	元	角	分	
合计													

附原始凭证　　张

财务主管：　　　　记账：　　　　审核：　　　　出纳：　　　　制单：

7－15－1

付 款 凭 证

贷方科目：　　　　　　　　　　　　　年　　月　　日　　　　　　　　字第　　　号

摘要	借方科目		金额										记账符号
	总账科目	明细科目	千	百	十	万	千	百	十	元	角	分	
合计													

附原始凭证　　张

财务主管：　　　　记账：　　　　审核：　　　　出纳：　　　　制单：

7－16－1

收款凭证

借方科目：　　　　　　年　　月　　日　　　　　　字第　　号

摘要	贷方科目		金额										记账符号
	总账科目	明细科目	千	百	十	万	千	百	十	元	角	分	
合计													

附原始凭证　　张

财务主管：　　记账：　　审核：　　出纳：　　制单：

7－17－1

付款凭证

贷方科目：　　　　　　年　　月　　日　　　　　　字第　　号

摘要	借方科目		金额										记账符号
	总账科目	明细科目	千	百	十	万	千	百	十	元	角	分	
合计													

附原始凭证　　张

财务主管：　　记账：　　审核：　　出纳：　　制单：

7－18－1

付款凭证

贷方科目：　　　　　　　　年　月　日　　　　　　　字第　　号

摘要	借方科目		金额										记账符号
	总账科目	明细科目	千	百	十	万	千	百	十	元	角	分	
合计													

附原始凭证　张

财务主管：　　记账：　　审核：　　出纳：　　制单：

7－19－1

转账凭证

年　月　日　　　　　　　字第　　号

摘要	总账科目	明细科目	借方金额										贷方金额										记账符号
			千	百	十	万	千	百	十	元	角	分	千	百	十	万	千	百	十	元	角	分	
合计																							

附原始凭证　张

财务主管：　　记账：　　审核：　　制单：

7－20－1

转账凭证

年　月　日　　　　字第　号

摘要	总账科目	明细科目	借方金额										贷方金额										记账符号
			千	百	十	万	千	百	十	元	角	分	千	百	十	万	千	百	十	元	角	分	
合计																							

附原始凭证　张

财务主管：　记账：　审核：　制单：

7－20－2

付款凭证

贷方科目：　年　月　日　　　　字第　号

摘要	借方科目		金额										记账符号
	总账科目	明细科目	千	百	十	万	千	百	十	元	角	分	
合计													

附原始凭证　张

财务主管：　记账：　审核：　出纳：　制单：

7 -21 -1

收 款 凭 证

借方科目：　　　　　　　　　　　年　　月　　日　　　　　　　　字第　　号

摘要	贷方科目		金额										记账符号
	总账科目	明细科目	千	百	十	万	千	百	十	元	角	分	
合计													

附原始凭证　　张

财务主管：　　　　记账：　　　　审核：　　　　出纳：　　　　制单：

7 -22 -1

付 款 凭 证

贷方科目：　　　　　　　　　　　年　　月　　日　　　　　　　　字第　　号

摘要	借方科目		金额										记账符号
	总账科目	明细科目	千	百	十	万	千	百	十	元	角	分	
合计													

附原始凭证　　张

财务主管：　　　　记账：　　　　审核：　　　　出纳：　　　　制单：

7－23－1

付款凭证

贷方科目： 年 月 日 字第 号

摘要	借方科目		金额										记账符号
	总账科目	明细科目	千	百	十	万	千	百	十	元	角	分	
合计													

附原始凭证 张

财务主管： 记账： 审核： 出纳： 制单：

7－24－1

付款凭证

贷方科目： 年 月 日 字第 号

摘要	借方科目		金额										记账符号
	总账科目	明细科目	千	百	十	万	千	百	十	元	角	分	
合计													

附原始凭证 张

财务主管： 记账： 审核： 出纳： 制单：

7－25－1

收款凭证

借方科目：　　　　　　　　年　　月　　日　　　　　　字第　　号

摘要	贷方科目		金额										记账符号
	总账科目	明细科目	千	百	十	万	千	百	十	元	角	分	
合计													

附原始凭证　　张

财务主管：　　记账：　　审核：　　出纳：　　制单：

7－26－1

收款凭证

借方科目：　　　　　　　　年　　月　　日　　　　　　字第　　号

摘要	贷方科目		金额										记账符号
	总账科目	明细科目	千	百	十	万	千	百	十	元	角	分	
合计													

附原始凭证　　张

财务主管：　　记账：　　审核：　　出纳：　　制单：

7－27－1

收款凭证

借方科目：　　　　　　年　　月　　日　　　　　　字第　　号

摘要	贷方科目		金额										记账符号
	总账科目	明细科目	千	百	十	万	千	百	十	元	角	分	
合计													

附原始凭证　张

财务主管：　　记账：　　审核：　　出纳：　　制单：

7－27－2

转账凭证

年　月　日　　　　　　字第　　号

摘要	总账科目	明细科目	借方金额										贷方金额										记账符号
			千	百	十	万	千	百	十	元	角	分	千	百	十	万	千	百	十	元	角	分	
合计																							

附原始凭证　张

财务主管：　　记账：　　审核：　　制单：

7－28－1

转账凭证

年 月 日　　　　字第 号

摘要	总账科目	明细科目	借方金额										贷方金额										记账符号
			千	百	十	万	千	百	十	元	角	分	千	百	十	万	千	百	十	元	角	分	
合计																							

附原始凭证 张

财务主管：　　记账：　　审核：　　制单：

7－29－1

付款凭证

贷方科目：　　年 月 日　　字第 号

摘要	借方科目		金额										记账符号
	总账科目	明细科目	千	百	十	万	千	百	十	元	角	分	
合计													

附原始凭证 张

财务主管：　　记账：　　审核：　　出纳：　　制单：

7－30－1

付 款 凭 证

贷方科目：　　　　　　　　年　　月　　日　　　　　　字第　　　号

摘要	借方科目		金额										记账符号
	总账科目	明细科目	千	百	十	万	千	百	十	元	角	分	
合计													

附原始凭证　　张

财务主管：　　记账：　　审核：　　出纳：　　制单：

7－31－1

付 款 凭 证

贷方科目：　　　　　　　　年　　月　　日　　　　　　字第　　　号

摘要	借方科目		金额										记账符号
	总账科目	明细科目	千	百	十	万	千	百	十	元	角	分	
合计													

附原始凭证　　张

财务主管：　　记账：　　审核：　　出纳：　　制单：

7－32－1

付款凭证

贷方科目：　　　　　　　　　　年　　月　　日　　　　　　　　字第　　　号

摘要	借方科目		金额										记账符号
	总账科目	明细科目	千	百	十	万	千	百	十	元	角	分	
合计													

附原始凭证　　张

财务主管：　　　记账：　　　审核：　　　出纳：　　　制单：

7－33－1

转账凭证

年　　月　　日　　　　　　　　字第　　　号

摘要	总账科目	明细科目	借方金额										贷方金额										记账符号
			千	百	十	万	千	百	十	元	角	分	千	百	十	万	千	百	十	元	角	分	
合计																							

附原始凭证　　张

财务主管：　　　记账：　　　审核：　　　制单：

7－34－1

付 款 凭 证

贷方科目：　　　　　　　　　　年　　月　　日　　　　　　字第　　　号

摘要	借方科目		金额										记账符号
	总账科目	明细科目	千	百	十	万	千	百	十	元	角	分	
合计													

附原始凭证　　张

财务主管：　　　　记账：　　　　审核：　　　　出纳：　　　　制单：

7－35－1

付 款 凭 证

贷方科目：　　　　　　　　　　年　　月　　日　　　　　　字第　　　号

摘要	借方科目		金额										记账符号
	总账科目	明细科目	千	百	十	万	千	百	十	元	角	分	
合计													

附原始凭证　　张

财务主管：　　　　记账：　　　　审核：　　　　出纳：　　　　制单：

7－36－1

转账凭证

年 月 日　　　　字第 号

摘要	总账科目	明细科目	借方金额										贷方金额										记账符号
			千	百	十	万	千	百	十	元	角	分	千	百	十	万	千	百	十	元	角	分	
合计																							

附原始凭证 张

财务主管：　　记账：　　审核：　　制单：

7－37－1

收款凭证

借方科目：　　年 月 日　　字第 号

摘要	贷方科目		金额										记账符号
	总账科目	明细科目	千	百	十	万	千	百	十	元	角	分	
合计													

附原始凭证 张

财务主管：　　记账：　　审核：　　出纳：　　制单：

7 –38 –1

付 款 凭 证

贷方科目：　　　　　　年　月　日　　　　　字第　　号

摘要	借方科目		金额										记账符号
	总账科目	明细科目	千	百	十	万	千	百	十	元	角	分	
合计													

附原始凭证　张

财务主管：　记账：　审核：　出纳：　制单：

7 –39 –1

付 款 凭 证

贷方科目：　　　　　　年　月　日　　　　　字第　　号

摘要	借方科目		金额										记账符号
	总账科目	明细科目	千	百	十	万	千	百	十	元	角	分	
合计													

附原始凭证　张

财务主管：　记账：　审核：　出纳：　制单：

7 -40 -1

付 款 凭 证

贷方科目：　　　　　　　　　　年　　月　　日　　　　　　　字第　　号

摘要	借方科目		金额										记账符号
	总账科目	明细科目	千	百	十	万	千	百	十	元	角	分	
合计													

附原始凭证　　张

财务主管：　　记账：　　审核：　　出纳：　　制单：

7 -41 -1

转 账 凭 证

年　　月　　日　　　　　　　字第　　号

摘要	总账科目	明细科目	借方金额										贷方金额										记账符号
			千	百	十	万	千	百	十	元	角	分	千	百	十	万	千	百	十	元	角	分	
合计																							

附原始凭证　　张

财务主管：　　记账：　　审核：　　制单：

7－42－1

转账凭证

年 月 日　　　　　　　　　　字第 号

摘要	总账科目	明细科目	借方金额										贷方金额										记账符号
			千	百	十	万	千	百	十	元	角	分	千	百	十	万	千	百	十	元	角	分	
合计																							

附原始凭证 张

财务主管：　　　　记账：　　　　审核：　　　　制单：

7－43－1

转账凭证

年 月 日　　　　　　　　　　字第 号

摘要	总账科目	明细科目	借方金额										贷方金额										记账符号
			千	百	十	万	千	百	十	元	角	分	千	百	十	万	千	百	十	元	角	分	
合计																							

附原始凭证 张

财务主管：　　　　记账：　　　　审核：　　　　制单：

7－44－1

转账凭证

年　月　日　　　　　　　　　字第　　号

摘要	总账科目	明细科目	借方金额										贷方金额										记账符号
			千	百	十	万	千	百	十	元	角	分	千	百	十	万	千	百	十	元	角	分	
合计																							

附原始凭证　　张

财务主管：　　　　记账：　　　　审核：　　　　制单：

7－45－1

转账凭证

年　月　日　　　　　　　　　字第　　号

摘要	总账科目	明细科目	借方金额										贷方金额										记账符号
			千	百	十	万	千	百	十	元	角	分	千	百	十	万	千	百	十	元	角	分	
合计																							

附原始凭证　　张

财务主管：　　　　记账：　　　　审核：　　　　制单：

7－46－1

转 账 凭 证

年　月　日　　　　　　　　字第　　号

摘要	总账科目	明细科目	借方金额										贷方金额										记账符号
			千	百	十	万	千	百	十	元	角	分	千	百	十	万	千	百	十	元	角	分	
合计																							

附原始凭证　张

财务主管：　　　　记账：　　　　审核：　　　　制单：

7－46－2

转 账 凭 证

年　月　日　　　　　　　　字第　　号

摘要	总账科目	明细科目	借方金额										贷方金额										记账符号
			千	百	十	万	千	百	十	元	角	分	千	百	十	万	千	百	十	元	角	分	
合计																							

附原始凭证　张

财务主管：　　　　记账：　　　　审核：　　　　制单：

7－46－3

转账凭证

年　月　日　　　　　　　　　　字第　　号

摘要	总账科目	明细科目	借方金额										贷方金额										记账符号
			千	百	十	万	千	百	十	元	角	分	千	百	十	万	千	百	十	元	角	分	
合计																							

附原始凭证　张

财务主管：　　记账：　　审核：　　制单：

7－47－1

转账凭证

年　月　日　　　　　　　　　　字第　　号

摘要	总账科目	明细科目	借方金额										贷方金额										记账符号
			千	百	十	万	千	百	十	元	角	分	千	百	十	万	千	百	十	元	角	分	
合计																							

附原始凭证　张

财务主管：　　记账：　　审核：　　制单：

7－47－2

转账凭证

年　月　日　　　　　　字第　　号

摘要	总账科目	明细科目	借方金额										贷方金额										记账符号
			千	百	十	万	千	百	十	元	角	分	千	百	十	万	千	百	十	元	角	分	
合计																							

附原始凭证　张

财务主管：　　记账：　　审核：　　制单：

7－48－1

转账凭证

年　月　日　　　　　　字第　　号

摘要	总账科目	明细科目	借方金额										贷方金额										记账符号
			千	百	十	万	千	百	十	元	角	分	千	百	十	万	千	百	十	元	角	分	
合计																							

附原始凭证　张

财务主管：　　记账：　　审核：　　制单：

7－48－2

转账凭证

年　月　日　　　　字第　　号

摘要	总账科目	明细科目	借方金额										贷方金额										记账符号
			千	百	十	万	千	百	十	元	角	分	千	百	十	万	千	百	十	元	角	分	
合计																							

附原始凭证　张

财务主管：　　记账：　　审核：　　制单：

7－48－3

转账凭证

年　月　日　　　　字第　　号

摘要	总账科目	明细科目	借方金额										贷方金额										记账符号
			千	百	十	万	千	百	十	元	角	分	千	百	十	万	千	百	十	元	角	分	
合计																							

附原始凭证　张

财务主管：　　记账：　　审核：　　制单：

7－49－1

转账凭证

年 月 日 字第 号

摘要	总账科目	明细科目	借方金额										贷方金额										记账符号
			千	百	十	万	千	百	十	元	角	分	千	百	十	万	千	百	十	元	角	分	
合计																							

附原始凭证 张

财务主管： 记账： 审核： 制单：

7－50－1

转账凭证

年 月 日 字第 号

摘要	总账科目	明细科目	借方金额										贷方金额										记账符号
			千	百	十	万	千	百	十	元	角	分	千	百	十	万	千	百	十	元	角	分	
合计																							

附原始凭证 张

财务主管： 记账： 审核： 制单：

7－51－1

转账凭证

年　月　日　　　　字第　号

摘要	总账科目	明细科目	借方金额										贷方金额										记账符号
			千	百	十	万	千	百	十	元	角	分	千	百	十	万	千	百	十	元	角	分	
合计																							

附原始凭证　张

财务主管：　　记账：　　审核：　　制单：

7－52－1

转账凭证

年　月　日　　　　字第　号

摘要	总账科目	明细科目	借方金额										贷方金额										记账符号
			千	百	十	万	千	百	十	元	角	分	千	百	十	万	千	百	十	元	角	分	
合计																							

附原始凭证　张

财务主管：　　记账：　　审核：　　制单：

7－53－1

转账凭证

年　月　日　　　　字第　　号

摘要	总账科目	明细科目	借方金额										贷方金额										记账符号
			千	百	十	万	千	百	十	元	角	分	千	百	十	万	千	百	十	元	角	分	
合计																							

附原始凭证　张

财务主管：　记账：　审核：　制单：

7－54－1

收款凭证

借方科目：　年　月　日　　字第　　号

摘要	贷方科目		金额										记账符号
	总账科目	明细科目	千	百	十	万	千	百	十	元	角	分	
合计													

附原始凭证　张

财务主管：　记账：　审核：　出纳：　制单：

7－54－2

转账凭证

年 月 日 字第 号

摘要	总账科目	明细科目	借方金额										贷方金额										记账符号
			千	百	十	万	千	百	十	元	角	分	千	百	十	万	千	百	十	元	角	分	
合计																							

附原始凭证 张

财务主管： 记账： 审核： 制单：

7－55－1

转账凭证

年 月 日 字第 号

摘要	总账科目	明细科目	借方金额										贷方金额										记账符号
			千	百	十	万	千	百	十	元	角	分	千	百	十	万	千	百	十	元	角	分	
合计																							

附原始凭证 张

财务主管： 记账： 审核： 制单：

7－56－1

转账凭证

年　月　日　　　　字第　　号

摘要	总账科目	明细科目	借方金额										贷方金额										记账符号
			千	百	十	万	千	百	十	元	角	分	千	百	十	万	千	百	十	元	角	分	
合计																							

附原始凭证　　张

财务主管：　　记账：　　审核：　　制单：

7－57－1

转账凭证

年　月　日　　　　字第　　号

摘要	总账科目	明细科目	借方金额										贷方金额										记账符号
			千	百	十	万	千	百	十	元	角	分	千	百	十	万	千	百	十	元	角	分	
合计																							

附原始凭证　　张

财务主管：　　记账：　　审核：　　制单：

7－58－1

转账凭证

年　月　日　　　　　　　　字第　　号

摘要	总账科目	明细科目	借方金额										贷方金额										记账符号
			千	百	十	万	千	百	十	元	角	分	千	百	十	万	千	百	十	元	角	分	
合计																							

附原始凭证　张

财务主管：　　　　记账：　　　　审核：　　　　制单：

7－59－1

转账凭证

年　月　日　　　　　　　　字第　　号

摘要	总账科目	明细科目	借方金额										贷方金额										记账符号
			千	百	十	万	千	百	十	元	角	分	千	百	十	万	千	百	十	元	角	分	
合计																							

附原始凭证　张

财务主管：　　　　记账：　　　　审核：　　　　制单：

7－60－1

转账凭证

年 月 日　　　　字第 号

摘要	总账科目	明细科目	借方金额										贷方金额										记账符号
			千	百	十	万	千	百	十	元	角	分	千	百	十	万	千	百	十	元	角	分	
合计																							

附原始凭证 张

财务主管：　　记账：　　审核：　　制单：

7－61－1

转账凭证

年 月 日　　　　字第 号

摘要	总账科目	明细科目	借方金额										贷方金额										记账符号
			千	百	十	万	千	百	十	元	角	分	千	百	十	万	千	百	十	元	角	分	
合计																							

附原始凭证 张

财务主管：　　记账：　　审核：　　制单：

库存现金日记账

年		凭证		摘要	对方科目	借方										贷方										核对号	借或贷	余额									
月	日	字	号			千	百	十	万	千	百	十	元	角	分	千	百	十	万	千	百	十	元	角	分			千	百	十	万	千	百	十	元	角	分

库存现金日记账

年		凭证		摘要	对方科目	借方										贷方										核对号	借或贷	余额									
月	日	字	号			千	百	十	万	千	百	十	元	角	分	千	百	十	万	千	百	十	元	角	分			千	百	十	万	千	百	十	元	角	分

银行存款日记账

开户行：　　　　　　　　　　　　　　　　　　　　　　　　账号：

年		凭证		摘要	对方科目	结算凭证		借　方										贷　方										余　额										核对
月	日	字	号			凭证种类	凭证号码	千	百	十	万	千	百	十	元	角	分	千	百	十	万	千	百	十	元	角	分	千	百	十	万	千	百	十	元	角	分	

银行存款日记账

开户行： 账号：

年		凭证		摘要	对方科目	结算凭证		借方										贷方										余额										核对
月	日	字	号			凭证种类	凭证号码	千	百	十	万	千	百	十	元	角	分	千	百	十	万	千	百	十	元	角	分	千	百	十	万	千	百	十	元	角	分	

科 目 汇 总 表

编号：		附件共　张
记账凭证	收款	第　号至　号共　张
	付款	第　号至　号共　张
	转账	第　号至　号共　张

会计科目	本期发生额汇总																			
	借方										贷方									
	千	百	十	万	千	百	十	元	角	分	千	百	十	万	千	百	十	元	角	分

财会主管　　　　记账　　　　复核　　　　制表

科　目　汇　总　表

编号：		附件共　张
记账凭证	收款	第　号至　号共　张
	付款	第　号至　号共　张
	转账	第　号至　号共　张

会计科目	本期发生额汇总																			
	借方										贷方									
	千	百	十	万	千	百	十	元	角	分	千	百	十	万	千	百	十	元	角	分

财会主管　　　　　　记账　　　　　　复核　　　　　　制表

科　目　汇　总　表

编号：		附件共　　张
记账凭证	收款	第　　号至　　号共　　张
	付款	第　　号至　　号共　　张
	转账	第　　号至　　号共　　张

会计科目	本期发生额汇总																			
	借方										贷方									
	千	百	十	万	千	百	十	元	角	分	千	百	十	万	千	百	十	元	角	分

财会主管　　　　记账　　　　复核　　　　制表

科 目 汇 总 表

编号：		附件共　张
记账凭证	收款	第　号至　号共　张
	付款	第　号至　号共　张
	转账	第　号至　号共　张

会计科目	本期发生额汇总																			
	借方										贷方									
	千	百	十	万	千	百	十	元	角	分	千	百	十	万	千	百	十	元	角	分

财会主管　　　　　　记账　　　　　　复核　　　　　　制表

科　目　汇　总　表

编号：		附件共　　张
记账凭证	收款	第　　号至　　号共　　张
	付款	第　　号至　　号共　　张
	转账	第　　号至　　号共　　张

会计科目	本期发生额汇总																			
	借方										贷方									
	千	百	十	万	千	百	十	元	角	分	千	百	十	万	千	百	十	元	角	分

财会主管　　　　记账　　　　复核　　　　制表

科 目 汇 总 表

编号：		附件共　张
记账凭证	收款	第　号至　号共　张
	付款	第　号至　号共　张
	转账	第　号至　号共　张

会计科目	本期发生额汇总																			
	借方										贷方									
	千	百	十	万	千	百	十	元	角	分	千	百	十	万	千	百	十	元	角	分

财会主管　　　　　　记账　　　　　　复核　　　　　　制表

账簿启用及交接记录

<table>
<tr><td colspan="2">使用单位</td><td colspan="7"></td><td colspan="4">单位盖章</td></tr>
<tr><td colspan="2">账簿名称</td><td colspan="7"></td><td colspan="4" rowspan="6"></td></tr>
<tr><td colspan="2">账簿编号</td><td colspan="7">总　　册 第　　册</td></tr>
<tr><td colspan="2">启用日期</td><td colspan="7">年　　月　　日至　　年　　月　　日</td></tr>
<tr><td rowspan="3">经管
人员</td><td colspan="4">主管</td><td colspan="4">记账</td></tr>
<tr><td colspan="2">姓名</td><td colspan="2">盖章</td><td colspan="2">姓名</td><td colspan="2">盖章</td></tr>
<tr><td colspan="2"></td><td colspan="2"></td><td colspan="2"></td><td colspan="2"></td></tr>
<tr><td rowspan="7">交接
记录</td><td colspan="3">日期</td><td colspan="3">监交</td><td colspan="3">移交</td><td colspan="3">接管</td></tr>
<tr><td>年</td><td>月</td><td>日</td><td>职务</td><td>姓名</td><td>盖章</td><td>职务</td><td>姓名</td><td>盖章</td><td>职务</td><td>姓名</td><td>盖章</td></tr>
<tr><td></td><td></td><td></td><td></td><td></td><td></td><td></td><td></td><td></td><td></td><td></td><td></td></tr>
<tr><td></td><td></td><td></td><td></td><td></td><td></td><td></td><td></td><td></td><td></td><td></td><td></td></tr>
<tr><td></td><td></td><td></td><td></td><td></td><td></td><td></td><td></td><td></td><td></td><td></td><td></td></tr>
<tr><td></td><td></td><td></td><td></td><td></td><td></td><td></td><td></td><td></td><td></td><td></td><td></td></tr>
<tr><td></td><td></td><td></td><td></td><td></td><td></td><td></td><td></td><td></td><td></td><td></td><td></td></tr>
<tr><td colspan="2">备注</td><td colspan="11"></td></tr>
</table>

会计科目目录表

科目名称	账页页码	科目名称	账页页码	科目名称	账页页码
库存现金	1	短期借款	16	生产成本	31
银行存款	2	应付票据	17	制造费用	32
应收票据	3	应付账款	18	主营业务收入	33
应收账款	4	预收账款	19	其他业务收入	34
预付账款	5	应付职工薪酬	20	营业外收入	35
其他应收款	6	应交税费	21	主营业务成本	36
坏账准备	7	应付股利	22	其他业务成本	37
在途物资	8	应付利息	23	税金及附加	38
原材料	9	其他应付款	24	销售费用	39
库存商品	10	长期借款	25	管理费用	40
周转材料	11	实收资本	26	财务费用	41
固定资产	12	资本公积	27	信用减值损失	42
累计折旧	13	盈余公积	28	营业外支出	43
在建工程	14	本年利润	29	所得税费用	44
无形资产	15	利润分配	30		

总分类账

科目名称：库存现金　　　　　　　　　　　　第 1 页

年		凭证		摘要	对应科目	借方										贷方										借或贷	余额										核对
月	日	字	号			千	百	十	万	千	百	十	元	角	分	千	百	十	万	千	百	十	元	角	分		千	百	十	万	千	百	十	元	角	分	

总分类账

科目名称：银行存款　　　　　　　　　　　　　　　　　　　　　第 2 页

年		凭证		摘要	对应科目	借方										贷方										借或贷	余额										核对
月	日	字	号			千	百	十	万	千	百	十	元	角	分	千	百	十	万	千	百	十	元	角	分		千	百	十	万	千	百	十	元	角	分	

总分类账

第　3　页

科目名称：应收票据

年		凭证		摘要	对应科目	借方										贷方										借或贷	余额										核对
月	日	字	号			千	百	十	万	千	百	十	元	角	分	千	百	十	万	千	百	十	元	角	分		千	百	十	万	千	百	十	元	角	分	

总分类账

第 4 页

科目名称：应收账款

年		凭证		摘要	对应科目	借方										贷方										借或贷	余额										核对
月	日	字	号			千	百	十	万	千	百	十	元	角	分	千	百	十	万	千	百	十	元	角	分		千	百	十	万	千	百	十	元	角	分	

总分类账

第 5 页

科目名称：预付账款

年		凭证		摘要	对应科目	借方										贷方										借或贷	余额										核对
月	日	字	号			千	百	十	万	千	百	十	元	角	分	千	百	十	万	千	百	十	元	角	分		千	百	十	万	千	百	十	元	角	分	

总 分 类 账

第 6 页

科目名称：其他应收款

年		凭证		摘要	对应科目	借方										贷方										借或贷	余额										核对
月	日	字	号			千	百	十	万	千	百	十	元	角	分	千	百	十	万	千	百	十	元	角	分		千	百	十	万	千	百	十	元	角	分	

总 分 类 账

科目名称：坏账准备　　　　　　　　　　　　　　　　　　　　　　第 7 页

年		凭证		摘要	对应科目	借方										贷方										借或贷	余额										核对
月	日	字	号			千	百	十	万	千	百	十	元	角	分	千	百	十	万	千	百	十	元	角	分		千	百	十	万	千	百	十	元	角	分	

总分类账

科目名称：在途物资　　　　第 8 页

年		凭证		摘要	对应科目	借方										贷方										借或贷	余额										核对
月	日	字	号			千	百	十	万	千	百	十	元	角	分	千	百	十	万	千	百	十	元	角	分		千	百	十	万	千	百	十	元	角	分	

总分类账

科目名称：原材料　　　　　　　　　　第 9 页

年		凭证		摘要	对应科目	借方										贷方										借或贷	余额										核对
月	日	字	号			千	百	十	万	千	百	十	元	角	分	千	百	十	万	千	百	十	元	角	分		千	百	十	万	千	百	十	元	角	分	

总分类账

科目名称：库存商品 第 10 页

年		凭证		摘要	对应科目	借方										贷方										借或贷	余额										核对
月	日	字	号			千	百	十	万	千	百	十	元	角	分	千	百	十	万	千	百	十	元	角	分		千	百	十	万	千	百	十	元	角	分	

总 分 类 账

第 11 页

科目名称：周转材料

年		凭证		摘要	对应科目	借方										贷方										借或贷	余额										核对
月	日	字	号			千	百	十	万	千	百	十	元	角	分	千	百	十	万	千	百	十	元	角	分		千	百	十	万	千	百	十	元	角	分	

总分类账

第　12　页

科目名称：固定资产

年		凭证		摘要	对应科目	借方										贷方										借或贷	余额										核对
月	日	字	号			千	百	十	万	千	百	十	元	角	分	千	百	十	万	千	百	十	元	角	分		千	百	十	万	千	百	十	元	角	分	

总分类账

第 13 页

科目名称：累计折旧

年		凭证		摘要	对应科目	借方										贷方										借或贷	余额										核对
月	日	字	号			千	百	十	万	千	百	十	元	角	分	千	百	十	万	千	百	十	元	角	分		千	百	十	万	千	百	十	元	角	分	

总分类账

第　14　页

科目名称：在建工程

年		凭证		摘要	对应科目	借方										贷方										借或贷	余额										核对
月	日	字	号			千	百	十	万	千	百	十	元	角	分	千	百	十	万	千	百	十	元	角	分		千	百	十	万	千	百	十	元	角	分	

总 分 类 账

科目名称：无形资产　　　　　　　　　　　　第 15 页

年		凭证		摘要	对应科目	借方										贷方										借或贷	余额										核对
月	日	字	号			千	百	十	万	千	百	十	元	角	分	千	百	十	万	千	百	十	元	角	分		千	百	十	万	千	百	十	元	角	分	

总分类账

科目名称：短期借款　　　　　　　　　　　　第　16　页

年		凭证		摘要	对应科目	借方										贷方										借或贷	余额										核对
月	日	字	号			千	百	十	万	千	百	十	元	角	分	千	百	十	万	千	百	十	元	角	分		千	百	十	万	千	百	十	元	角	分	

总分类账

第 17 页

科目名称：应付票据

年		凭证		摘要	对应科目	借方										贷方										借或贷	余额										核对
月	日	字	号			千	百	十	万	千	百	十	元	角	分	千	百	十	万	千	百	十	元	角	分		千	百	十	万	千	百	十	元	角	分	

总 分 类 账

第 18 页

科目名称：应付账款

年		凭证		摘要	对应科目	借方										贷方										借或贷	余额										核对
月	日	字	号			千	百	十	万	千	百	十	元	角	分	千	百	十	万	千	百	十	元	角	分		千	百	十	万	千	百	十	元	角	分	

总分类账

科目名称：预收账款 第 19 页

年		凭证		摘要	对应科目	借方										贷方										借或贷	余额										核对
月	日	字	号			千	百	十	万	千	百	十	元	角	分	千	百	十	万	千	百	十	元	角	分		千	百	十	万	千	百	十	元	角	分	

总分类账

科目名称：应付职工薪酬　　　　　　　　　　　　　　　　　　　　第 20 页

年		凭证		摘要	对应科目	借方										贷方										借或贷	余额										核对
月	日	字	号			千	百	十	万	千	百	十	元	角	分	千	百	十	万	千	百	十	元	角	分		千	百	十	万	千	百	十	元	角	分	

总 分 类 账

第 21 页

科目名称：应交税费

年		凭证		摘要	对应科目	借方										贷方										借或贷	余额										核对
月	日	字	号			千	百	十	万	千	百	十	元	角	分	千	百	十	万	千	百	十	元	角	分		千	百	十	万	千	百	十	元	角	分	

总分类账

科目名称：应付股利　　　　　　　　　　　　　　　　　　　　　　　　第　22　页

年		凭证		摘要	对应科目	借方										贷方										借或贷	余额										核对
月	日	字	号			千	百	十	万	千	百	十	元	角	分	千	百	十	万	千	百	十	元	角	分		千	百	十	万	千	百	十	元	角	分	

总 分 类 账

科目名称：应付利息　　　　　　　　　　　　　　　　　　　　　第　23　页

年		凭证		摘要	对应科目	借方										贷方										借或贷	余额										核对
月	日	字	号			千	百	十	万	千	百	十	元	角	分	千	百	十	万	千	百	十	元	角	分		千	百	十	万	千	百	十	元	角	分	

总 分 类 账

科目名称：其他应付款 第 24 页

年		凭证		摘要	对应科目	借方										贷方										借或贷	余额										核对
月	日	字	号			千	百	十	万	千	百	十	元	角	分	千	百	十	万	千	百	十	元	角	分		千	百	十	万	千	百	十	元	角	分	

总分类账

第 25 页

科目名称：长期借款

年		凭证		摘要	对应科目	借方										贷方										借或贷	余额										核对
月	日	字	号			千	百	十	万	千	百	十	元	角	分	千	百	十	万	千	百	十	元	角	分		千	百	十	万	千	百	十	元	角	分	

总分类账

第 26 页

科目名称：实收资本

年		凭证		摘要	对应科目	借方										贷方										借或贷	余额										核对
月	日	字	号			千	百	十	万	千	百	十	元	角	分	千	百	十	万	千	百	十	元	角	分		千	百	十	万	千	百	十	元	角	分	

总分类账

科目名称：资本公积　　　　　　　　　　　　　　　　　　　　第 27 页

年		凭证		摘要	对应科目	借方										贷方										借或贷	余额										核对
月	日	字	号			千	百	十	万	千	百	十	元	角	分	千	百	十	万	千	百	十	元	角	分		千	百	十	万	千	百	十	元	角	分	

总 分 类 账

科目名称：盈余公积　　　　　　　　　　　　　　　第 28 页

年		凭证		摘要	对应科目	借方										贷方										借或贷	余额										核对
月	日	字	号			千	百	十	万	千	百	十	元	角	分	千	百	十	万	千	百	十	元	角	分		千	百	十	万	千	百	十	元	角	分	

总分类账

科目名称：本年利润 第 29 页

年		凭证		摘要	对应科目	借方										贷方										借或贷	余额										核对
月	日	字	号			千	百	十	万	千	百	十	元	角	分	千	百	十	万	千	百	十	元	角	分		千	百	十	万	千	百	十	元	角	分	

总分类账

第 30 页

科目名称：利润分配

年		凭证		摘要	对应科目	借方										贷方										借或贷	余额										核对
月	日	字	号			千	百	十	万	千	百	十	元	角	分	千	百	十	万	千	百	十	元	角	分		千	百	十	万	千	百	十	元	角	分	

总分类账

科目名称：生产成本　　　　第 31 页

年		凭证		摘要	对应科目	借方										贷方										借或贷	余额										核对
月	日	字	号			千	百	十	万	千	百	十	元	角	分	千	百	十	万	千	百	十	元	角	分		千	百	十	万	千	百	十	元	角	分	

总分类账

科目名称：制造费用　　　　第　32　页

年		凭证		摘要	对应科目	借方										贷方										借或贷	余额										核对
月	日	字	号			千	百	十	万	千	百	十	元	角	分	千	百	十	万	千	百	十	元	角	分		千	百	十	万	千	百	十	元	角	分	

总分类账

科目名称：主营业务收入　　　　第 33 页

年		凭证		摘要	对应科目	借方										贷方										借或贷	余额										核对
月	日	字	号			千	百	十	万	千	百	十	元	角	分	千	百	十	万	千	百	十	元	角	分		千	百	十	万	千	百	十	元	角	分	

总分类账

第 34 页

科目名称：其他业务收入

年		凭证		摘要	对应科目	借方										贷方										借或贷	余额										核对
月	日	字	号			千	百	十	万	千	百	十	元	角	分	千	百	十	万	千	百	十	元	角	分		千	百	十	万	千	百	十	元	角	分	

总分类账

第 35 页

科目名称：营业外收入

年		凭证		摘要	对应科目	借方										贷方										借或贷	余额										核对
月	日	字	号			千	百	十	万	千	百	十	元	角	分	千	百	十	万	千	百	十	元	角	分		千	百	十	万	千	百	十	元	角	分	

总 分 类 账

第 36 页

科目名称：主营业务成本

年		凭证		摘要	对应科目	借方										贷方										借或贷	余额										核对
月	日	字	号			千	百	十	万	千	百	十	元	角	分	千	百	十	万	千	百	十	元	角	分		千	百	十	万	千	百	十	元	角	分	

总 分 类 账

第 37 页

科目名称：其他业务成本

年		凭证		摘要	对应科目	借方										贷方										借或贷	余额										核对
月	日	字	号			千	百	十	万	千	百	十	元	角	分	千	百	十	万	千	百	十	元	角	分		千	百	十	万	千	百	十	元	角	分	

总分类账

第　38　页

科目名称：税金及附加

年		凭证		摘要	对应科目	借方										贷方										借或贷	余额										核对
月	日	字	号			千	百	十	万	千	百	十	元	角	分	千	百	十	万	千	百	十	元	角	分		千	百	十	万	千	百	十	元	角	分	

总分类账

科目名称：销售费用　　　　　　　　　　　　　　　　　　　　　　第　39　页

年		凭证		摘要	对应科目	借方										贷方										借或贷	余额										核对
月	日	字	号			千	百	十	万	千	百	十	元	角	分	千	百	十	万	千	百	十	元	角	分		千	百	十	万	千	百	十	元	角	分	

总分类账

科目名称：管理费用　　　　　　　　　　　　　　　　　　第 40 页

年		凭证		摘要	对应科目	借方										贷方										借或贷	余额										核对
月	日	字	号			千	百	十	万	千	百	十	元	角	分	千	百	十	万	千	百	十	元	角	分		千	百	十	万	千	百	十	元	角	分	

总 分 类 账

科目名称：财务费用　　　　　　　　　　　　第 41 页

年		凭证		摘要	对应科目	借方										贷方										借或贷	余额										核对
月	日	字	号			千	百	十	万	千	百	十	元	角	分	千	百	十	万	千	百	十	元	角	分		千	百	十	万	千	百	十	元	角	分	

总 分 类 账

科目名称：信用减值损失　　　　　　　　　　　　　　　　　　第　42　页

年		凭证		摘要	对应科目	借方										贷方										借或贷	余额										核对
月	日	字	号			千	百	十	万	千	百	十	元	角	分	千	百	十	万	千	百	十	元	角	分		千	百	十	万	千	百	十	元	角	分	

总分类账

科目名称：营业外支出　　　　　　　　　　　　第　43　页

年		凭证		摘要	对应科目	借方										贷方										借或贷	余额										核对
月	日	字	号			千	百	十	万	千	百	十	元	角	分	千	百	十	万	千	百	十	元	角	分		千	百	十	万	千	百	十	元	角	分	

总 分 类 账

科目名称：所得税费用　　　　　　　　　　　　　　　　第　44　页

年		凭证		摘要	对应科目	借方										贷方										借或贷	余额										核对
月	日	字	号			千	百	十	万	千	百	十	元	角	分	千	百	十	万	千	百	十	元	角	分		千	百	十	万	千	百	十	元	角	分	

明细分类账

总页______ 分页______

科目名称：

年		凭证		摘要	对应科目	借方										贷方										借或贷	余额										核对
月	日	字	号			千	百	十	万	千	百	十	元	角	分	千	百	十	万	千	百	十	元	角	分		千	百	十	万	千	百	十	元	角	分	

明细分类账

科目名称：　　　　　　　　　　　　　　　　　　　　　　　　　　　　　　总页________分页________

年		凭证		摘要	对应科目	借方										贷方										借或贷	余额										核对
月	日	字	号			千	百	十	万	千	百	十	元	角	分	千	百	十	万	千	百	十	元	角	分		千	百	十	万	千	百	十	元	角	分	

明细分类账

科目名称： 总页＿＿＿＿分页＿＿＿＿

年		凭证		摘要	对应科目	借方										贷方										借或贷	余额										核对
月	日	字	号			千	百	十	万	千	百	十	元	角	分	千	百	十	万	千	百	十	元	角	分		千	百	十	万	千	百	十	元	角	分	

明细分类账

科目名称：　　　　　　　　　　　　　　　　　　　　　　　　　总页______ 分页______

年		凭证		摘要	对应科目	借方										贷方										借或贷	余额										核对
月	日	字	号			千	百	十	万	千	百	十	元	角	分	千	百	十	万	千	百	十	元	角	分		千	百	十	万	千	百	十	元	角	分	

明细分类账

科目名称：　　　　　　　　　　　　　　　　　　　　　　　　　　　总页______分页______

年		凭证		摘要	对应科目	借方										贷方										借或贷	余额										核对
月	日	字	号			千	百	十	万	千	百	十	元	角	分	千	百	十	万	千	百	十	元	角	分		千	百	十	万	千	百	十	元	角	分	

明细分类账

科目名称：　　　　　　　　　　　　　　　　　　　　　　总页________ 分页________

年		凭证		摘要	对应科目	借方										贷方										借或贷	余额										核对
月	日	字	号			千	百	十	万	千	百	十	元	角	分	千	百	十	万	千	百	十	元	角	分		千	百	十	万	千	百	十	元	角	分	

明细分类账

科目名称：　　　　　　　　　　　　　　　　　　　　　　　　　　　　　　　　总页＿＿＿＿分页＿＿＿＿

年		凭证		摘要	对应科目	借方										贷方										借或贷	余额										核对
月	日	字	号			千	百	十	万	千	百	十	元	角	分	千	百	十	万	千	百	十	元	角	分		千	百	十	万	千	百	十	元	角	分	

明细分类账

科目名称：　　　　　　　　　　　　　　　　　　　　　　　　总页＿＿＿＿　分页＿＿＿＿

年		凭证		摘要	对应科目	借方										贷方										借或贷	余额										核对
月	日	字	号			千	百	十	万	千	百	十	元	角	分	千	百	十	万	千	百	十	元	角	分		千	百	十	万	千	百	十	元	角	分	

明细分类账

科目名称：　　　　　　　　　　　　　　　　　　　　　　　总页＿＿＿＿ 分页＿＿＿＿

年		凭证		摘要	对应科目	借方										贷方										借或贷	余额										核对
月	日	字	号			千	百	十	万	千	百	十	元	角	分	千	百	十	万	千	百	十	元	角	分		千	百	十	万	千	百	十	元	角	分	

明细分类账

科目名称：　　　　　　　　　　　　　　　　　　　　　　　　总页＿＿＿＿ 分页＿＿＿＿

年		凭证		摘要	对应科目	借方										贷方										借或贷	余额										核对
月	日	字	号			千	百	十	万	千	百	十	元	角	分	千	百	十	万	千	百	十	元	角	分		千	百	十	万	千	百	十	元	角	分	

明细账分类账

总页 ______ 分页
类别 ______ 编号
规格 ______ 名称
存放地点

一级科目
二级科目

计量单位

年		凭证		摘要	借方												贷方												余额												核对
月	日	字	号		数量	单价	金额										数量	单价	金额										数量	单价	金额										
							千	百	十	万	千	百	十	元	角	分			千	百	十	万	千	百	十	元	角	分			千	百	十	万	千	百	十	元	角	分	

明细账分类账

总页 ______ 分页

类别 ______ 编号

规格 ______ 名称

存放地点

一级科目

二级科目

计量单位

年		凭证		摘要	借方												贷方												余额												核对
							金额												金额												金额										
月	日	字	号		数量	单价	千	百	十	万	千	百	十	元	角	分	数量	单价	千	百	十	万	千	百	十	元	角	分	数量	单价	千	百	十	万	千	百	十	元	角	分	

明细账分类账

总页 ________ 分页
类别 ________ 编号
规格 ________ 名称
存放地点

一级科目
二级科目

计量单位

年		凭证		摘要	借方												贷方												余额												核对
月	日	字	号		数量	单价	金额										数量	单价	金额										数量	单价	金额										
							千	百	十	万	千	百	十	元	角	分			千	百	十	万	千	百	十	元	角	分			千	百	十	万	千	百	十	元	角	分	

明细账分类账

总页 ________ 分页
类别 ________ 编号
规格 ________ 名称
存放地点

一级科目
二级科目

计量单位

年		凭证		摘要	借方												贷方												余额												核对
月	日	字	号		数量	单价	金额										数量	单价	金额										数量	单价	金额										
							千	百	十	万	千	百	十	元	角	分			千	百	十	万	千	百	十	元	角	分			千	百	十	万	千	百	十	元	角	分	

明细账分类账

总页 ________ 分页

类别 ________ 编号

规格 ________ 名称

存放地点

一级科目

二级科目

计量单位

年		凭证		摘要	借方												贷方												余额												核对
							金额												金额												金额										
月	日	字	号		数量	单价	千	百	十	万	千	百	十	元	角	分	数量	单价	千	百	十	万	千	百	十	元	角	分	数量	单价	千	百	十	万	千	百	十	元	角	分	

明细账分类账

总页 ______ 分页
类别 ______ 编号
规格 ______ 名称
存放地点

一级科目
二级科目

计量单位

年		凭证		摘要	借方												贷方												余额												核对
月	日	字	号		数量	单价	金额										数量	单价	金额										数量	单价	金额										
							千	百	十	万	千	百	十	元	角	分			千	百	十	万	千	百	十	元	角	分			千	百	十	万	千	百	十	元	角	分	

明细账分类账

总页 ______ 分页
类别 ______ 编号
规格 ______ 名称
存放地点

一级科目
二级科目

计量单位

年		凭证		摘要	借方												贷方												余额												核对
月	日	字	号		数量	单价	金额										数量	单价	金额										数量	单价	金额										
							千	百	十	万	千	百	十	元	角	分			千	百	十	万	千	百	十	元	角	分			千	百	十	万	千	百	十	元	角	分	

明细账分类账

总页 ______ 分页
类别 ______ 编号
规格 ______ 名称
存放地点

一级科目
二级科目

计量单位

年		凭证		摘要	借方												贷方												余额												核对
月	日	字	号		数量	单价	金额										数量	单价	金额										数量	单价	金额										
							千	百	十	万	千	百	十	元	角	分			千	百	十	万	千	百	十	元	角	分			千	百	十	万	千	百	十	元	角	分	

明细账分类账

总页 ______ 分页
类别 ______ 编号
规格 ______ 名称
存放地点

一级科目
二级科目

计量单位

年		凭证		摘要	借方												贷方												余额												核对
					数量	单价	金额										数量	单价	金额										数量	单价	金额										
月	日	字	号				千	百	十	万	千	百	十	元	角	分			千	百	十	万	千	百	十	元	角	分			千	百	十	万	千	百	十	元	角	分	

总页 ________ 分页
类别 ________ 编号
规格 ________ 名称
存放地点

明 细 账 分 类 账

一级科目
二级科目

计量单位

年		凭证		摘要	借方												贷方												余额												核对
月	日	字	号		数量	单价	金额										数量	单价	金额										数量	单价	金额										
							千	百	十	万	千	百	十	元	角	分			千	百	十	万	千	百	十	元	角	分			千	百	十	万	千	百	十	元	角	分	

明细分类账

科目名称：

总页______分页______

年		凭证		摘要	借方																																																	贷方							余额	核对
月	日	字	号		万	千	百	十	元	角	分	万	千	百	十	元	角	分	万	千	百	十	元	角	分	万	千	百	十	元	角	分	万	千	百	十	元	角	分	万	千	百	十	元	角	分	万	千	百	十	元	角	分	万	千	百	十	元	角	分		

明细分类账

总页______ 分页______

科目名称：

年		凭证		摘要	借方																																																	贷方							余额	核对
月	日	字	号		万	千	百	十	元	角	分	万	千	百	十	元	角	分	万	千	百	十	元	角	分	万	千	百	十	元	角	分	万	千	百	十	元	角	分	万	千	百	十	元	角	分	万	千	百	十	元	角	分	万	千	百	十	元	角	分		

明细分类账

总页＿＿＿＿分页＿＿＿＿

科目名称：

年		凭证		摘要	借方							贷方	余额	核对
月	日	字	号											
					万千百十元角分	万千百十元角分	万千百十元角分	万千百十元角分	万千百十元角分	万千百十元角分	万千百十元角分	万千百十元角分		

明细分类账

科目名称：　　　　　　　　　　总页______分页______

年		凭证		摘要	借方																																																	贷方							余额	核对
月	日	字	号		万	千	百	十	元	角	分	万	千	百	十	元	角	分	万	千	百	十	元	角	分	万	千	百	十	元	角	分	万	千	百	十	元	角	分	万	千	百	十	元	角	分	万	千	百	十	元	角	分	万	千	百	十	元	角	分		

明细分类账

总页＿＿＿＿分页＿＿＿＿

科目名称：

年		凭证		摘要	借方							贷方																																													余额	核对
月	日	字	号		万	千	百	十	元	角	分	万	千	百	十	元	角	分	万	千	百	十	元	角	分	万	千	百	十	元	角	分	万	千	百	十	元	角	分	万	千	百	十	元	角	分	万	千	百	十	元	角	分	万	千	百	十	元	角	分		

明 细 分 类 账

总页______ 分页______

科目名称：

年		凭证		摘要	借方							贷方																																											余额	核对
月	日	字	号		万	千	百	十	元	角	分	万	千	百	十	元	角	分	万	千	百	十	元	角	分	万	千	百	十	元	角	分	万	千	百	十	元	角	分	万	千	百	十	元	角	分	万	千	百	十	元	角	分		

总分类账户发生额及余额试算平衡表

年 月

行次	会计科目	期初余额		本期发生额		期末余额	
		借方	贷方	借方	贷方	借方	贷方
1	库存现金						
2	银行存款						
3	应收票据						
4	应收账款						
5	预付账款						
6	其他应收款						
7	坏账准备						
8	在途物资						
9	原材料						
10	库存商品						
11	周转材料						
12	固定资产						
13	累计折旧						
14	在建工程						
15	无形资产						
16	短期借款						
17	应付票据						
18	应付账款						
19	预收账款						
20	应付职工薪酬						
21	应交税费						
22	应付股利						
23	应付利息						
24	其他应付款						
25	长期借款						
26	实收资本						
27	资本公积						
28	盈余公积						
29	本年利润						
30	利润分配						
31	生产成本						
32	制造费用						
33	主营业务收入						
34	其他业务收入						
35	营业外收入						
36	主营业务成本						
37	其他业务成本						
38	税金及附加						
39	销售费用						
40	管理费用						
41	财务费用						
42	信用减值损失						
43	营业外支出						
44	所得税费用						
合计							

总分类账户发生额及余额试算平衡表

年 月

行次	会计科目	期初余额		本期发生额		期末余额	
		借方	贷方	借方	贷方	借方	贷方
1	库存现金						
2	银行存款						
3	应收票据						
4	应收账款						
5	预付账款						
6	其他应收款						
7	坏账准备						
8	在途物资						
9	原材料						
10	库存商品						
11	周转材料						
12	固定资产						
13	累计折旧						
14	在建工程						
15	无形资产						
16	短期借款						
17	应付票据						
18	应付账款						
19	预收账款						
20	应付职工薪酬						
21	应交税费						
22	应付股利						
23	应付利息						
24	其他应付款						
25	长期借款						
26	实收资本						
27	资本公积						
28	盈余公积						
29	本年利润						
30	利润分配						
31	生产成本						
32	制造费用						
33	主营业务收入						
34	其他业务收入						
35	营业外收入						
36	主营业务成本						
37	其他业务成本						
38	税金及附加						
39	销售费用						
40	管理费用						
41	财务费用						
42	信用减值损失						
43	营业外支出						
44	所得税费用						
合计							

资 产 负 债 表

会企01表

编制单位: 年 月 日 单位: 元

资 产	期末余额	年初余额	负债和所有者权益（或股东权益）	期末余额	年初余额
流动资产:			流动负债:		
货币资金			短期借款		
交易性金融资产			交易性金融负债		
衍生金融资产			衍生金融负债		
应收票据			应付票据		
应收账款			应付账款		
应收款项融资			预收款项		
预付款项			合同负债		
其他应收款			应付职工薪酬		
存货			应交税费		
合同资产			其他应付款		
持有待售资产			持有待售负债		
一年内到期的非流动资产			一年内到期的非流动负债		
其他流动资产			其他流动负债		
流动资产合计			流动负债合计		
非流动资产:			非流动负债:		
债权投资			长期借款		
其他债权投资			应付债券		
长期应收款			其中：优先股		
长期股权投资			永续债		
其他权益工具投资			租赁负债		
其他非流动金融资产			长期应付款		
投资性房地产			预计负债		
固定资产			递延收益		
在建工程			递延所得税负债		
生产性生物资产			其他非流动负债		
油气资产			非流动负债合计		
使用权资产			负债合计		
无形资产			所有者权益（或股东权益）：		
开发支出			实收资本（或股本）		
商誉			其他权益工具		
长期待摊费用			其中：优先股		
递延所得税资产			永续债		
其他非流动资产			资本公积		
非流动资产合计			减：库存股		
			其他综合收益		
			专项储备		
			盈余公积		
			未分配利润		
			所有者权益（或股东权益）合计		
资产总计			负债和所有者权益（或股东权益）总计		

资　产　负　债　表

会企01表

编制单位：　　　　　　　　　　　　年　　月　　日　　　　　　　　　　单位：元

资　产	期末余额	年初余额	负债和所有者权益（或股东权益）	期末余额	年初余额
流动资产：			流动负债：		
货币资金			短期借款		
交易性金融资产			交易性金融负债		
衍生金融资产			衍生金融负债		
应收票据			应付票据		
应收账款			应付账款		
应收款项融资			预收款项		
预付款项			合同负债		
其他应收款			应付职工薪酬		
存货			应交税费		
合同资产			其他应付款		
持有待售资产			持有待售负债		
一年内到期的非流动资产			一年内到期的非流动负债		
其他流动资产			其他流动负债		
流动资产合计			流动负债合计		
非流动资产：			非流动负债：		
债权投资			长期借款		
其他债权投资			应付债券		
长期应收款			其中：优先股		
长期股权投资			永续债		
其他权益工具投资			租赁负债		
其他非流动金融资产			长期应付款		
投资性房地产			预计负债		
固定资产			递延收益		
在建工程			递延所得税负债		
生产性生物资产			其他非流动负债		
油气资产			非流动负债合计		
使用权资产			负债合计		
无形资产			所有者权益（或股东权益）：		
开发支出			实收资本（或股本）		
商誉			其他权益工具		
长期待摊费用			其中：优先股		
递延所得税资产			永续债		
其他非流动资产			资本公积		
非流动资产合计			减：库存股		
			其他综合收益		
			专项储备		
			盈余公积		
			未分配利润		
			所有者权益（或股东权益）合计		
资产总计			负债和所有者权益（或股东权益）总计		

利　润　表

会企02表

编制单位：　　　　　　　　　　年　　月　　　　　　　　单位：元

项目	本期金额	上期金额
一、营业收入		
减：营业成本		
税金及附加		
销售费用		
管理费用		
研发费用		
财务费用		
其中：利息费用		
利息收入		
加：其他收益		
投资收益（损失以“-”号填列）		
其中：对联营企业和合营企业的投资收益		
以摊余成本计量的金融资产终止确认收益（损失以“-”号填列）		
净敞口套期收益（损失以“-”号填列）		
公允价值变动收益（损失以“-”号填列）		
信用减值损失（损失以“-”号填列）		
资产减值损失（损失以“-”号填列）		
资产处置收益（损失以“-”号填列）		
二、营业利润（亏损以“-”号填列）		
加：营业外收入		
减：营业外支出		
三、利润总额（亏损总额以“-”号填列）		
减：所得税费用		
四、净利润（净亏损以“-”号填列）		
（一）持续经营净利润（净亏损以“-”号填列）		
（二）终止经营净利润（净亏损以“-”号填列）		
五、其他综合收益的税后净额		
六、综合收益总额		
七、每股收益：		
（一）基本每股收益		
（二）稀释每股收益		

利　润　表

会企02表

编制单位：　　　　　　　　　　　　年　　月　　　　　　　　　单位：元

项目	本期金额	上期金额
一、营业收入		
减：营业成本		
税金及附加		
销售费用		
管理费用		
研发费用		
财务费用		
其中：利息费用		
利息收入		
加：其他收益		
投资收益（损失以“-”号填列）		
其中：对联营企业和合营企业的投资收益		
以摊余成本计量的金融资产终止确认收益（损失以“-”号填列）		
净敞口套期收益（损失以“-”号填列）		
公允价值变动收益（损失以“-”号填列）		
信用减值损失（损失以“-”号填列）		
资产减值损失（损失以“-”号填列）		
资产处置收益（损失以“-”号填列）		
二、营业利润（亏损以“-”号填列）		
加：营业外收入		
减：营业外支出		
三、利润总额（亏损总额以“-”号填列）		
减：所得税费用		
四、净利润（净亏损以“-”号填列）		
（一）持续经营净利润（净亏损以“-”号填列）		
（二）终止经营净利润（净亏损以“-”号填列）		
五、其他综合收益的税后净额		
六、综合收益总额		
七、每股收益：		
（一）基本每股收益		
（二）稀释每股收益		